JEAN BOUSSAC

ENCYCLOPÉDIE DES JEUX DE CARTES

JEUX DE COMBINAISONS
DE RUSE, DE HASARD; PATIENCES, ETC.

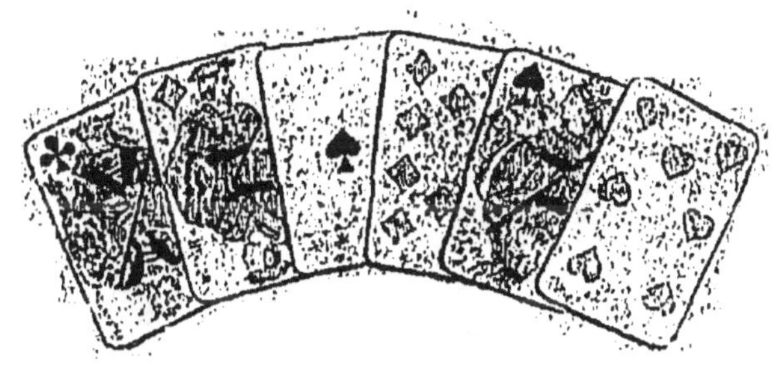

PARIS
LIBRAIRIE ERNEST KOLB
LÉON CHAILLEY, SUCCESSEUR
8, RUE SAINT-JOSEPH, 8
TRANSFÉRÉ
41, RUE DE RICHELIEU, 41

ENCYCLOPÉDIE

DES

JEUX DE CARTES

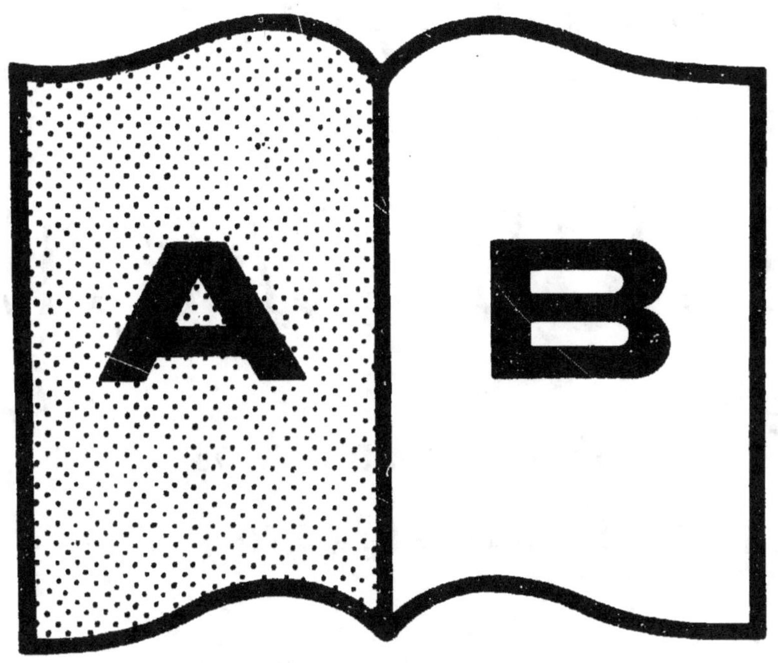
A
B

JEAN BOUSSAC

ENCYCLOPÉDIE DES JEUX DE CARTES

JEUX DE COMBINAISONS

DE RUSE, DE HASARD; PATIENCES, ETC.

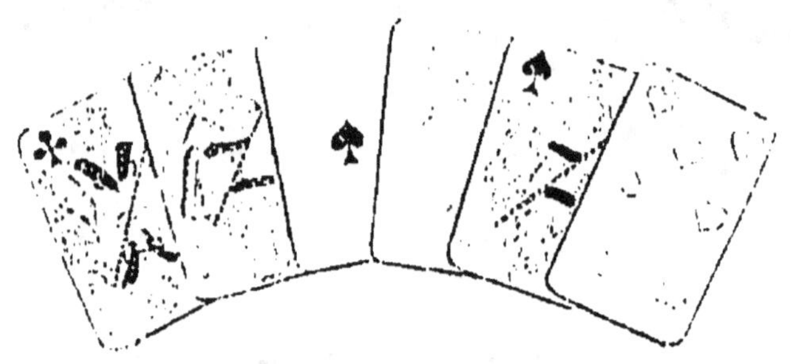

PARIS

LIBRAIRIE ERNEST KOLB

LÉON CHAILLEY, Successeur

8, RUE SAINT-JOSEPH, 8

ENCYCLOPÉDIE
DES JEUX DE CARTES

CHAPITRE PREMIER

LE JEU ET LES JOUEURS

Ce que disent les moralistes. — Cercles et tripots. — Les grecs ou philosophes. — De quelques procédés philosophiques. — Le saut de la coupe. — Les dettes de jeux devant les tribunaux. — Quelle est l'autorité d'une règle de jeu ?

Ce que disent les moralistes.

Les moralistes, gens recommandables entre tous, s'évertuent, de temps immémorial, pour supprimer le jeu parmi les hommes. S'ils étaient chargés de la confection des lois, ils édicteraient les peines les plus sévères contre quiconque serait suspect de manille, de baccara ou de loto. Et les médecins s'accordent sur ce point avec les moralistes : « Quand on a travaillé, disent-ils, c'est ajouter une fatigue à une autre que de se mettre au jeu, c'est appeler le sang au cerveau, etc... » Ajoutez à cela le proverbe chinois : *Le jeu est le proche parent du vol.* Et si maintenant vous persistez à jouer, c'est que vous êtes marqué par le Destin pour une fin lamentable.

Mais les moralistes et les médecins ne sont pas toujours d'accord : « Les jeux, dit l'un d'eux, sont de toutes les saisons et de tous les âges, ils instruisent les jeunes, conviennent aux riches, divertissent les vieux, et ne sont pas au-dessus de la portée des pauvres. »

Quant à Boileau, dont on peut trouver la muse un peu bourgeoise, mais auquel on ne saurait contester un suprême bon sens, voici son opinion :

Le jeu fut de tout temps permis pour s'amuser.
On ne peut pas toujours travailler, prier, lire,
Il vaut mieux s'occuper à jouer qu'à médire.

Mais il reste ce terrible proverbe chinois ! D'abord ne peut-on pas le trouver excessif ? Puis n'y a-t-il pas des aigrefins dans tous les mondes ? Dans celui surtout qui se dit *honorable* ? Heureux habitants du Céleste-Empire, les bonneteurs sont-ils confinés chez vous dans les lieux où l'on donne à jouer ?

Cercles et tripots.

L'on rencontre parfois, dans les grandes villes, un monsieur du meilleur monde, dont la tenue et les manières sont impeccables, et avec lequel la conversation s'engage... on ne sait comment. C'est presque toujours au café, au restaurant ou au théâtre que l'on a cette bonne fortune. Ce personnage a bien vite remarqué que vous êtes un jeune homme de bonne famille, et que votre éducation a été des mieux soignées : aussi vous propose-t-il de vous mener à son *cercle*.

Il y a des cercles de toutes catégories, et certains lieux où l'on donne à jouer n'en ont que le nom et l'apparence.

Les statuts d'un cercle contiennent toujours les dispositions suivantes, qui leur sont imposées par une circulaire ministérielle du 10 juillet 1888, mais elles ne sont observées que dans les véritables cercles.

« Nul ne peut être admis, sous quelque prétexte que ce soit, dans le cercle et ses dépendances, s'il n'a été régulièrement et définitivement reçu membre du cercle, et s'il n'a justifié du paiement de sa cotisation.

« L'admission comme membre du cercle n'est définitive que lorsqu'elle a été notifiée par le président à l'intéressé ou à l'un de ses parrains.

« Le cercle n'admet qu'une seule catégorie de membres, dits *membres du cercle*. Il s'interdit de recevoir aucun membre, soit à titre temporaire, soit à titre provisoire.

« Le titre de membre honoraire n'est délivré à qui que ce soit et sous aucun prétexte.

« Il est interdit à un membre du cercle d'y introduire des invités ou des visiteurs.

« Cesse de faire partie du cercle, tout membre qui est en retard pour le paiement de sa cotisation.

« Nul failli ne pourra faire partie d'un cercle.

« Le fonds social du cercle et les valeurs qui le représentent sont la propriété collective et indivise de tous les membres, sans distinction d'ancienneté, de priorité ou de préférences. En cas de dissolution, il sera partagé également entre eux, sans exception, et sans que la part de l'un puisse être moindre ou plus importante que celle de tous les autres.

« Tous les membres du cercle sont conjointement et solidairement responsables de tous les faits et actes de la gestion. Nul ne peut s'affranchir de la dite responsabilité, et celle-ci ne peut être ni plus étendue ni plus restreinte pour l'un que pour l'autre.

« Le gérant, directeur ou administrateur, ne pourra être choisi parmi les bailleurs de fonds ou autres créanciers du cercle.

« Tout jeu de hasard est formellement interdit. »

Mais à côté des réunions intimes autorisées à enfreindre l'article 291 du code pénal, qui prohibe toute réunion périodique de plus de vingt personnes, il y a d'autres cercles tolérés par la police, qui sont tenus et exploités par des gérants, et où il y a des membres de complaisance. C'est là que le monsieur bien mis vous conduira, et vous pourrez y rencontrer des *grecs*.

Les grecs ou philosophes.

M. Robert Houdin va nous les présenter :

« Il y a, dit-il, trois catégories de grecs : 1° celui du grand monde ; 2° celui de la classe moyenne ; 3° celui du tripot.

« *Le grec du grand monde*, le plus fin et le plus adroit de son intelligente espèce, est généralement un homme de la meilleure compagnie, dont la tenue et les manières ne laissent rien à désirer ; s'il ne brille pas par son esprit dans la conversation, c'est que, d'une part, il ne veut éclipser personne, et que, de l'autre, il le réserve pour la mise en scène de sa fourberie.

« Comme physionomiste, il rendrait des points au plus habile disciple de Lavater : au moindre mouvement des fibres de la face, à la plus imperceptible contraction des traits, il découvre les impressions les plus comprimées de votre âme.

« Il joue tous les jeux avec une égale perfection. Les théories et probabilités des jeux de hasard, décrites par Van Tenac, ne sont pour lui que des principes élémentaires, qu'il manie avec une rare intelligence.

« Mais il a surtout une connaissance approfondie de la prestidigitation la plus raffinée; nul mieux que lui ne sait *faire filer la carte* ou *sauter la coupe*, *enlever* ou *poser des ponts* ; ces trois importants principes de la tricherie, il les a élevés à la hauteur du merveilleux. Cependant, il n'use de ces moyens que le plus rarement possible; il s'attache ordinairement à reconnaître les cartes.

« Doué d'une vue excellente et très exercée, il peut, après que des cartes ont passé plusieurs fois sous ses yeux, les distinguer à des marques imperceptibles pour tout autre que lui : l'une sera d'une nuance insensiblement plus teintée; une autre aura, à telle ou telle place, un point, une tache, une imperfection quelconque que la fabrication la plus rigoureuse ne peut éviter, et il en profite pour se rendre la chance favorable.

« Il sait aussi, grâce à la délicatesse extrême de son toucher, en distribuant les cartes, distinguer les basses cartes des figures, qui glissent toujours moins facilement. Ces trucs sont sans danger pour lui, et le *grec du grand monde*, ne se hasarde que dans les circonstances exceptionnelles à employer les autres.

« *Le grec de la classe moyenne*, autrement dit *le grec nomade*, parce qu'il est ubiquiste, travaille rarement seul; il s'adjoint des compères appelés *comtois* et des auxiliaires féminins, des *amazones*, dont il fait le plus dangereux usage.

« Dans les trébuchets dressés aux fils de famille sous le nom de *Cercles*, les amazones jouent le rôle de *chanterelles*. Ce sont de belles filles, d'un abord facile, qui acceptent volontiers à souper, pourvu que leur *amant* ne le sache pas, et qui vous mettent en relation avec des gens du meilleur monde, qui vous conduiront à leur cercle.

« Le grec de la classe moyenne n'a pas la finesse de tact, la délicatesse d'exécution qui rendent la tricherie presque insensible,mais il n'en est pas moins d'une grande habilité dans la conception de ses perfidies, ainsi que dans la manipulation des différents engins de sa *grecquerie*.

« *Le grec du tripot* exploite les ouvriers débauchés, les campagnards visitant la capitale, les militaires qui rejoignent leurs corps, et quelquefois aussi les petits rentiers en goguette. Ses ruses sont généralement aussi grossières que les dupes auxquelles il s'adresse, et la dénomination de voleur ou d'escroc lui convient beaucoup mieux que celle de *grec*. »

De quelques procédés philosophiques.

Après avoir fait connaissance des philosophes, il convient maintenant d'expliquer quelques-unes de leurs opérations.

A L'ÉCARTÉ. — Alfred de Caston, Robert Houdin et Cavaillé s'accordent à reconnaître que l'écarté est un des jeux de cartes qui se prêtent le mieux à la tricherie; non pas seulement à la tricherie des philosophes de profession, mais surtout à la tricherie des philosophes de salons, beaucoup plus dangereux que les autres parce qu'on est sans défiance à leur égard. En outre, il y a la tricherie par les paris et les parieurs.

Les moyens signalés par les auteurs auxquels nous empruntons ces renseignements sont, outre les filages de cartes et les maquillages de toutes sortes: *le guide*, *la vole après écart*, *le posage*, *le piochage*, *l'escamotage des rois*, *le roi de l'éventail*, *le roi donné par le pigeon*, etc. Il faudrait un long chapitre pour expliquer toutes ces manœuvres, mais il n'y a pas lieu d'intercaler ici un traité de *philosophie pratique*.

Laissons la parole à Robert Houdin.

« Il y a ce qu'on appelle *les petites tricheries innocentes;* il s'agit de peccadilles; ce sont des manœuvres intelligentes, des finesses, des ruses auxquelles, à défaut d'autres appellations, on peut donner celle de prestidigitation de l'esprit.

« Je vais en signaler quelques-unes en commençant par les plus innocentes, puis je m'avancerai dans cette voie jusqu'à la tricherie, en priant le lecteur de fixer lui-même où doit se trouver la limite de la probité.

« Si l'on se trouve, par exemple, en face d'un joueur maladroit qui classe trop ostensiblement ses atouts, devra-t-on éviter de porter trop d'attention à cette maladresse qui indique en partie la substance de son jeu?

« Il peut encore arriver que les cartes soient rendues transparentes par l'action d'une lumière voisine. Doit-on prévenir son adversaire de cette circonstance?

« Que penser d'un adversaire qui, jouant à l'écarté, consulte la galerie, ainsi qu'il en a le droit, sur la question de savoir s'il doit jouer ou non d'autorité, et qui, après quelques hésitations, propose d'aller aux cartes ? On doit supposer qu'il a beau jeu, et que c'est par prudence qu'il fait une telle proposition. Détrompez-vous ; il écarte cinq cartes ; il voulait tromper son adversaire, et il y parvient si celui-ci est inexpérimenté.

« Un autre, avant de proposer, regardera ses jetons comme pour marquer le roi ; puis se ravisant, après avoir intimidé son adversaire par cette tactique, il demande des cartes. Il est enchanté que vous lui en donniez, car non seulement il n'avait pas le roi, mais il avait encore très mauvais jeu.

« Vous avez trois points ; votre adversaire l'ignore sans doute, puisqu'il vous demande où vous en êtes. — « J'en ai trois, » lui dites-vous ; ceci semble le décider à ne pas jouer d'autorité, et il propose. Il y a tout lieu de croire que son jeu est assez beau ; vous auriez tort, dans ce cas, de refuser ; aussi consentez-vous à lui donner des cartes, et il en demande cinq ; cette petite comédie était une intimidation, il n'avait rien.

« Certains joueurs exercent leur physionomie à peindre le contraire de ce qu'ils éprouvent ! Ont-ils beau jeu, ils affectent de demander des cartes avec précipitation, et dans le cas contraire, on les voit hésiter en faisant cette proposition. D'autres, avec de belles cartes, simulent de la mauvaise humeur et froncent le sourcil, tandis qu'avec mauvais jeu, ils semblent joyeux et impatients d'engager la partie.

« Il arrive aussi quelquefois, à l'écarté, qu'un joueur à la fin d'un coup, soit embarrassé sur ses deux dernières cartes. L'une ou l'autre peut le sauver de la vole. Au lieu de s'en rapporter à ce dicton :

Qui garde carreau,
N'est pas capot...

il abat ses deux cartes, et, fixant ses regards sur ceux de son adversaire, il voit les yeux de celui-ci se porter naturellement sur la carte préservatrice. L'observateur en profite et se sauve du capot. Cette observation est immanquable, mais est-elle délicate?

« Il n'est pas d'usage, à l'écarté, lorsqu'on est en galerie (c'est-à-dire qu'on ne tient pas les cartes) de parier tantôt d'un côté, tantôt de l'autre; qu'on parie ou qu'on ne parie pas, on doit rester fidèle à son côté. Quelques joueurs trouvent cependant le moyen de tirer avantage d'un changement de bord.

« Voici comment ils s'y prennent :

« Deux personnes s'associent d'intérêt et se placent dans les *galeries* opposées. Un coup favorable vient-il à se présenter d'un côté, sur un signe convenu, l'associé qui est de cette galerie met un enjeu assez fort, tandis que l'autre s'abstient. Lorsque la fortune semble favoriser le côté adverse, l'enjeu change de place. Ces manœuvres sont bien innocentes, sans doute, mais elles ne s'avouent pas.
« Ce n'est donc pas une précaution inutile, de faire faire les enjeux avant de commencer le premier coup, et surtout avant qu'aucune carte soit vue.

« Au jeu d'écarté, quelques joueurs, lorsqu'ils mêlent les cartes laissent voir à leur adversaire celle qui est sous le jeu. Il y a certaines personnes qui tirent avantage de cette négligence.

« Voici la petite manœuvre qu'ils emploient dans cette circonstance:

« Le donneur présente le jeu à couper. On coupe de manière à laisser moins de onze cartes sur la table; or, comme, en coupant, ces cartes vont venir sur le jeu, et comme elles seront distribuées, il en résultera que si l'observateur n'a pas dans son jeu la carte remarquée, elle devra se trouver dans celui de l'adversaire.

Et l'on sait le tort que peut causer la connaissance d'une carte au jeu d'écarté.

« Personne n'ignore que, dans certains jeux, et particulièrement à l'écarté, les couleurs, après une partie, tendent à se rassembler, puisque les règles exigent que l'on fournisse à la couleur demandée.

« Ce que l'on aura de la peine à croire, si l'on ne s'en rend pas compte par un essai, c'est que, si bien fait que soit un mélange par les méthodes ordinaires, il est bien rare que deux ou trois cartes qui s'étaient réunies se séparent.

« Admettons qu'un joueur habile, lorsque son adversaire relève ses cartes pour les mêler, ait remarqué parmi celles-ci une séquence au roi, telle que le roi, la dame et le valet de cœur ; on va voir l'avantage qu'il tirera de cette observation.

« Après la supposition très probable que la séquence n'a pas été séparée par le mélange, si l'observateur, après que les cartes ont été distribuées, a le roi dans son jeu, et si cette carte lui est venue la deuxième des deux cartes de la première *donnée*, il peut supposer que la dame et le valet venant après sont dans le jeu de son adversaire. Autrement, si le valet lui est arrivé la première des trois cartes de la seconde donnée, la dame et le roi peuvent être dans le jeu de l'adversaire ; si enfin le roi tourne, les deux autres cartes de la tierce viennent à la suite sur le talon ».

Au piquet. — Le piquet n'est pas, tant s'en faut, un jeu où l'on ne puisse redouter la tricherie ; toutefois le tricheur doit posséder un certain talent de prestidigitation pour user des procédés signalés par les auteurs ; tels le *faux mélange*, l'*escamotage des trois as*, etc. ; mais la télégraphie d'un compère traduisant au grec le jeu de son adversaire, ou usant de certains gestes convenus dans une partie à quatre ou à trois, n'exige aucune adresse manuelle; elle est d'une pratique facile et très fréquente dans certaines maisons où l'on donne à jouer,

Il est aussi un procédé mentionné par Robert Houdin, et contre lequel il est bon de se mettre en garde; il consiste, de la part de celui qui donne, à se donner trois cartes de trop et profiter du moment où son adversaire étudie son jeu, en préparant son écart de premier, pour remettre sur le talon les trois plus mauvaises cartes de son propre jeu, en ayant l'air de vérifier les huit cartes du talon. Un peu d'attention et de surveillance suffisent pour déjouer cette manœuvre.

Au baccara. — Le baccara est un des jeux de hasard qui laissent le plus de prise à la tricherie. S'agit-il du baccara-banque, voici les différents moyens les plus usités: *les portées*, ou additions de cartes que le philosophe tire tantôt de son gilet, tantôt de sa manche, et souvent d'ailleurs. La *portée de la poignée* de main exige la connivence d'un compère, qui vient serrer la main du banquier, et lui glisse quelques cartes disposées en ordre *utile.*

Si l'on joue dans un cercle interlope ou dans une réunion plus ou moins suspecte, à un moment donné on feint de craindre l'arrivée de la police; et, profitant du trouble des joueurs et du brouhaha occasionné par cet incident fâcheux, le banquier pose un *cataplasme* préparé selon la formule sur les cartes de la banque. D'autres fois on fait couper par un compère qui échange le jeu qu'on lui présente, contre un autre jeu disposé de convenable façon.

Il est bien évident que nous ne parlons ici que des choses qui peuvent se passer dans les tripots de dernière catégorie, ou dans des *Casinos* très *selects.*

On lisait il y a quelques années dans un journal de Nice:

« Une exécution a eu lieu, lundi dernier, au Cercle de la Méditerranée.

« Depuis quelques jours, le major H... avait attiré l'attention des membres du Cercle, grâce à une chance persistante au baccara. En effet, dimanche ou samedi dernier, *il avait passé dix fois.*

« Lundi, il acheta une banque aux enchères, perdit les deux premiers coups et se livra à la manœuvre suivante, qui fut heureusement découverte :

« Le major, après son deuxième coup de perte, n'avait plus assez d'argent devant lui pour payer les gagnants : c'est alors que, tenant toujours les cartes de sa main gauche, il tira son portefeuille de sa poche avec la main droite. Sous ce portefeuille se trouvait un paquet de cartes, ce qu'on appelle une *portée*. Cartes et portefeuille furent pris immédiatement par la main gauche, de telle façon que la portée se trouva naturellement placée sur les cartes de la banque; après quoi, le major H..., déposant le tout devant lui, ouvrit son portefeuille d'où sortaient ostensiblement quelques billets de banque.

« A ce moment, plusieurs joueurs protestèrent, et l'un d'eux se leva même en disant : « Messieurs, je ne joue plus et je vous engage à en faire autant. » Tout cela fut fait et dit très rapidement. Un membre du cercle joua malgré cela encore une fois contre le major H..., qui abattit neuf. Il n'y avait plus de doutes. La partie fut arrêtée et on compta les cartes. On en trouva vingt-sept en plus. En présence de cette tricherie, le comité du cercle s'assembla immédiatement et vota à l'unanimité l'expulsion du major H... »

Mais c'est le baccara dit *chemins de fer* que préfèrent les grands philosophes. Aucun autre jeu de cartes ne leur offre autant d'occasions d'utiliser les divers modes de *maquillage* des cartes destinées à les rendre reconnaissables soit à l'œil, soit au toucher.

On distingue deux espèces de maquillages :

1° *Le maquillage préparé*, comprenant les *cartes ombrées*, transparentes à un point de la tranche; *les cartes relevées ou abaissées aux angles; les cartes piquées* avec un lacet ou avec une tête d'épingle, de façon à imprimer une légère saillie; *les cartes échancrées* en appliquant l'ongle sur la tranche; *les cartes roulées*, c'est-à-dire bombée à l'aide d'un rouleau de manière que, même lorsqu'on les redresse, elles présentent encore une courbure suffisante pour être facilement reconnues par les aigrefins; *les tarots triés* dans un certain nombre de jeux, de façon à pouvoir assu ter au grec une taille de banque dont il connaisse toutes les cartes.

2º Le *maquillage improvisé*, comprenant *le coup d'ongle* donné au dos des cartes pour les reconnaître à volonté ; *le coup de pouce* abaissant ou relevant l'angle des cartes ; *le frottement à la mine de plomb* avec une petite provision de mine de plomb dans la poche du gilet ; enfin *la marque à la pièce*, au moyen de l'exergue dentelé d'une pièce d'or ou d'argent.

En ce qui concerne les *cartes tarotées* voici l'opinion de deux juges compétents.

« Tous les dessins extérieurs, dit M. Alfred de Caston, dans son intéressant livre « LES TRICHEURS », devraient être interdits d'une façon absolue ; les cartes blanches sont les meilleures, par cette raison toute simple qu'elles sont difficiles à marquer ; mais comme elles se flétrissent très vite (au grand intérêt du Trésor), si l'on permet, par raison d'économie pour les cafés et les particuliers, de vendre des cartes de couleur, la couleur doit être pleine, unie, soit en rouge, en bleu, en vert ou en rose ; les tarots, les dessins, sont autant de points de repère pour les tricheurs. »

M. de Caston doit être un juge d'une autorité incontestable en pareille matière, puisqu'il joue une partie de piquet contre n'importe qui, en écartant et en jouant sans retourner ses cartes.

Voici maintenant l'opinion de Robert Houdin sur les tarots :

« Il est assez rare que, parmi les tarots dont les cartes sont ornées, le dessin qu'ils représentent soit identiquement à la même place.

« Pour peu qu'on y prête quelque attention, on remarque que les figures ne sont pas toujours à la même distance du bord de la carte.

« Le fabricant et le consommateur honnête ne tirent aucune conséquence de cette particularité ; mais le philosophe en fait son profit et se sert de cette ornementation pour tricher. A la troisième ou à la quatrième partie, il est en mesure, par ce moyen de reconnaître un certain nombre de cartes. »

Le grand prestidigitateur examine ensuite ce qu'il appelle les *cartes altérées*, et il décrit tour à tour :

1° Les *cartes biseautés* ; une des tricheries principales du siècle dernier, qui ne se rencontre plus guère maintenant que dans les tripots. On entend par cartes biseautés des cartes plus larges d'un bout que de l'autre.

2° Les *cartes teintées ;* cartes au revers blanc ou de nuances diverses et que le grec marque presque imperceptiblement en les frottant d'un peu de mine de plomb, qu'il a toujours soin d'avoir dans sa poche de gilet.

3° *Les cartes adhérentes* ou *glissantes*, qui se remarquent particulièrement dans les jeux neufs tenus dans les endroits humides, auxquels le philosophe imprime une forte pression, afin de bien reconnaître, à leur plus forte adhérence, les cartes à figures dont le coloris lustré à la gomme s'imprègne facilement d'humidité.

4° *Les cartes hors d'équerre*, préparées par un biseautage très léger et imperceptible à l'œil du pigeon, qui indique au grec toutes les cartes inférieures au point de dix.

5° *Les cartes ondulées*, avec l'exerge dentelée d'une pièce de monnaie.

A LA BOUILLOTTE. — Les professeurs signalent parmi les tricheries les plus répandues à la bouillotte ; le *compérage*, les *ménagements*, la *télégraphie*, et la *poussette* ; cette dernière tricherie consiste à augmenter sa mise quand on a beau jeu et sans être vu par les adversaires quand on fait son tout.

« Il arrive souvent, dit Robert Houdin, qu'à la bouillotte un joueur ayant un mauvais jeu propose une somme considérable pour intimider et faire filer. Cette finesse réussit souvent ; mais en raison de son but indélicat, elle n'est pas tolérée dans un grand nombre de cercles.

« Je vais citer un trait que la chronique, à tort ou à raison, attribue à M. de Talleyrand.

« Ce haut personnage jouait à la bouillotte ; il venait de donner les cartes, et, selon l'usage à ce jeu, il attendait son tour pour parler.

« Les deux premiers adversaire passent.

— « Dix louis, dit le troisième.

— « Vingt, dit M. de Talleyrand.

— « Quarante, fait l'adversaire.

— « Mon tout, reprend le diplomate, en indiquant cent louis qu'il avait devant lui. Mais, à ce moment, une carte lui échappe des mains, c'est un neuf, il le relève avec promptitude.

« L'adversaire a eu le temps de voir cette carte, et, bien qu'ayant un brelan de rois, il juge prudent de filer. Dans sa pensée, si M. de Talleyrand a si vigoureusement relancé, c'est qu'il doit avoir un très beau jeu. Ce qui le porte à cette croyance, c'est que la retourne est un neuf et que, selon toute probabilité le neuf tombé des mains du diplomate fait partie d'un brelan carré.

« On abat les jeux : M. de Talleyrand gagne avec trois cartes dépareillées, parmi lesquelles figure le neuf qu'il a insidieusement laissé tomber sur la table, pour intimider son adversaire. »

Ce qui gâte cette anecdote, c'est l'abatage des cartes, car lorsque l'adversaire file, on se garde bien d'abattre son jeu, on s'empresse de le mêler avec les autres cartes, pour dissimuler sa façon de jouer.

Au rams. — Le rams est le jeu des grecs par excellence; le coup de *rams général* leur fournit l'occasion d'exercer leur industrie en préparant les paquets de cartes; au rams, il y a le compère avec lequel on partage le bénéfice après la partie ; vous lui faites ou il vous fait des *invites* ; avec lui, on joue la *correspondance*.

Le saut de la coupe.

Le saut de la coupe est une des opérations élémentaires des philosophes de bas étage. C'est un coup sûr quand on a affaire à un joueur naïf ou simplement honnête et confiant. Pour le bien réussir, il faut avoir les extrémités avantageusement conformées pour ce genre de prestidigitation, c'est-à-dire les mains larges et les phalanges souples et allongées.

Prenez votre jeu de cartes dans la main gauche, les figures tournées vers la paume de la main, et introduisez dans le jeu le petit doigt de manière à former deux paquets distincts — pour vous seulement, bien entendu. — Portez ensuite votre main droite sur le jeu; puis, abaissant les doigts de cette main, serrez le paquet de dessous, seul, entre le pouce et le doigt du milieu; par contre, serrez le paquet de dessus entre le petit doigt d'une part, l'annulaire et le médius de l'autre, de votre main gauche, et attirez-le doucement pour le faire passer dessous.

Il importe, pour opérer avec adresse, de pratiquer dans le silence du cabinet, jusqu'à ce qu'on soit entièrement satisfait soi-même de l'exécution. Ce résultat s'obtient habituellement en une semaine d'exercice au plus.

Les dettes de jeu devant les tribunaux.

Ce n'est pas sortir de notre sujet que de dire quelques mots des obligations qui naissent du jeu.

Les jeux d'adresse ainsi que ceux qui sont propres à l'exercice du corps, tels que les courses à pied ou à cheval, les courses de chariot, le jeu de paume, etc., peuvent donner naissance à des obligations parfaitement valables et auxquelles la loi accorde sa sanction; c'est-à-dire qu'au cas où le perdant ne s'exécuterait pas, le gagnant pourrait l'actionner en justice pour obtenir payement. La loi fait néanmoins une réserve, et elle dit, en l'article 1966 du Code civil, que *le tribunal peut rejeter la demande, quand la somme lui paraît excessive.*

Pour les autres jeux, le législateur a agi tout autrement; il déclare qu'aucune action en justice ne sera recevable pour dette de jeu et pari, mais que l'exécution volontaire de la convention par le perdant sera valable.

Cependant, si le jeu n'avait pas été loyal, si l'un des

joueurs n'avait gagné que par supercherie ou dol, les règles exposées ci-dessus ne s'appliqueraient pas, et le payement volontairement fait, ainsi que toutes les opérations intervenues pour régler les conséquences du jeu, pourraient être annulés à la requête de la partie trompée. (Code civil, art. 1967.)

Il est surtout intéressant de savoir si, lorsqu'on a prêté de l'argent à quelqu'un pour jouer, on peut s'adresser à la justice pour obtenir condamnation contre l'emprunteur qui refuserait de s'exécuter : Assurément non. Mais la Cour d'appel de Paris a jugé, le 6 juillet 1882, que lorsqu'on a prêté à quelqu'un de l'argent pour payer une dette de jeu antérieurement contractée, on peut fort bien réclamer la somme prêtée et user de tous les moyens de droit. Il s'agissait dans l'espèce d'un garçon de salle dans un cercle, et l'emprunteur, qui ne voulait pas rembourser, soutenait que, la seule qualité du prêteur suffisait à rendre sa demande irrecevable, car il connaissait la destination des fonds prêtés. La Cour a décidé, avec raison, que l'argent avait servi à l'extinction d'une dette contractée sans la participation du prêteur et que la demande devait être accueillie par la justice.

Quelle est l'autorité d'une règle de jeu ?

Quand une contestation surgit entre deux ou un plus grand nombre de joueurs, il est d'usage de la soumettre à l'appréciation d'un arbitre choisi dans la galerie, ou, à défaut, de déterminer d'un commun accord un joueur expérimenté qui tranchera le différend.

L'arbitre choisi dans la galerie est celui qui offre le plus de chance d'une saine décision, car il connaît toutes les circonstances de l'affaire.

A défaut d'un juge qualifié, on consulte la règle. Mais il est rare qu'elle ait prévu les cas innombrables qui peuvent se présenter ; il faut donc faire des raisonnements par analogie, c'est-à-dire embrouiller de plus en plus la question.

Si la règle ne prévoit pas tous les cas possibles, elle contient néanmoins un certain nombre de préceptes et d'indications qui peuvent guider les joueurs inexpérimentés. Elle sert surtout à apprendre la marche générale des principaux jeux.

Mais voici une discussion qui s'engage.

Vous demandez la règle, « la vraie », celle de l'Académie des jeux ; comme s'il y avait quelque part ou ailleurs un corps constitué, investi du pouvoir législatif en cette matière !

Aujourd'hui, les jardins d'Académus sont ouverts à tout le monde ; on y rencontre des groupes invraisemblables : des Académies de billard, de cuisine, etc., et l'Académie des jeux n'en serait point le groupe le moins bizarre, s'il existait.

Les règles de jeux sont écrites par des gens sans mandat ; mais il suffit qu'elles soient claires et précises.

Comme il y a plusieurs règles, laquelle est la bonne, laquelle fera autorité ? Celle qui est à la maison où vous jouez, à moins que vous n'ayez convenu de vous en rapporter à telle règle déterminée.

Que si, maintenant, vous trouvez la règle mal faite — et elle le sera toujours lorsqu'elle ne vous sera pas favorable — eh bien, il faudra vous y soumettre. N'en est-il pas de même lorsque vous allez en justice ? Croyez-vous que Brid'Oison soit l'équité personnifiée? Ne considère-t-il pas souvent les *épices*?

Le présent juge peut être parfois ignorant, mais il ne saurait être prévaricateur.

Enfin s'il est de principe en droit que jamais un usage, si généralement admis qu'il soit, ne prévaut contre un texte de loi ; ici, au contraire, jamais la règle écrite ne prévaut contre les usages admis dans le milieu ou dans la localité où l'on joue.

CHAPITRE DEUXIÈME

JEUX DE COMBINAISONS

Le Piquet ordinaire. — Le Piquet Rubicon. — Le Piquet à écrire. — Le Piquet à trois. — Le Piquet à quatre. — Le Piquet aux accidents. — L'Impériale. — L'Ecarté. — La Poule au piquet, à l'impériale ou à l'écarté. — Le Whist et ses variétés. — Le Boston et ses variétés. — La Bête hombrée. — La Manille et ses variétés. — Le Reversis. — Le cinq-cents ordinaire. — Le cinq-cents lyonnais. — Le cinq-cents bordelais. — Le Bésigue ordinaire. — Le Bésigue chinois. — Le Rams. — Le Mistigri ou Cascaret. — L'Enfle. — Le Napoléon. — Le Polignac. — Le Domino aux cartes.

Le Piquet.

Le piquet est sans contredit l'un des jeux les plus répandus ; non pas qu'il soit le plus amusant — tant s'en faut — mais sa connaissance est une excellente préparation pour quiconque veut apprendre les diverses combinaisons auxquelles donnent lieu les autres jeux.

On a dit que c'était le jeu français par excellence; mais rien ne prouve qu'il soit plus joué en France que dans 'autres pays. Ce que l'on peut assurer c'est qu'il ne demande que de la réflexion et du calcul, et rien de cette intuition, de ce flair qui sont indispensables pour bien jouer les autres jeux. Il se joue d'ordinaire à deux personnes ; quand il se joue entre un plus grand nombre, il y a lieu d'appliquer des règles spéciales qui seront exposées ci-après.

VALEUR DES CARTES. — Les cartes du jeu de piquet sont au nombre de 32, c'est-à-dire de 8 par chaque couleur. Les voici énumérées dans leur ordre hiérarchique, avec la valeur de chacune d'elles : l'as est la plus forte carte et vaut 11 points, le roi en vaut 10 ; la dame et le valet valent également 10 points chacun. Le dix, le neuf, le huit et le sept valent chacun le nombre de points qu'ils portent.

Le Piquet à deux.

A QUI LA MAIN. — Celui qui a la main au piquet, c'est-à-dire celui qui reçoit les cartes et joue le premier, a, par ce seul fait, un grand avantage sur son adversaire, et l'on peut représenter cet avantage par 10 dans une partie de 150 points. Dans une seule donne, l'avantage est d'environ 20 points ; aussi doit-on tirer au sort celui qui devra donner.

Les cartes étant mêlées, chacun des joueurs en prend quelques-unes sur le jeu et montre celle de dessous. Celui qui a la plus faible fait le premier.

Celui qui, en tirant la main, laisse tomber une carte qui se retourne, est réputé avoir amené cette carte. Quand les deux joueurs amènent une carte semblable, ils tirent de nouveau.

S'il se trouvait une ou plusieurs cartes retournées dans le jeu, ou si le jeu était faux, la main serait quand même bien tirée.

De la donne. — Le donneur doit mêler les cartes et les présenter à couper à son adversaire. Celui-ci a le droit de les mêler à son tour. Quelques joueurs grincheux prétendent qu'il n'est pas convenable de le faire, comme s'il était jamais inconvenant d'user d'un droit légitime ; un adversaire bien élevé doit au contraire être le premier à provoquer l'exercice de ce droit.

Dans le cas où l'adversaire a mêlé les cartes du donneur, celui-ci doit les remêler à son tour et le présenter à couper. La coupe doit être nette et franche ; celui qui éparpillerait les cartes ou n'en couperait qu'une, soit en dessous, soit en dessus, serait obligé de recommencer, après que le donneur aurait rebattu les cartes à nouveau.

La coupe faite, celui qui donne met les cartes de dessous dessus, puis il les distribue deux par deux, ou trois par trois, à sa volonté ; mais jamais il n'est permis, au piquet, de distribuer les cartes une à une, ou par nombres supérieurs à trois.

Il faut continuer à donner dans tout le cours de la partie par le nombre qu'on a commencé ; et si, pour une cause quelconque, on voulait changer la donne, il ne serait pas permis de le faire, sans en avoir averti son adversaire avant de mêler, en disant : « Je donnerai par deux ou par trois. »

On distribue donc les cartes jusqu'à ce que les joueurs en aient chacun 12 ; il en reste alors 8 qui sont appelées *Talon*.

De la maldonne. — Si celui qui distribue les cartes, au lieu de n'en donner que 12 à son adversaire, lui en donne 13, ou les prend pour lui, il est permis à celui qui a la main, c'est-à-dire qui n'a point donné, de se tenir au coup ou de faire refaire. Mais s'il s'y tient, lorsqu'il a 13 cartes, le talon n'étant alors composé que de 7 cartes au lieu de 8, il ne peut en prendre plus de 4, et moins s'il veut. Si c'est le donneur qui a 13 cartes, il en écarte 3 et n'en prend que 2. Si l'un des joueurs — n'importe lequel — se trouvait avoir 14 cartes ou plus, il faudrait refaire le coup, c'est-à-dire remêler les cartes et donner à nouveau.

Du talon. — Lorsqu'il se trouve une carte retournée au talon, soit qu'il y ait 7, 8 ou 9 cartes, c'est-à-dire si le coup doit se jouer, la donne sera maintenue, pourvu cependant que la carte retournée ne soit pas la première au-dessus du talon, ou la première des trois que doit prendre le dernier ; il n'y a pas lieu d'appliquer ici la règle de la maldonne, c'est-à-dire de laisser à celui qui a la main le droit de faire refaire ou de maintenir le coup, et de lui laisser ainsi la faculté d'agir selon qu'il aurait bon ou mauvais jeu.

Dans certains pays il est d'usage de diviser le talon en deux parties dont la première, composée de 5 cartes, est mise en croix sur la seconde : cette pratique ne doit pas être suivie, c'est au premier à prendre les 5 cartes qui lui reviennent et à laisser les 3 autres à son adversaire. Il y a lieu, néanmoins, de se conformer aux pratiques locales sur ce point ; mais on comprendra que s'il y a des cartes reconnaissables, le donneur, en les comptant et en les manipulant, pourra avoir certaines indications dont il pourra tirer avantage.

Erreurs de donne. — Celui qui a donné par erreur, et vient ensuite à s'apercevoir qu'il a la main, que ce soit au commencement ou dans le cours de la partie, peut exiger que le coup soit nul, et que son adversaire donne, lors même que les jeux ont été vus; mais une fois le coup engagé par une première carte jouée et couverte, il n'y a plus à y revenir, et la main suit, comme si la donne avait suivi son cours régulier.

Le joueur qui laisse involontairement échapper une carte, la retourne, et donne ainsi un avantage à son adversaire, n'a rien à réclamer de ce chef; sa faute lui est imputable, et il est de règle générale que tout joueur doit supporter les conséquences de ses fautes.

Des cartes blanches. — Il faut en parler à cette place, car on doit les annoncer avant d'écarter. La vieille règle, dans son savoureux langage, dit : « Ce que le joueur doit d'abord considérer, c'est, s'il a des cartes blanches, c'est-à-dire s'il n'a point de *Peintures* dans son jeu ; les peintures sont les rois, les dames et les valets ; enfin, si l'un des joueurs se trouve avoir cartes blanches, après que l'autre a fait son écart, il étale ses cartes sur le tapis en les comptant l'une après l'autre, et les cartes blanches lui valent 10 points qui sont comptés avant le point même, et qui servent à faire le Pic, le Repic, et à les parer. »

De l'écart. — Le premier en cartes a le droit de prendre cinq des huit cartes restées au talon, après en avoir écarté cinq des douze qui lui ont été servies ; il peut en prendre moins de cinq, si cela lui convient, mais il faut qu'il en prenne au moins une. Il en écarte autant qu'il en veut prendre, et lorsqu'il en écarte moins de cinq, il a le droit de regarder celles qui lui revenaient et qu'il laisse. Mais il doit dire : *Je ne prends que tant de cartes* ou *j'en laisse tant*. Cette règle enlève tout prétexte au dernier de prétendre n'avoir pas connu le nombre de cartes qui lui revenaient.

Celui qui prend plus de cartes qu'il ne devait en prendre

peut remettre celles qu'il a prises en trop, avant de les avoir vues; ou, s'il les a vues, il est à la discrétion de l'adversaire qui peut maintenir le coup et faire compter son adversaire à la muette.

Lorsqu'un joueur, après avoir pris ses cartes au talon, a moins de douze cartes en main, soit qu'il en ait reçu moins que son compte, soit qu'il en ait écarté plus qu'il ne devait, le coup est bon, et le joueur auquel il manque des cartes compte son jeu et les points qu'il peut faire en jouant, comme si de rien n'était; il s'est seulement exposé lui-même à ne pas faire les dernières levées, car il est obligé de fournir des cartes souvent maîtresses, de telle sorte qu'il peut être bel et bien capot, alors qu'il n'eût pu l'être s'il avait eu ses douze cartes en main. Il lui devient, en outre, impossible à lui-même de mettre son adversaire capot, puisqu'il ne peut aller jusqu'au bout, faute de cartes, et que cet adversaire compte les cartes qui lui restent en main comme autant de levées, la dernière comptant pour deux points, comme dans les cas ordinaires.

Le premier en cartes ne doit pas faciliter les erreurs d'écart de son adversaire, en paraissant attendre, comme s'il était dernier, que cet adversaire ait écarté, pour prendre ses cartes; cette « malice » est blâmable et ne pourrait avoir pour résultat que de rendre le coup nul; mais si, au contraire, par inadvertance ou précipitation, le dernier en cartes se sert le premier, il est, par ce fait, à la disposition de son adversaire qui a le droit: soit de faire annuler le coup, soit de le faire compter à la muette, soit de considérer la partie comme perdue par celui qui a commis l'erreur. C'est ici surtout, qu'il y a lieu de se conformer à l'usage de la localité.

Un cas se présente assez souvent: le second n'a écarté que ses trois cartes réglementaires, alors qu'il lui en a été laissé, mais il se trouve avoir pris régulièrement ses trois cartes, en commençant par celles qui lui ont été laissées par son adversaire, et sans avertir celui-ci de son intention de laisser lui-même des cartes; que doit-il advenir? On refait le coup, ou l'adversaire l'accepte tel qu'il se présente.

Le joueur qui touche aux cartes du talon avant d'avoir écarté, ou qui se permet de les étaler, compte à la muette, qu'il ait ou non vu les cartes touchées.

Aussitôt qu'un joueur a écarté et touché aux cartes du talon, même sans les avoir vues, il ne peut plus revenir sur son écart, ni rien y changer, quelle que soit l'erreur qu'il ait pu commettre. S'il a écarté moins de cartes qu'il ne lui en revient, il ne prend au talon qu'autant de cartes qu'il en a mis à l'écart, et les choses se passent comme si les cartes laissées l'avaient été volontairement. S'il en a écarté plus, il se trouve dans la position qui a déjà été expliquée ci-dessus et qui l'expose à la capote.

Il n'est jamais loisible au joueur de faire jouer son adversaire avec treize cartes en main, sans le faire compter à la muette; il ne peut lui faire retirer de son jeu la carte qu'il a prise en trop; cette pratique, usitée dans les jeux d'enfants, pourrait avoir des conséquences graves; d'ailleurs, une partie doit toujours être jouée sérieusement quelque minime qu'en soit l'intérêt, et les vrais joueurs sont toujours sérieux dans l'application des règles; le jeu n'a d'agréments ou d'émotions qu'à ce prix.

Du point. — Le point se compose du nombre de cartes de la même couleur que l'on a dans son jeu et dont on additionne les points pour les accuser. La valeur de chaque carte a été donnée précédemment. Il faut bien se garder de dire j'ai trois, quatre ou cinq cartes; il faut dire j'ai trente-et-un, quarante, quarante-quatre, etc., et pour quoi? Si l'on annonce tel nombre de cartes, on provoque une réponse de l'adversaire qui peut demander combien valent ces cartes, et c'est lui faire dire qu'il n'en a pas davantage. On le force ainsi à découvrir son jeu. Ceci, bien entendu, ne peut avoir lieu que de la part des novices, un joueur expérimenté ne répondra pas ou ne répondra qu'à l'annonce du point.

Tout point inférieur à trente ne doit pas être annoncé.

Si le point est reconnu bon par l'adversaire, chacune des cartes compte pour un point; en d'autres termes si l'on a 41 pour point, comme il faut quatre cartes pour atteindre ce nombre, on comptera « quatre de point ». Le point vient immédiatement après les cartes blanches.

SÉQUENCES. — Après les cartes blanches (s'il y en a) et le point, viennent les séquences.

Une séquence se compose d'un certain nombre de cartes de la même famille qui se suivent dans l'ordre hiérarchique.

La plus forte de toutes les séquences est la *huitième*. (L'emploi de cette dénomination inusitée mais logique est intentionnel et a pour but de rendre les présentes explications plus facilement intelligibles; d'habitude ont dit *une dix-huitième* et l'on en cherche encore la raison.) La huitième se compose des 8 cartes de la même couleur; ensuite vient la *septième*, la *sixième*, la *quinte* (5 cartes), la *quatrième* (4 quartes) et la *tierce* (3 cartes).

Donc celui qui a parole dira : J'ai tant au point, et il ajoutera : Une dix-huitième à carreau ou à pique, ou une quinte à cœur, ou rien du tout.

C'est ici l'endroit de faire remarquer que toutes les huitièmes se valent, mais qu'il n'en est plus de même des septièmes, sixièmes, quintes, quatrièmes et tierces; en effet, si j'ai sept cartes qui commencent au sept et finissent au roi, la septième ne vaudra pas celle qui commencera au huit pour finir à l'as. Dans le premier cas, la septième (dix-septième) est au roi, dans le deuxième cas elle est à l'as ou majeure.

Si l'on prend maintenant une tierce pour exemple, on verra combien elle peut varier en qualité : Commence-t-elle par la dame pour finir à l'as, elle est *majeure*. Se compose-t-elle d'un valet, d'une dame et d'un roi, elle est *au roi*. Est-elle formée par un dix, un valet et une dame, elle est *à la dame*. Est-elle constituée par un neuf, un dix et un valet, elle est *au valet*, etc. En un mot, les septièmes, sixièmes, quintes, quatrièmes et tierces, portent le nom de la plus forte carte qu'elles renferment.

Des quatorze et des brelans. — Disons tout d'abord que le terme *brelan* n'existe pas dans le vocabulaire du piquet. Nous l'emploierons néanmoins pour faciliter nos explications.

Quand on a : 1° les quatre as du jeu, 2° les quatre rois, 3° les quatre dames, 4° les quatre valets, 5° les quatre dix, ont dit qu'on a : quatorze d'as, ou quatorze de rois, etc...

Les quatorze reconnus bons comptent, ainsi que leur nom l'indique, 14 points, ils se priment hiérarchiquement et dans l'ordre ci-dessus ; c'est-à-dire que quatorze d'as, l'emporte sur le quatorze de rois ; le quatorze de rois, annule celui de dames, etc., mais dans la main de l'adversaire seulement. J'ai quatorze de valets, si vous en avez quatorze supérieur, le mien sera nul et non avenu, il me *claquera* dans la main, comme disent les joueurs.

Mais lorsqu'un quatorze est reconnu bon dans une main, il valide tout quatorze inférieur dans la même main ; et il valide également toutes les *trois cartes* : trois as, trois rois, etc. que peut avoir le même joueur.

On voit donc que le joueur qui aurait le quatorze d'as, le quatorze de valets et trois dix, compterait tout cela à l'encontre de son adversaire ayant le quatorze de rois et le quatorze de dames.

Un joueur qui aurait un quatorze de valets, par exemple, et un quatorze d'as, les compterait tous les deux ; mais s'il s'avisait d'annoncer d'abord le quatorze de valets et que son adversaire ait : ou le quatorze de rois, ou le quatorze de dames ; sitôt que l'adversaire aurait dit : *J'ai mieux*, ou *cela ne vaut rien*, celui qui a annoncé les valets ne pourrait compter ni son quatorze supérieur d'as, ni son quatorze de valets. Et cela est d'autant plus juste qu'un aigrefin pourrait, en annonçant le plus petit quatorze le premier, savoir si son adversaire a ou n'a pas écarté un roi ou une dame.

Trois cartes. — Après les quatorze, viennent les trois cartes : trois as, trois rois, trois dames, trois valets, trois dix, se primant dans leur ordre hiérarchique, et valant trois points lorsqu'elles sont reconnues bonnes.

Pour simplifier, nous dirons un *brelan* pour trois cartes, bien que le mot brelan ne soit pas usité au piquet.

Trois cartes reconnues bonnes valident un brelan inférieur ; ainsi j'ai brelan de rois et de dix, mon brelan de dix vaudra trois points, tandis que vous ne compterez pas un brelan de dames, si vous l'avez, à moins que vous n'ayez en même temps trois as ou un quatorze quelconque.

Comment on annonce son jeu. — Le premier à parler, c'est-à-dire celui qui a pris cinq cartes au talon dira donc : *J'ai* 31, *ou* 35, *ou* 40, *ou* 44, *ou* 50, *etc.*, *au point ; une dix-huitième, ou une quinte ou une tierce, puis tel quatorze*. S'il n'a pas de quatorze, il dira : *J'ai, en outre, trois as, ou trois rois*, etc... et je joue un. Il doit annoncer le tout à la suite, dans l'ordre ci-dessus et ne pas s'adresser à son adversaire en lui faisant des questions successives, c'est-à-dire en lui demandant, le point est-il bon ? Telle quatrième ou telle tierce est-elle bonne, etc... et quand il a tout annoncé il joue un.

Il est bien évident que si, premier à jouer, j'ai deux quatorze je n'en annoncerai qu'un, de même si j'ai deux ou trois brelans. Lorsque le plus élevé de mes quatorze ou de mes brelans sera reconnu bon, j'aurai le droit ensuite d'annoncer et de compter les autres. De même pour les séquences.

Le deuxième joueur répondra : *J'ai* 51, *ou* 54, *ou* 56, *ou* 60, *etc., au point; une quinte, ou,* etc... c'est-à-dire qu'il annoncera tout ce qui prime le jeu de l'adversaire, se gardant bien de rien révéler de ce qui ne peut être compté, c'est-à-dire de ce qui ne prime pas le jeu de son adversaire.

Supposons que le premier joueur ait de bon : 1° le point de 41 ; 2° une quatrième majeure, une petite tierce, un quatorze et un brelan (qui sera toujours bon si le quatorze est bon). Il dira : *quatre*, du point ; *quatre*, de la quatrième ; *trois*, de la tierce ; *quatorze*, pour le quatorze ; et *trois* pour le brelan, ce qui fera au total 28, et *un* qu'il aura joué avant que l'adversaire ait été à même de répondre, ce qui fera 29.

Du pic. — S'il arrive à compter 28 points en mains, le joueur qui est le premier et qui dit *un* en jouant a donc 29 points d'acquis avant que son adversaire en ait un seul, il va rejouer et faire 30 points, encore avant que son adversaire puisse rien compter, si toutefois la carte qu'il a jouée à 29 est maîtresse. Alors, au lieu de dire *trente* (son adversaire n'ayant encore rien pu compter), il dira *soixante* et y ajoutera *ensuite* un point par chaque carte qu'il jettera après avoir fait une levée. C'est ce qu'on appelle *faire soixante* ou *faire le pic*. On fait soixante avec la *dernière*, quoi qu'en disent certains professionnels.

Du repic. — Si au lieu d'arriver à *trente en jouant*, le premier en carte avait compté *trente en main*, c'est-à-dire sans le secours des points qu'il a comptés en jouant, il dirait *quatre-vingt-dix* et non plus soixante ; il compterait ensuite un point par chaque carte jouée après la levée faite, c'est-à-dire 91, 92, 93, et ainsi de suite, tant qu'il jouerait, c'est-à-dire tant que l'adversaire ne pourrait pas prendre. Voilà ce qu'on appelle faire le *repic*.

Une observation se présente d'elle-même à l'esprit, c'est que *seul* le premier peut faire *soixante* ou *pic*, tandis que le dernier peut aussi bien que le premier faire *quatre-vingt-dix* ou *repic*, car l'unité que compte le premier en jouant ne prime pas ce que le second a en mains, et ce n'est que pour attendre ce que celui-ci va dire qu'il joue *un* (1).

Du capot. — Un joueur est capot quand son adversaire fait toutes les levées.

La dernière levée du capot n'est pas comptée double; mais au lieu de compter 10 points pour la *majorité* des levées, celui qui a fait le capot compte 40 points pour la *totalité* des dites levées.

Du désavantage de la donne. — On a déjà vu que le premier à jouer ayant reçu 12 cartes de la donne, plus en ayant 5 à prendre au talon, a 17 cartes à voir sur les 32 qui composent le jeu; de plus, il a encore été expliqué que *seul* le premier pouvait faire *soixante* ou *pic;* mais tout cela n'est rien en comparaison de l'avantage énorme qu'il a de jouer ses cartes maîtresses et d'amener son adversaire aux dernières de ses cartes, même majeures, s'il ne peut forcer à la couleur. On estime à 20 points l'avantage du premier avant la coupe.

Récapitulation et Règlement général. — 1° Il n'est pas permis de *renoncer*. Renoncer c'est ne pas fournir de la couleur demandée, quand on en a.

1. Dans l'ancienne règle, il y avait le *soixante*, le *pic* et le *repic*. Le pic était le quatre-vingt-dix ; il y avait repic lorsqu'arrivé à 119 points avant que l'adversaire ait pu dire *un*, on disait : 119, 160, c'est-à-dire qu'on ajoutait 40 points — telle est encore la vraie règle.

2° En cas de maldonne, celui qui s'en aperçoit est tenu d'en avertir de suite l'autre joueur, avant d'avoir regardé les cartes qu'il a reçues ou prises. Quand on a vu les cartes, on n'est plus reçu à régulariser la donne, et le coup doit être joué tel qu'il se trouve, sauf la peine qui serait infligée à celui qui aurait trop de cartes, peine qui consiste à compter à la muette. *Compter à la muette*, c'est ne pouvoir rien marquer des point, séquences, quatorze et brelans que l'on peut avoir.

3° Celui qui prend plus de cartes qu'il n'en a écarté ou qui se trouve, en jouant, en avoir plus qu'il ne faut, ne comptera rien et ne pourra empêcher son adversaire de compter tout ce qu'il a dans son jeu, quand même celui qui a trop de cartes aurait des choses meilleures que celles annoncées par son adversaire.

4° Le joueur à qui il manque une ou plusieurs cartes, soit qu'il ne les ait pas reçues, soit qu'il ne les ait pas prises au talon, soit pour une cause qui ne peut être établie, supporte purement et simplement les conséquences de son erreur, c'est-à-dire qu'il compte tout ce qu'il a dans son jeu, car on n'est pas puni pour jouer avec des cartes en moins, mais cela peut avoir de bien graves conséquences : 1° Il est obligé de fournir à toutes les cartes jouées par l'adversaire, ce qui peut l'exposer au capot; — 2° S'il fait la dernière levée, il ne la compte pas, et c'est à son adversaire qu'elle revient de droit; — 3° Enfin, et c'est une conséquence de ce qui est dit au numéro 2, il ne peut faire le capot.

5° Quand la première levée est faite, tout ce qui n'a pas été annoncé ne peut plus être compté.

6° Tout ce qui n'a pas *été montré* avant la première levée (sauf les quatorze et les brelans qu'il n'est pas d'usage de montrer au piquet à deux), ne peut plus être compté, et quand même l'adversaire du joueur fautif aurait reconnu valables les annonces faites par ce dernier, cela ne l'empêcherait pas de compter tout ce qu'il aurait dans son jeu, quand même cela serait inférieur à ce qui n'aurait pas été montré, comme cela vient d'être dit.

Le second, annoncera tout ce qu'il doit compter et montrera tout ce qu'il doit montrer avant de couvrir la carte jouée par son adversaire; une fois la carte couverte, il serait trop tard.

7° Le joueur qui a écarté moins de cartes qu'il n'en prend peut réparer son erreur tant qu'il n'a pas vu les cartes qu'il a prises et tant que l'adversaire n'a pas pris les siennes. Sinon, l'adversaire a le droit d'exiger une nouvelle donne.

8° Dès qu'on a touché au talon après avoir écarté, on ne peut plus changer son écart.

9° Il est interdit de toucher au talon avant d'écarter.

10° Celui qui est premier doit déclarer à son adversaire combien il prend de cartes ou combien il en laisse.

11° Celui qui, par erreur, donne deux fois de suite, peut revenir de son erreur en forçant son adversaire à faire, quand même celui-ci aurait vu son jeu, si lui, donneur hors tour, n'a pas vu le sien.

12° Le premier en main a le droit de regarder les cartes que son adversaire laisse au talon, pourvu qu'il annonce la couleur par laquelle il commencera de jouer. Si, après avoir vu les cartes restées au talon, il commençait par une couleur autre que celle annoncée, l'autre joueur serait libre de lui faire reprendre sa carte et de lui désigner ensuite la couleur par laquelle il devra ouvrir le jeu.

13° Quand un joueur a répondu : *C'est bon* à son adversaire qui accuse un point, une séquence ou autre chose, s'il s'aperçoit, en examinant mieux son jeu, qu'il s'est trompé, il peut réparer l'erreur tant qu'il n'a pas joué; il annule ainsi ce que l'autre joueur a compté indûment, quand même celui-ci aurait commencé à jouer. Mais si le premier joueur a été obligé de découvrir son jeu, c'est-à-dire s'il a compté d'autres choses qu'il croyait bonnes, parce que les premières avaient été acceptées, l'erreur commise par celui qui a dit : *C'est bon*, ne pouvant être préjudiciable à son adversaire, celui-ci comptera et additionnera tout ce qui aura été annoncé et reconnu bon ainsi que tout ce qui est devenu bon par voie de conséquence

14° On admet que celui qui accuse un quatorze ou un brelan qu'il ne possède pas ne compte rien de ce qu'il a dans son jeu s'il ne répare pas son erreur avant de jouer sa première carte. Dès qu il a joué ne fût-ce qu'une carte, son adversaire s'apercevant, à un coup quelconque de la tournée, qu'il a annoncé à faux, lui fera démarquer tout son jeu et comptera tout ce qu'il a dans le sien.

15° Le joueur qui, par erreur, pouvant compter soixante ou quatre-vingt-dix, ne dit que trente, peut revenir sur son oubli tant que les cartes n'ont pas été relevées pour la donne suivante.

16° Toute carte jetée est irrévocablement jouée, si l'on est le premier à jouer. Mais si on est second à jouer et qu'on ait couvert une carte de l'adversaire avec une carte qui ne soit pas de la même couleur, il est permis de reprendre cette carte afin de fournir à la couleur. Si l'on n'a pas de cette couleur, il faut laisser la carte que l'on a jetée.

17° Celui qui, étant dernier, écarterait et prendrait des cartes qu'il mêlerait à son jeu avant que le premier eût le temps d'écarter, perdrait la partie.

18° Quand le premier à jouer retourne et voit, par mégarde, une ou plusieurs cartes du talon revenant à son adversaire, il est obligé de jouer la couleur que celui-ci exigera, autant de fois qu'il a vu de cartes.

19° Quand le second à jouer retourne et voit plusieurs cartes du talon de l'adversaire, celui-ci est libre, après avoir vu son jeu, de faire refaire ou de jouer le coup.

20° Le joueur qui mêle à son écart une ou plusieurs des cartes qu'il a laissées au talon, avant de les montrer à son adversaire, qui a droit de les voir, en annonçant la couleur qu'il jouera, sera obligé de montrer l'écart entier contenant les cartes laissées au talon.

21° Quand on a écarté un quatorze et que l'on annonce trois cartes restant de ce quatorze, l'adversaire peut demander quelle est la carte à l'écart, mais cette demande doit être faite immédiatement après avoir joué sa première carte.

22° Si l'on a un quatorze en main, on n'est pas obligé de dire lequel, à moins que l'adversaire en ait un également ; mais si l'on pouvait avoir deux quatorze et que l'on en ait écarté un, on est obligé de nommer celui qu'on a.

23° Si l'on a joué avec un jeu faux, soit qu'il y manque une carte, soit qu'il y en ait deux pareilles, le coup que l'on joue demeure nul, mais les coups précédents sont bons.

24° Celui qui abandonne la partie avant qu'elle soit terminée, est réputé avoir perdu ; mais s'il était obligé de se rendre à une affaire pressante, l'adversaire doit consentir à ce que la partie soit remise. Il y a, surtout en pareil cas, une question de convenance et de délicatesse.

25° Le joueur qui, croyant avoir perdu, jette ses cartes sur le tapis, est réputé avoir perdu, si ses cartes ont été mélangées avec le talon. Mais si rien n'est mêlé, il peut reprendre ses cartes et continuer, à moins que l'adversaire ait lui-même brouillé les siennes.

26° Quand, à la fin d'un coup, un joueur, ayant dans sa main deux ou trois cartes, les jette parce qu'il croit que son adversaire en possède de plus hautes, il ne peut les reprendre et elles comptent pour autant de levées à l'adversaire, quand bien même les cartes de celui-ci seraient inférieures.

27° Il est inutile de parler du joueur qui pêche dans son écart, ou emploie d'autres moyens analogues, ceux qui l'admettent dans une partie, l'en sachant capable, n'ont plus besoin de remontrances.

VOCABULAIRE DU PIQUET

Affranchir. Faire tomber les cartes supérieures de l'adversaire dans une couleur où l'on n'est pas maître, pour le devenir ensuite.

As. Carte la plus forte du jeu; vaut 11 points.

Brelan. Il n'y a pas de brelan au piquet, mais on trouvera le mot dans nos explications, parce qu'il est commode pour désigner trois cartes de même valeur : trois rois, trois dames, etc...

Capot (faire). Faire douze levées; la dernière, en ce cas ne compte pas double, mais on marque 40 points au lieu de 10 pour les cartes.

Cartes blanches. Ne pas avoir une seule figure dans ses douze cartes avant l'écart, ce qui vaut dix points, qui se comptent immédiatement. Le dix de blanc doit être montré à l'adversaire avant qu'il ait écarté.

Cartes égales. Six levées de chaque côté, au piquet à deux; quatre levées au piquet à trois et à quatre. Au piquet à trois, quand deux joueurs ont chacun quatre levées, le troisième, qui en a deux en ce cas, profite de l'égalité des cartes.

Couleur. Chaque famille de cartes : cœur, pique, trèfle, carreau.

Donne. Distribution complète des cartes, 12 à chacun. *Donnée.* Partie quelconque de la donne ; deux cartes, si l'on donne par deux ; trois cartes, si l'on donne par trois.

Ecarter. Changer un certain nombre de cartes contre d'autres.

Faire les cartes. Cette expression s'emploie dans deux acceptions différentes, elle signifie : 1° Battre ou mélanger les cartes; 2° Faire plus de six levées.

Fourchette. On appelle ainsi deux cartes qui sont de valeur inégale. On dit *attendre à la fourchette.* C'est toute une science de savoir ne pas attaquer les fourchettes et d'y attendre son adversaire. Un exemple va faire comprendre l'importance de cette observation. Vous avez, je suppose, as et dame de pique; si c'est à vous à jouer vous ne pouvez faire qu'une levée avec ces deux cartes, car l'adversaire mettra une petite carte sur votre as et prendra votre dame avec son roi. Supposons maintenant que vous ayez trois cartes en main, c'est-à-dire une carte sans valeur avec votre as et votre dame, vous n'avez qu'à jouer votre petite carte pour donner la main à votre adversaire et vous ferez forcément votre dame et votre as, s'il a trois piques; si, au contraire, vous attaquez par votre as vous ne ferez qu'une seule levée au lieu de deux.

Dix-huitième ou *huitième.* Séquence formée de huit cartes de la même couleur; se compte dix-huit; c'est probablement pour cela qu'on l'appelle improprement *dix-huitième.*

Dix-septième. Séquence formée de sept cartes de la même couleur. On en distingue deux, la dix-septième majeure qui commence au huit et finit à l'as, et la dix-septième au roi qui commence au sept pour finir au roi. Chacune d'elles se compte dix-sept.

Huitième. V. *Dix-huitième.*

Laisser des cartes. Ne pas prendre au talon toutes celles qu'on a droit d'y prendre.

Muette (Compter à la). Celui qui compte à la muette, dans les cas énumérés au règlement général, non seulement ne compte et ne marque rien, mais encore tout ce que l'adversaire a en main lui est compté, même quand ce serait inférieur à ce que possède le joueur fautif.

Pic. Être le premier en cartes, avoir compté un certain nombre de points, et arriver, au moyen de levée successives, jusqu'à trente, avant que l'adversaire ait compté un, s'appelle faire *pic*; le joueur passe alors de 29 à 60, et il procède par unité au-delà. On fait, à 28 points, soixante avec la dernière levée qui compte double. (V. *Repic.*)

Point. Celui qui a le plus grand nombre de cartes de la même couleur en main, ou qui, ayant autant de cartes de la même couleur, les a plus fortes que son adversaire, compte le point.

Premier en cartes. Se dit de celui qui a droit à cinq cartes du talon et qui est le premier à jouer.

Quatorze. Quatre as, quatre rois, quatre dames, quatre valets, quatre dix. Il n'y a point de quatorze de neuf, de huit et de sept.

Quatrième. Séquence formé de quatre cartes, d'une même couleur. Il y en a cinq différentes : la *quatrième majeure*, as, roi, dame, valet; *la quatrième au roi*, roi, dame, valet, dix; *la quatrième à la dame*, dame, valet, dix, neuf; la *quatrième au valet*, valet, dix, neuf et huit; enfin la *quatrième basse*, dix, neuf, huit et sept.

Quinte. Séquence formée de cinq cartes d'une même couleur, et comptant quinze points. Il y en a quatre différentes : la *quinte majeure*, as, roi, dame, valet et dix; la quinte au roi, la *quinte à la dame* ; et la *quinte au valet*. Cette dernière prend encore le nom de *quinte basse*.

Repic. Quand un des joueurs compte trente en main, avant que son adversaire puisse compter un point, il compte quatre-vingt-dix, au lieu de trente, et tous les points qu'il fait ensuite s'ajoutent à ces 90 premiers points. Il y a bien encore un autre repic dans les vieilles règles ; il est inutile d'en parler, ici, il n'y a qu'à se reporter à ce qui a été dit à la page 32.

Seizième. Séquence formée de six cartes de la même couleur; elle vaut seize points. Il y en a trois différentes : la *seizième majeure* qui part de l'as, la *seizième au roi* qui part du roi, et la *seizième à la dame*.

Sixième. V. *Seizième.*

Séquence. Réunion de cartes qui se suivent dans la même couleur.

Talon. On entend par là les cartes qui restent quand les joueurs ont été servis.

Tierce. Trois cartes de même couleur qui se suivent. Il y a six tierces différentes au piquet : as, roi et dame, se nomment *Tierce majeure*; neuf huit et sept forment la *Tierce basse*; les autres prennent le nom de la plus forte carte. Ainsi l'on dit: *Tierce au roi*, *Tierce à la dame*, *Tierce au valet* et *Tierce au dix*.

LE PIQUET-RUBICON

Le rubicon est une variété très intéressante du piquet proprement dit. Il se joue peu aujourd'hui — nous devons le reconnaître — mais il est loin d'être complètement délaissé, car il reste encore en haute faveur parmi les véritables amateurs de piquet; et l'on pourrait même dire qu'il devient presque toujours le jeu préféré de ceux qui l'ont vu jouer, ne fût-ce qu'une seule fois, car cette seule fois suffit pour en comprendre la marche, à condition, néanmoins, d'être déjà un joueur expérimenté au piquet vulgaire.

Le rubicon se joue à deux; c'est par la manière dont les points sont comptés qu'il se différencie du piquet ordinaire. Il y a aussi un RUBICON qu'il faut franchir, c'est-à-dire un minimum de points qu'il faut faire; sans quoi le joueur malheureux, qui n'y parvient pas, voit sa défaite se changer en un véritable désastre, surtout s'il a eu l'imprudence de jouer trop gros jeu.

Au rubicon, en effet, il n'est pas possible de calculer à l'avance quelle sera la perte; on ne joue pas en 100, 150, ou plus ou moins, de points. L'enjeu lui-même ne peut être limité, car celui qui succombe perd autant d'enjeux qu'il fait de points en moins que son adversaire. Exemple : vous faites 23 points et moi 10 au premier coup de cartes; vous gagnez 13 points sur moi, c'est donc déjà treize fois l'enjeu que je vous dois.

Mais tout ceci n'est dit que pour la clarté de l'exposition, et l'on verra bientôt que la combinaison du jeu est beaucoup plus attrayante. Déjà, néanmoins, l'on doit comprendre qu'un joueur de piquet médiocre est exposé à de plus grands risques au rubicon qu'au piquet ordinaire, et qu'en outre il a beaucoup plus de chances d'être le perdant. Dans ce dernier jeu, en effet, il peut perdre par sa faute ou son manque de savoir, une quantité de points, même importante, et, néanmoins, gagner la partie par la force du jeu qu'il a eu entre les mains. Au rubicon, toutes les fautes se payent ; de même que chaque coup d'habileté, par lequel on arrive à gagner un ou deux points de plus, rapporte un profit d'une ou de deux fois l'enjeu. De telle sorte que le débutant qui, dans un certain nombre de coups, perd la carte qu'il aurait pu faire, arrive, par ce fait, à des différences considérables à son désavantage.

Règles particulières du rubicon. — Le rubicon se joue en six donnes ou six coups de cartes, c'est-à-dire que chaque joueur est trois fois premier et trois fois dernier.

Supposons les résultats suivants :

	Jean	Pierre
1re donne.	27	12
2e —	19	25
3e —	44	13
4e —	12	32
5e —	19	25
6e —	6	29
Totaux	127	136

Pierre gagne donc, dans les six coups, neufs points sur Jean. Si l'enjeu était d'un centime, il gagne neuf centimes. Mais comme cette différence est assez mince, on y ajoute toujours, quelle qu'elle soit, cent points, dits *de queue*; de sorte que Pierre gagne 109 centimes.

L'on recommence à nouveau, après avoir noté ce résultat sur le papier. Une partie se compose d'ordinaire de six coups, soit 36 donnes, mais qui constituent, néanmoins, un ensemble de parties absolument distinctes.

La partie supposée ci-dessus présente un résultat ordinaire, c'est-à-dire que les deux adversaires ont fait plus de cent points chacun ; mais si l'on retranche à l'un d'eux, à Jean, par exemple, 28 points qu'il aurait très bien pu faire en moins, il ne lui reste que 99 points, et il sera *rubiconné*, c'est-à-dire que non seulement ses 99 points ne lui profiteront pas, mais encore qu'ils s'ajouteront à ceux de son adversaire, et le compte de Pierre s'établira de la manière suivante :

Points faits dans les 6 donnés	136
— de Jean rubiconné	99
— *de queue*	100
Total	335

Jean aura donc perdu 335 *centimes*, *sous*, ou *francs*, selon la valeur convenue de l'enjeu.

Et ce n'est point tout, car nous ne sortons pas encore d'un cas ordinaire. Mais supposons que Pierre ait fait des *pics*, des *repics* et des *capots*, et que, par surcroît de malheur, ce qui arrive presque toujours quand l'adversaire fait des grands coups, Jean n'ait pas franchi le rubicon, on voit quelles propositions prendra sa défaite. Aussi la valeur des points est-elle ordinairement minime, ce qui n'empêche pas d'attraper quand même d'assez belles culottes. On est rubiconné toutes les fois que l'on n'arrive pas à faire 100 points dans les six donnes, et en faisant un tour complet, c'est-à-dire six fois six donnes, on peut subir six rubicons. Le cas s'est vu plusieurs fois.

Mais qu'arrive-t-il quand aucun des joueurs ne fait 100 points ? Il est facile de répondre à la question : la chose ne s'est jamais vue.

DE QUELQUES CONSEILS. — Le véritable joueur saisira bien vite quelques ficelles de ce jeu ; en voici une, entre tant d'autres :

Lorsqu'au dernier coup de cartes, Jean a fait son écart, et évalué ce qu'il peut faire de points d'après l'annonce de son adversaire, il peut facilement reconnaître, après examen de sa marque, qu'il lui est absolument impossible de franchir le rubicon ; il a donc avantage, dans cette situation, de faire le moins possible de points, pour ne pas en faire profiter son adversaire. Mais il devra aussi empêcher Pierre de faire des points ; pour cela, il *payera en cartes* tout ce qu'il pourra ; ainsi Pierre annonce 40 au point, Jean les payera, s'il le peut, quand bien même il aurait 47, mais il faudra pour cela qu'il puisse montrer 40 et garder par devers lui une carte de son point, ce qu'il a toujours le droit de faire. De même Pierre annonce une tierce majeure, et Jean a une quatrième de cette catégorie, il ne montrera que la tierce et gardera le valet caché.

Les joueurs de race auront bien vite compris toutes les ressources et toutes les finesses de ce jeu, aussi est-il inutile de les leur signaler plus longuement ; quant aux autres, ils les apprendront par la pratique. Mais il n'est point inutile de faire remarquer aux uns et aux autres que les règles ci-dessus exposées ne sont ni immuables ni universellement admises, et quelles peuvent être modifiées, soit par les usages locaux, soit par convention préalable des joueurs. Le rubicon à deux joueurs devient monotone à la fin ; il fatigue surtout très vite. Aussi le jeu est-il beaucoup plus attrayant lorsqu'on le joue à trois. On tire la main ; les deux joueurs qui ont les deux plus fortes cartes font un tour de six donnes ensemble, après quoi on règle le coup, et le perdant cède sa place au troisième joueur qui est appelé rentrant ; et la partie secontinue dans les mêmes conditions, c'est-à-dire qu'après chaque coup de six donnes, il y a un *partant* et un *rentrant*. La comptabilité à tenir dans ce jeu à trois est d'une simplicité enfantine : inutile d'entrer ici dans ce détail.

LE PIQUET A ÉCRIRE

Ce jeu est un peu plus compliqué que le piquet ordinaire, et exige des combinaisons et des calculs qui demandent de l'attention. On peut y jouer à trois, quatre, cinq, six ou sept personnes. Il n'y a cependant que deux joueurs qui tiennent les cartes, et les autres jouent ensuite alternativement en remplaçant les premiers.

Pour le remplacement des joueurs, il existe deux manières de procéder :

La première s'appelle *au malheureux ;* celui qui est marqué continue de jouer, et celui qui marque cède sa place au joueur que le sort a désigné pour jouer le second. L'ordre de toutes les places a été déterminé, par voie de tirage, avant de commencer la partie.

La seconde manière consiste à *tourner* ; on commence par un côté et l'on tourne toujours du même côté ; par exemple : *A* commencera la partie avec le joueur *B*, qui sera à sa droite ; après qu'ils auront joué le coup, *B* jouera encore un coup avec le joueur de sa droite, et ainsi des autres ; c'est la manière la plus égale de jouer ce jeu.

Avant de commencer, il faut convenir combien on jouera de *rois* et de *tours*, si c'est six, neuf, ou douze rois, plus ou moins.

Un *roi* c'est deux tours, et un *tour* c'est deux coups.

Pour qu'un tour soit joué, il faut que chacun des deux joueurs ait fait une fois.

On convient ensuite de la valeur de chaque point, soit, 1, 2, 3, 4, 5, 6 centimes, ou plus ou moins.

Les conventions faites, on tire la main. On joue, selon les règles du piquet ordinaire, et chacun des deux joueurs fait une fois seulement.

On compte à demi-tour les points que l'on fait de plus que son adversaire, en les marquant avec des jetons; par exemple, *A* et *B* jouant l'un contre l'autre, *A* fait 20 points et *B* n'en fait que 10, ce sont dix points que *A* a contre *B*, et qu'il marque avec des jetons, jusqu'à ce que le second coup soit joué. Mais si, à ce second coup, *A* ne fait que 10 points et si *B* en fait 40, ce sera 20 points que celui-ci aura de plus que lui de ce second coup, parce que de 40 points il faudra en soustraire 20 ; savoir, 10 du coup précédent, et 10 du second coup; par conséquent il restera 20 points que l'on marquera pour le perdant, et ainsi des autres coups.

Le tableau ci-après apprendra la manière dont on doit marquer ceux qui perdent, en observant seulement que toutes les unités au-dessous de cinq ne comptent pas, tandis que les unités supérieures à ce nombre valent 10. Cinq points valent également 10, quoique ce nombre tienne le milieu. Ainsi 15 points vaudront contre le marqué autant que 24, puisque l'un et l'autre de ces nombres vaut 20; et ainsi des autres.

Si l'on est trois joueurs, on établit trois colonnes : à la tête de chacune est marqué le nom de l'un d'eux.

TABLEAU QUI MARQUE DOUZE ROIS OU TOURS JOUÉS

JEAN	PIERRE	PAUL
30 40	30 40	60 100
100 30	30 50	40 90
70 90	50 60	70 100
50 60	30 80	30 20
TOTAUX 470	370	510

Voilà les colonnes de chaque joueur marquées des points qu'ils ont perdus dans le cours des douze rois ou tours qu'ils ont joués.

On additionne ensuite chaque colonne, pour avoir la totalité des points perdus par chaque joueur. Et, en faisant cette opération, nous trouvons que :

Jean perd	470 points.
Pierre.	370
Paul.	510
Total.	1,350 points.

qu'il faut répartir entre trois personnes, ce qui fait pour chacune 450 points.

Cette division faite, chaque joueur prend sa rétribution, de manière que Pierre, qui n'a que 370 points, gagne 80 points; tandis que Jean, qui est marqué 470 points, perd 20 points, et Paul, qui est marqué 510 points, perd 60 points.

Lorsqu'il y a une dizaine surnuméraire, elle est au profit de celui qui perd le plus.

Il se paye ordinairement une consolation à ce jeu ; elle est de 20 par marque, ou plus ou moins, selon les conventions.

Autre manière de marquer. — Il y a une autre manière moins embarrassante de jouer le piquet à écrire.

Chaque joueur prend la valeur de 600 marques en 5 fiches et 10 jetons : chaque fiche vaut 10 jetons, et chaque jeton est compté pour 10 marques ; de façon qu'un joueur marqué 30, paye en mettant trois jetons.

On joue du reste le jeu de la même façon qu'en écrivant, avec cette différence qu'il y a au bout de la table une petite corbeille dans laquelle on met ce dont on est marqué, et dont on partage le contenu entre les joueurs à la fin de la partie.

La consolation se paye la même chose par le marqué, qui ajoute toujours le montant fixé de la consolation au nombre pour lequel il est marqué dans le coup.

Outre cette consolation, il y en a une que le joueur marqué paye également, et qui est de deux jetons qu'il paye à celui qui l'a marqué d'un grand ou d'un petit coup, et d'un jeton pour les autres joueurs.

Lorsque les deux joueurs sont égaux, ou qu'il ne reste pas quatre points à l'un de plus qu'à l'autre, on dit que c'est un *refait* ; et celui qui est marqué après un refait paye pour cela à la corbeille 20 marques de plus, et pour deux refaits 40, et ainsi de suite.

On peut néanmoins convenir, pour empêcher les refaits, qu'il faudra que les deux coups soient absolument égaux, pour qu'il y ait lieu d'en tenir compte.

On joue également ce jeu deux contre deux, ou deux contre un; on appelle celui qui joue seul contre deux *la Chouette.*

Pour toutes les façons de jouer, on a recours aux règles du piquet.

Les jetons impairs qui n'ont pu être partagés sont au profit de celui qui a perdu le plus.

LE PIQUET A TROIS

Le piquet à trois a été surnommé *piquet normand.* Est-ce parce qu'il se prête à d'éternelles chicanes? Qu'importe? Quiconque l'a joué souvent sait combien il est difficile, à ce jeu, de ne pas mécontenter l'un ou l'autre de ses adversaires, quand ce n'est pas tous les deux à la fois.

Il se joue à peu-près comme le piquet à deux, le nombre et la valeur des cartes y sont les mêmes. Il y a néanmoins quelques règles particulières au piquet normand, et il est essentiel de les connaître pour bien jouer.

1° On tire d'abord à qui fera. Celui qui a la plus forte carte est obligé de donner; il ne peut pas *commander*, c'est-à-dire donner à faire au joueur placé à sa gauche, de manière à avoir la main au premier coup de cartes, et la donne au deuxième coup, cette façon d'agir étant préjudiciable au troisième joueur.

2° Celui qui donne, mêle les cartes, fait couper le joueur placé à sa gauche, puis il distribue dix cartes à chacun, par deux, ou par deux et trois, mais il ne peut changer en quoi que ce soit l'ordre qu'il a adopté, ni donner une seule carte à la fois au premier, second, troisième, etc., ou dernier coup. Néanmoins, s'il voulait changer sa donne, il devrait en prévenir ses adversaires, en présentant les cartes à couper.

3° Le donneur a le droit de prendre les deux cartes qui restent au talon, après en avoir écarté deux à son choix parmi les dix qu'il a reçues.

4° Le point, les séquences, les quatorze et les brelans se comptent comme au piquet à deux.

5° Celui qui a dix cartes blanches compte dix points. Le donneur doit les avoir avant d'avoir écarté, sans quoi le dix de blanc ne pourrait être compté.

Du quatre-vingt-dix. — Celui qui compte vingt en mains avant de jouer, fait quatre-vingt-dix ou pic, si aucun de ses adversaires n'a pu annoncer quelque chose pour l'empêcher.

Du soixante. — Si, pour arriver au nombre vingt, sans qu'un adversaire ait rien compté, celui qui a la main est obligé de jouer une ou plusieurs cartes, il ne compte que soixante.

Marche du jeu. — 1° Le premier joueur jette d'abord sa carte ; son voisin de droite fournit à la couleur ou surmonte, si cela lui convient, ou s'il le peut ; s'il n'a pas de carte de la couleur jouée, il jette une carte d'une autre couleur. Le troisième joueur agit de la même façon et la levée se fait suivant les règles du piquet ordinaire.

2° Celui qui fait le plus de levées compte dix, pour les cartes.

3° Lorsque deux joueurs font chacun quatre levées, et le troisième deux, *les cartes sont égales*, et personne ne compte dix de cartes.

4° Celui qui ne fait pas de levées est *capot*. Ses adversaires se partagent 40 points, dont ils marquent chacun 20. Si deux joueurs sont capots, le troisième marque 40.

5° Sitôt que l'un des trois joueurs a atteint le nombre qui fait gagner la partie, il se retire et les deux autres continuent comme au piquet à deux, à moins qu'il n'ait été convenu qu'il y aurait deux perdants. Celui des restants qui succombe perd la partie.

6° Avant de se retirer, le joueur qui a le nombre de points voulus, doit finir le coup commencé, et c'est alors que les chicanes normandes peuvent se produire. Jouera-t-il dans une tierce majeure annoncée ? Rentrera-t-il dans le point ? Devra-t-il chercher la capote, etc. ? Inutile de fixer des règles à cet égard, tout dépendra des conventions préalables.

C'est surtout pour le piquet normand qu'il y a lieu de suivre les usages locaux, car les règles en sont assez variables.

LE PIQUET A QUATRE

Le piquet à quatre se joue deux contre deux; néanmoins on peut convenir que chacun jouera pour son compte. Ce qui suit s'applique à la partie la plus ordinaire, c'est-à-dire à celle de deux contre deux.

Le piquet à quatre se prête aux combinaisons les plus ingénieuses, et il est fertile en surprises souvent très amusantes.

Les joueurs peuvent convenir à l'avance de la composition des camps, ou tirer au sort pour savoir ceux qui seront ensemble.

C'est ordinairement en tirant les rois que l'on consulte le sort. On commence par convenir si ce seront les deux premiers rois sortants qui seront ensemble ou si, au contraire, on poursuivra le tirage jusqu'à ce que les quatre rois soient sortis, au quel cas les joueurs ayant les rois rouges seront ensemble, ayant pour adversaires ceux qui auront les rois noirs. La convention acceptée, l'un des joueurs prend le jeu de cartes et, après l'avoir fait couper par son voisin de gauche, il distribue une carte à chacun en commençant par la droite. Dès que les deux premiers rois sont sortis les camps sont formés; mais si l'on a convenu de mettre les rois de même couleur ensemble, le joueur continue la distribution des cartes en s'abstenant d'en donner à ceux qui ont des rois.

Les partenaires se placent l'un en face de l'autre, en diagonale, de telle sorte qu'ils sont séparés à droite et à gauche par un de leurs adversaires.

De la donne. — Le donneur, — lorsque la main a été tirée — fait couper les cartes à son adversaires de gauche. puis il les distribue en commençant par la droite.

La donne doit se faire par deux ou par trois jusqu'à concurrence de huit cartes à chacun. Il est bien entendu du reste qu'ici comme au piquet à deux, il est absolument défendu de changer sa donne. L'on donnera donc par deux pendant toute la durée de la partie si l'on a commencé de donner ainsi; et si l'on donne par deux et trois, il ne sera pas permis de changer les *données* de deux et de trois; c'est-à-dire que l'on aura le choix de donner deux fois trois et une fois deux, ou une fois deux et deux fois trois, sans pouvoir intervertir ultérieurement ces fractions de la donne.

Maldonne. — Il est de toute nécessité de refaire en cas de maldonne.

Marche du jeu. — Le joueur placé à droite du donneur a le premier la parole; il annonce son jeu de la même manière qu'au piquet à deux, et dans l'ordre suivant : le dix de blanc, s'il en a un, le point, les séquences et les brelans à trois cartes. Quand il a tout accusé, il joue une carte en disant « Un ». Le voisin de droite accuse ce qui pourrait primer et rendre nulles les annonces du premier joueur; s'il n'a rien à annoncer, il se contente de jeter une carte sur celle qui a été jouée et si cette carte est supérieure il dit *un* à son tour ; dans le cas contraire il ne compte rien.

Le troisième joueur est évidemment le partenaire de celui qui a ouvert le jeu; s'il n'annonce aucun point, il jette à son tour une carte sur celles qui ont été jouées; s'il prime il dit *un* et ce nombre s'ajoute à ce qu'a compté son partenaire; le quatrième joueur compte ce qu'il a et joue comme les autres en prenant, en fournissant à la couleur, ou en renonçant; il compte en prenant et ne dit rien s'il ne peut faire la levée.

Les joueurs qui n'ont rien accusé ni fait aucune levée peuvent donc néanmoins compter des points, quand ils prennent en passant.

De la manière de compter. — Il arrive ordinairement qu'un, deux ou plusieurs joueurs ont quelque chose à accuser; voici comment on procède :

La première levée faite, chacun abat sur le tapis et montre ce qu'il a pu compter, soit comme point, séquences, quatorze et brelans.

Les joueurs ayant vérifié les points, celui qui a fait la première levée continue à jouer, celui qui a fait la seconde levée compte un en prenant la main à son tour, et ainsi de suite.

Celui qui joue doit toujours annoncer la couleur, cette règle est essentielle au piquet à quatre; de même le tableau des cartes ne doit pas être altéré; en d'autres termes, chacun des joueurs doit toujours pouvoir se rendre compte de l'ordre des cartes, et savoir par qui a été jouée chacune d'elles.

Quand un joueur a annoncé un point, il va de l'intérêt commun que son partenaire n'en accuse pas un semblable, c'est-à-dire ne paie pas ce point. Mais si mon partenaire annonce, par exemple, 31 sans tierce, je puis, si j'ai une tierce majeure c'est-à-dire un point égal, faire voir cette tierce et la compter, mais en pareil cas mon partenaire n'aurait rien à montrer. Cette dernière règle est rarement suivie, parce que le piquet à quatre n'est pas toujours joué par des joueurs qui veulent en appliquer strictement les lois; aussi d'ordinaire l'un des adversaires montre son point et l'autre sa tierce. Cet abus ne doit pas être considéré comme une règle d'usage et, en cas de contestation, on doit exiger que celui qui comptera sa tierce montrera également le point et que son partenaire n'aura rien à montrer.

Lorsqu'un joueur annonce un point et que son partenaire tient à le payer pour pouvoir montrer son jeu, les adversaires n'en peuvent point annoncer d'inférieur; mais ils peuvent faire voir l'égalité. L'égalité du point payée empêche de compter ce point (1).

Une séquence bonne entre les mains d'un joueur permet à son partenaire de compter les séquences de même valeur, ainsi que celles qui seraient moindres. De même un quatorze ou un brelan à trois cartes permet au partenaire de compter ses quatorze et ses brelans inférieurs.

Tout point inférieur à trente ne s'annonce pas.

Quand un point a été annoncé et qu'un joueur cherche à en accuser un inférieur afin de guider son partenaire, il y a lieu d'appliquer telle peine qui sera arbitrée par les adversaires.

Quand toutes les cartes ont été jouées, celui des partis qui a fait plus de quatre levées compte dix en plus ou *dix de cartes*.

La dernière levée compte pour deux.

De la capote. — La capote faite par deux partenaires leur vaut 40 points.

Du quatre-vingt-dix. — Quand un joueur ou quand deux

1. La véritable règle ne permet pas de payer le point de son partenaire, pour faire la carte ou le *capot*.

partenaires réunis comptent 20 en main, c'est-à-dire sans avoir joué, ils comptent 90, si les adversaires n'ont rien compté avant; les quatorze et les brelans des adversaires n'empêchant pas le quatre-vingt-dix.

Le dix de cartes blanches aide à faire le quatre-vingt-dix et l'empêche aux adversaires puisqu'il compte avant tout. Il y a 20 cartes blanches dans un jeu de piquet, or il pourrait arriver, par le plus grand des hasards — mais tout ce qui est possible arrive — que deux adversaires en aient chacun huit, ce qui ferait dix de blanc pour chacun; dans ce cas, les cartes blanches ne compteraient pour personne. Si deux partenaires ont cartes blanches ils comptent 90 d'emblée et d'autorité.

Du soixante. — Quand on compte 20 en jouant, avant que les adversaires aient fait un seul point, on dit soixante au lieu de vingt.

La dernière levée comptant double, si l'un des associés compte 19 en jouant sa dernière carte et s'il emporte la levée, il dit également 60 au lieu de 20.

Règles générales. — Carte mise sur le tapis, carte jouée.

Il est absolument défendu de faire connaître son jeu par paroles, par signes ou autrement.

Il est également interdit de faire voir les levées à son partenaire, s'il ne le demande pas.

On n'a pas le droit de demander quel joueur a primé, renoncé, ou sous forcé.

La première levée faite, on ne peut plus demander quel est celui des joueurs qui a compté le point.

Tout joueur, quand il n'a plus de cartes maîtresses à faire passer, est obligé de rentrer dans le point de son partenaire.

Les levées doivent être ramassées au fur et à mesure qu'elle sont faites.

On doit annoncer la carte que l'on joue en ouvrant le jeu et lorsque l'on change de couleur.

LE PIQUET AVEC ACCIDENTS

Cette partie, qui peut fort bien se jouer à deux ou à quatre, est surtout amusante à trois. — C'est, d'ailleurs, le piquet pur et simple avec complication d'*accidents*.

1° Le dix de cartes blanches est un accident;

2° Une quinte est un accident;

3° Un quatorze est un accident;

4° Le *pic* est un accident;

5° Le *repic* compte pour *deux* accidents;

6° Le capot compte pour un accident;

7° La fin de partie est aussi un accident, mais seulement lorsqu'on joue à trois.

Il est bon de voir, au vocabulaire du piquet, ce que l'on entend aujourd'hui par *pic* et *repic*.

Les accidents se payent à part, et la partie reste absolument une *partie ordinaire*.

On joue le plus souvent en 200 points : on recule ainsi le but pour augmenter les chances d'accidents.

L'un des joueurs annonce-t-il *dix de cartes blanches*, immédiatement son adversaire lui donnera une fiche, ou la somme convenue, puis le coup se continuera, chacun cherchant à faire le plus de points qu'il est possible, afin d'arriver le premier au but.

Aucun fait qualifié *accident* ne se produisant au second coup de cartes, on joue comme à l'ordinaire. Mais l'un des joueurs annonce-t-il une quinte, il reçoit une fiche, si toutefois cette quinte est bonne, car si l'adversaire en avait une supérieure, ce serait lui qui recevrait la fiche. De même, pour le quatorze, celui des joueurs qui aurait deux quatorze à compter recevrait deux fiches. De même, celui qui aurait deux quintes.

Enfin, si l'un des joueurs fait *soixante*, il reçoit une fiche; s'il fait *quatre-vingt-dix*, il en reçoit deux.

La fin de la partie elle-même est considérée comme un accident, mais seulement au piquet à trois, c'est-à-dire que le perdant devra payer une fiche, en dehors de ce qui a été convenu pour l'enjeu, à chacun de ses adversaires; de telle sorte que celui des joueurs qui *serait sorti*, aurait quand même à recevoir du perdant la fiche de fin de partie. Si la complication des accidents ne modifie en rien les règles générales du piquet, elle nécessite néanmoins un changement dans l'économie du jeu. D'abord, s'il s'agit du piquet à trois, tout joueur a toujours grand avantage à tirer la capote, car elle se paye à part, tandis qu'au piquet à trois ordinaire, il est parfois préférable de gagner la carte tout seul.

Maintenant, au piquet aux accidents à deux, souvent le joueur ne voudra pas sacrifier un quatorze (qui est un accident), alors il n'aura pas le point, etc., de telle sorte que pour tirer un petit bénéfice immédiat, il perdra souvent la partie. D'autres fois, le gagnant aura payé tellement d'accidents qu'il aura remporté une victoire à la Pyrrhus.

Résumé. — On paie, au fur et à mesure, les accidents, et cette partie ne diffère en rien plus du piquet ordinaire.

L'Impériale.

Quel beau jeu que l'impériale! A quelles finesses et à quelles habiles combinaisons elle se prête! — Elle est presque oubliée aujourd'hui, — du moins par la nouvelle génération — mais qu'importe? Comme à beaucoup d'autres jeux, la vogue lui reviendra, et chacun la croira nouvelle, bien qu'elle ait été jadis la distraction favorite de l'empereur Charles-Quint.

La première remarque que font presque toutes les règles est que l'impériale a beaucoup d'analogie avec le piquet; on verra ce qu'il en est. Certes, quand l'on sait jouer le piquet, on sait compter le point à l'impériale, mais c'est à peu près là toute l'analogie des deux jeux.

L'impériale se joue à deux personnes, avec un jeu de 32 cartes. Quand on la joue à trois, il faut ajouter les six de chaque couleur. Il sera dit un mot du jeu à trois à la fin de ce chapitre.

De la donne. — La donne se tire au sort, car c'est un avantage de donner à cause de la retourne qui peut compter un jeton pour le donneur.

Celui qui doit donner, ayant bien battu les cartes, les présente à couper à son adversaire *qui doit couper nettement*. Les cartes sont distribuées par trois ou par quatre, selon les conventions, mais les deux joueurs doivent les donner de la même manière, et le mode de distribution ne peut être changé que d'un commun accord.

De la retourne. — Chaque joueur reçoit 12 cartes; le donneur retourne la 25e qui est l'atout. Il la dépose sur le talon et marque un jeton, s'il a tourné un roi, une dame, un valet, un as ou un sept.

Valeur des cartes. — Les cartes sont maîtresses dans l'ordre suivant : roi, dame, valet, as, dix, neuf, huit et sept. Les figures comptent pour dix, mais pour former le point seulement; l'as vaut onze et, par une singulière anomalie, il ne vient qu'au quatrième rang dans la hiérarchie; le dix, le neuf, le huit et le sept valent le nombre de points qui sert à les désigner. Mais il reste bien entendu encore une fois que cette valeur ne sert qu'à déterminer le point.

Des impériales. — Il y a plusieurs espèces d'impériales. La première a lieu quand, dans les douze cartes reçues, on se trouve avoir le roi, la dame, le valet et l'as de la même couleur (c'est ce qu'au piquet on appelle une quatrième majeure). La seconde, quand on a quatre rois, ou quatre dames, ou quatre valets, ou quatre as, ou quatre sept.

On peut avoir ces deux sortes d'impériales à la fois; car rien n'empêche, par exemple, que l'as ou toute autre carte constituant une impériale avec les trois autres marquants de sa couleur, puisse concourir à la seconde impériale, si l'on a trois as ou trois autres cartes de même qualité d'une de celles qui servent à former la première impériale. N'en est-il pas de même au piquet et, lorsqu'à ce jeu on a compté une quinte, une des cartes de cette quinte ne sert-elle pas à former un quatorze?

Il y a encore l'impériale dite *de retourne*.

Dans certaines contrées, elle n'appartient qu'au donneur; mais, dans beaucoup de salons, elle est commune aux deux adversaires. Nous adoptons cette dernière règle qui, d'ailleurs, est la plus généralement admise.

Voici en quoi consiste l'impériale de retourne:

La retourne étant un roi, si l'un des joueurs a les trois autres dans son jeu, il marque une impériale de rois, il en serait de même s'il tournait d'une dame, d'un valet, d'un as ou d'un sept. Bien plus, si la carte retournée peut servir à l'un des joueurs à former une quatrième de n'importe quelle couleur, cette retourne est considérée comme faisant partie de son jeu et sert à former une quatrième majeure, c'est-à-dire une impériale. De telle sorte que la retourne peut servir à l'un des joueurs à faire deux impériales, c'est-à-dire une quatrième majeure et un quatorze.

L'impériale de tombée ou de rencontre est la plus rare de toutes; elle n'a lieu qu'en atouts; ce qui arrive lorsque, ayant le roi et la dame d'atout, on gagne, par les levées, les cartes nécessaires pour former l'impériale de cette couleur, c'est-à-dire si l'adversaire est obligé de jeter sur le roi et la dame que vous jouez le valet et l'as d'atout qu'il a en mains. Les conditions quelquefois portent le paiement de cette impériale au double.

L'impériale blanche consiste à n'avoir dans son jeu aucune figure; elle se marque double. On peut avoir avec cette impériale quatre as ou quatre sept, et même ces huit cartes à la fois, on marquera cette ou ces nouvelles impériales en sus des blanches. Mais, dans ce cas, comme dans celui des impériales blanches seules, l'adversaire ne démarque pas, et compte les impériales qu'il a dans son jeu, sans faire démarquer les points de son adversaire : le coup ne se joue pas, et la main passe comme s'il avait été joué.

L'impériale d'atout compte quelquefois pour deux, mais cela doit avoir été convenu d'avance.

Marche du jeu. — Quand on a reçu ses douze cartes, on s'occupe d'abord du point, c'est-à-dire qu'on rassemble la couleur dont on a le plus de cartes; on compte les points à raison de la valeur particulière de chaque carte (cette valeur a été indiquée ci dessus) et l'adversaire du donneur dit: *J'ai tant de cartes.* Si l'adversaire a un pareil nombre de cartes de la même couleur, il répond : *Combien valent-elles?* Le premier joueur est alors obligé de dire si les cartes qu'il a valent 30, 35 ou plus. Si le donneur, qui est le dernier à parler, n'a pas un point supérieur à celui annoncé par l'adversaire il se contente de dire : *C'est bon.*

Il est bon de faire remarquer dès maintenant qu'à l'impériale le point ne se paye pas, c'est-à-dire que le point du joueur qui est le premier à jouer est toujours bon lors même que le donneur en aurait un semblable.

Le joueur qui a le point le marque par un jeton, après avoir mis ce point en évidence.

Après avoir montré le point, on passe aux *impériales* dites de *main*, formées par la réunion de quatre rois, quatre dames, etc., ou d'une quatrième majeure ainsi que cela a été dit.

Il faut montrer toutes ces impériales, tandis qu'au piquet on ne fait pas voir les quatorze.

Chaque impériale de main vaut 6 points ou une fiche et force l'adversaire à démarquer les points ou jetons les qu'il a acquis.

Des levées. — Le jeu étant annoncé, le premier en main jette une carte sur le tapis; et l'adversaire doit fournir à la couleur demandée, ou couper s'il n'a pas de la couleur. On ne peut *sous-forcer*, quand on possède une carte plus forte que celle qui a été joué. On n'est autorisé à renoncer que quand on ne possède ni atout ni carte de la couleur jouée.

Le joueur qui a fait la levée est le premier à jouer pour la levée suivante, et l'on joue ainsi jusqu'à ce que les deux joueurs aient abattu leurs 12 cartes.

Après quoi, chacun compte les levées qu'il a faites. Si les deux adversaires ont fait chacun six levées, on dit que *les cartes sont égales*, et ni l'un ni l'autre ne compte rien. Si les cartes ne sont pas égales, le joueur qui en a fait le plus marque autant de jetons qu'il a de levées au delà de six. Si l'un des joueurs a fait les douze levées, son adversaire est capot, alors l'heureux gagnant marque six jetons de levées, c'est-à-dire une fiche.

Il est d'usage, dans certains pays, de marquer douze

jetons c'est-à-dire deux fiches lorsqu'il y a un capot; les six jetons supplémentaires s'appellent une *impériale de capote*, mais cela doit être convenu à l'avance. Cette convention n'a pas besoin d'être faite si l'usage des lieux est bien établi et connu des joueurs. Dans ce cas, à moins de conventions sur ce point, la coutume locale ferait loi.

Montée et descente. — Avant de commencer la partie, on doit convenir en combien de fiches on jouera; les fiches prennent alors le nom d'*impériales*. C'est ainsi que l'on joue en quatre, cinq ou six impériales.

Supposons maintenant que les joueurs aient convenu de jouer en quatre impériales; chacun prendra trois fiches, longues, ou fiches proprement dites, et cinq jetons. Ces cinq jetons sont la monnaie d'une fiche moins un jeton dont on n'a pas besoin, car le dernier jeton, lorsqu'on le marque, donnant droit à une fiche, il suffit donc à chaque joueur d'avoir cinq jetons.

Cette *monnaie de fiches* a une importance considérable pour la marque ainsi qu'on va le voir, car les jetons, tant qu'ils ne sont pas convertis en fiches, sont annulés et doivent disparaître lorsque l'adversaire *monte* c'est-à-dire marque une fiche.

Ces détails abstraits ne disent pas grand 'chose à ceux qui ne sont point initiés au jeu, mais un exemple va leur en faire comprendre l'importance.

Le donneur tourne un *marquant*, c'est-à-dire un roi ou une dame, ou un valet, ou un dix; ou un sept, il met un jeton devant lui.

On annonce alors le point, et si le donneur a le point, il marque un autre jeton.

Puis la partie se continue; s'il coupe avec un marquant, il marque un autre jeton.

S'il joue un atout marquant et majeur, il marque encore un autre jeton, et si l'adversaire est obligé de jeter un atout marquant sur l'atout joué, celui qui fait la levée marque deux jetons.

Celui qui arrive le premier à six jetons, marque une fiche, *il monte*, et son adversaire enlève tous les jetons qu'il a devant lui, *il descend*.

C'est là un des côtés piquants du jeu d'impériale; c'est ce rocher de Sisyphe qu'il faut monter sans cesse, et qui tout à coup se remet à redescendre par suite de l'arrivée par l'adversaire au nombre de six jetons.

Vous avez cinq jetons, l'adversaire fait et tourne un sept c'est-à-dire un marquant, un point qui, ajouté aux cinq qu'il avait comme vous, lui en fait six, alors *il monte* et vous *descendez*.

Bien mieux encore, vous avez cinq jetons et l'adversaire n'en a aucun, mais il lui arrive une *impériale de main*, c'est-à-dire qu'il a, dans son jeu, une quatrième majeure, ou quatre rois, ou quatre dames, ou quatre valets, ou quatre sept, il marque cette impériale et vous êtes obligé de *descendre*, c'est-à-dire d'enlever tous les jétons que vous avez devant vous, sauf les fiches qui ne se démarquent jamais.

Ordre dans lequel se fait la marque. — La première chose à marquer, c'est la retourne. J'ai cinq jetons et vous retournerez un marquant, j'enlève d'abord mes cinq jetons si cette retourne vous fait *monter*. On voit qu'elle est l'importance de la retourne : elle fait descendre tous les jetons de l'adversaire (quelquefois cinq), et quand on joue pour un seul point, elle fait toujours gagner.

La retourne étant marquée, celui qui est le premier à parler, c'est-à-dire qui n'a pas donné, annonce d'abord les impériales qu'il a en main et les marque; puis c'est au tour du second, c'est-à-dire du donneur, à annoncer et à marquer les siennes. Mais si le premier a fini avec ce qu'il a dans son jeu, tout ce que le second peut avoir lui périt dans la main.

La retourne et les impériales étant marquées, le premier en carte annonce son point ; si l'adversaire n'en a pas un supérieur, le point est marqué par le premier à jouer. A la différence de ce qui a lieu au piquet, on ne paye pas le point ; l'égalité est en faveur du premier.

Règles générales. — 1° Celui qui, en tirant la main, ne fait pas voir la carte qu'il a tirée, est censé avoir tiré une carte inférieure.

2° Si, après avoir tiré la main, on reconnaît que le jeu est faux, la main n'en reste pas moins bien tirée. Il en serait encore ainsi quand bien même on retrouverait après coup des cartes retournées dans le jeu. Quand les deux joueurs tirent des cartes semblables, ils recommencent jusqu'à ce que la carte de l'un d'eux l'emporte sur celle de l'autre.

Si le jeu est reconnu faux après la donne, tous les coups joués sont maintenus ; mais le coup pendant le cours duquel le jeu a été reconnu faux est annulé, et celui qui a donné recommence de donner à nouveau. Ce coup étant considéré comme nul et non avenu, tout ce qui a été marqué de part ou d'autre : retourne, impériales, point, est enlevé.

De la donne. — La donne à l'impériale se fait par trois ou par quatre.

Il n'est pas permis, dans le courant d'une partie, de changer la manière de donner ; mais on le peut pour la partie suivante, en prévenant l'adversaire avant la coupe. Si celui qui donne contrevient à cette règle, l'adversaire peut l'obliger à refaire, à condition néanmoins qu'il n'ait pas encore vu son jeu.

Si un joueur donne deux fois de suite, la galerie peut en faire l'observation, avant comme après la retourne, et le coup commencé est nul ; mais si le coup est terminé et si les cartes sont remises en tas, le coup est bon.

Celui qui donne est tenu, avant de retourner la carte, de vérifier le talon; s'il retourne sans avoir observé cette formalité et qu'il y ait maldonne, il perd l'avantage de faire; le coup est nul et la donne passe.

Celui qui retourne une carte autre que la vingt-cinquième, est en faute. L'adversaire, dans ce cas, peut, après avoir vu son jeu, s'y tenir ou faire recommencer la donne; s'il s'y tient, il fait retourner la carte qui aurait dû être retournée.

Si la vingt-cinquième carte se trouvait retournée par effet du hasard, elle serait maintenue comme véritable retourne, et le coup serait bon.

Si l'un des joueurs retourne ou regarde l'une des cartes du talon, l'adversaire a le droit de maintenir le coup ou de faire refaire, à moins qu'il n'ait déjà été joué une carte; mais si la partie est en train, celui qui a commis la faute est obligé de jouer la couleur demandée par son adversaire. Ce dernier ne peut exercer qu'une seule fois ce droit de commander la couleur.

Quant un point est une fois accusé, si l'adversaire y a répondu, on ne peut se rétracter pour en annoncer un plus fort.

Si le point reconnu bon n'a pas été étalé, l'adversaire et la galerie peuvent en exiger l'exhibition, quand bien même il aurait été joué déjà plusieurs cartes.

Quand le premier joueur n'accuse ni ne montre aucune sorte de point, l'adversaire n'en est pas moins tenu de déclarer où se trouve le sien, s'il veut le marquer.

On a le droit de montrer, avant comme après le point, les impériales que l'on a en main; mais sitôt que l'on a joué sa première carte, on ne peut plus rien compter.

La galerie a le droit d'avertir le joueur qu'il oublie de marquer ou de compter ce qu'il a dans son jeu. Cette règle admise par certaines *Académies* (?) ne nous paraît pas devoir être maintenue, car à l'impériale, comme à toute autre jeu, les erreurs et les omissions font partie du jeu.

Le joueur auquel son adversaire exhibe une impériale qu'il a en main, est tenu de démarquer tous les *jetons* qu'il a devant lui, sauf celui qui a été marqué pour la retourne.

Si ce dernier joueur a lui-même une impériale, il conserve ses jetons.

Contrairement à ce qui est dit dans l'avant-dernier alinéa, si un joueur *monte une impériale*, c'est-à-dire arrive à six jetons, qu'il convertit en une fiche ou impériale, — ces mots fiche et impériale sont synonymes en ce cas — l'adversaire, en ce cas, démarque même le jeton qui représente la retourne, s'il en a marqué un.

Celui qui joue avant son tour ne commet pas une faute punissable ; celui qui commet cette erreur, reprend sa carte et voilà tout. On admet même que la galerie peut relever l'erreur.

Un joueur est obligé de déclarer combien il lui reste en main de cartes du point *annoncé*, lorsque son adversaire le lui demande. Ce n'est pas sans intention que le mot annoncé est écrit en italique, car il y a des cas où l'on n'est pas obligé d'annoncer son point entièrement ; par exemple vous m'annoncez 40 et j'ai 49. Je vous montre seulement 41, si je puis le faire, avec quatre de mes cartes, et je réserve la cinquième ; il suffit que je vous aie montré un point supérieur au vôtre, vous n'avez pas le droit d'en exiger davantage. Alors quand vous me demanderez combien il me reste de cartes du point, je ne répondrai que d'après ce que j'aurai *annoncé*.

Celui qui joue le premier ne peut reprendre la carte qu'il a jetée sur le tapis ; de même, le dernier ne peut reprendre la carte avec laquelle il a couvert, lorsqu'il n'en a pas une plus forte et qu'elle est de la couleur deman-

4.

dée. En d'autres termes, s'il met une carte marquante sur un valet d'atout, lorsqu'il peut fournir un huit ou un neuf, il n'a pas le droit de reprendre cette carte, et si c'est un atout marquant, celui qui fait la levée le marque à son profit.

Mais s'il a une carte plus forte que celle jouée par l'adversaire, comme il est obligé de surmonter, s'il ne le fait pas, il doit reprendre sa carte.

Toutes les fois que le joueur change de couleur, il doit l'annoncer. Mais s'il néglige de le faire, la carte qu'il a lancée est bien jouée. Dans ce cas, l'adversaire a le droit de reprendre la carte qu'il a jouée, quelle qu'elle soit. La faute, en ce cas, ne pouvant lui être imputable.

Celui qui, voulant vérifier les levées faites, retourne les cartes de son adversaire, au lieu des siennes, est obligé de jouer une fois de la couleur demandée par celui dont il a vu les cartes.

Quand un joueur mêle son jeu avec le talon, il perd la partie. Les parieurs, s'il y en a, subissent le même sort.

Si l'un des deux joueurs quitte la partie avant qu'elle ne soit terminée, il la perd. S'il y avait des paris engagés sur le coup, les parieurs pourraient désigner l'un d'entre eux qui serait chargé d'achever ce coup.

De la galerie. — L'impériale demande énormément d'attention ; les oublis sont faciles à commettre à ce jeu, Aussi le joueur qui aurait un argus intéressé, avec mission de ne rien laisser échapper, aurait un avantage marqué sur son adversaire. C'est pourquoi les droits de la galerie doivent être strictement limités.

La galerie est autorisée à faire marquer le jeu de celui qui, ayant annoncé ou montré son point, ou des impériales, ou qui ayant fait des levées avec des atouts marquants, oublie de les marquer.

La galerie peut également faire remarquer à un joueur

qu'il joue hors de son tour, ou qu'il joue en violation d'une des règles du jeu.

L'impériale de cartes blanches compte pour ceux qui parient à l'impériale de main. Il y a, en effet, des joueurs qui parient quelquefois pour la première impériale qui se trouvera toute faite dans telle ou telle main.

Dans ce cas, l'impériale qu'un joueur oublie de montrer avant de jouer, compte aussi pour les parieurs, quoiqu'elle ne puisse compter pour le joueur.

IMPÉRIALE A TROIS

L'impériale à trois se joue avec trente-six cartes, c'est-à-dire qu'on ajoute les *six* au jeu de piquet ordinaire.

Toutes les règles et observations ci-dessus exposées sont applicables à l'impériale à trois.

Néanmoins, à ce jeu, il ne peut y avoir de talon, et la retourne est jointe au jeu du donneur.

L'Écarté.

L'écarté n'exige ni hautes combinaisons ni profonds calculs ; mais s'il est simple dans sa marche, il n'en est pas moins, d'entre tous les jeux, celui qui demande la plus grande finesse d'esprit. Presque tout joueur, à la suite d'un long entraînement, peut devenir fort au piquet, mais seul un joueur de race pourra se révéler un maître à l'écarté.

Malheureusement, comme cela a été dit au premier chapitre de cet ouvrage, ce jeu se prête beaucoup aux pratiques des philosophes, et, quelle que soit la défiance que l'on puisse avoir, il est bien difficile de les surprendre et de les confondre. On peut, sur ce point, s'en rapporter à l'expérience de ceux qui ont quelques notions de télégraphie grecque.

Il est très dangereux de jouer l'écarté dans une société dont les membres sont réunis au hasard, ou d'après un mode de sélection plus ou moins sévère. Surtout, ne jouez jamais l'écarté dans un de ces *Cercles de Tolérance* dont il est parlé au chapitre premier.

De la galerie. — La galerie est l'ensemble des personnes qui suivent les péripéties de la lutte et s'y intéressent. Les parieurs n'ont aucun droit supérieur à celui de la galerie, et ce droit peut être formulé en quelques mots : « La galerie doit rester muette, ne manifester aucune émotion feinte ou réelle, ne faire aucun geste, n'approuver ni improuver la manière de jouer, ne donner aucun conseil ; et si le joueur en demande un, elle doit le donner de manière à ne pas laisser entrevoir par le camp adverse quelle est la difficulté qui se présente. La galerie ne doit pas intervenir comme juge, à moins que les adversaires, c'est-à-dire ceux qui tiennent les cartes, ne la prient de trancher un différend qui s'élève entre eux. Rien n'étant absolu dans les lois humaines, il est bien évident que, s'il y a une erreur dans la marque, la galerie doit la relever, et qu'elle doit également intervenir si un joueur donne deux fois de suite ; mais, dans ce dernier cas, elle doit se prononcer avant que les cartes soient vues. »

Des enjeux. — Lorsque l'on joue de l'argent à l'écarté — et c'est le cas le plus ordinaire — on doit commencer par faire les mises. Toutes les fois que l'enjeu n'est pas fait, on doit considérer le résultat de la partie comme nul et non avenu. Ceux qui tiennent les cartes n'ont pas à s'occuper des enjeux de la galerie. Ces enjeux, lorsqu'ils sont nombreux, donnent souvent lieu à des confusions et à des erreurs; ainsi tel parieur a fait une mise que personne n'a tenue; ou il y a plus d'argent d'un côté que de l'autre; tout cela est hors du jeu proprement dit, et c'est aux parieurs à s'entendre et à s'arranger entre eux comme il convient.

Du cul-levé. — Dans une société, deux personnages, quelque qualifiés qu'ils soient, ne peuvent pas accaparer à eux seuls toute la partie; d'un autre côté, il n'existe ni règles ni usages en vertu desquels les joueurs garderont le tapis pendant tant de temps, ou feront tel nombre de parties. C'est pourquoi on joue ordinairement le *cul-levé*, c'est-à-dire que le gagnant garde sa place et reste au jeu tant qu'il gagne, et que le perdant est remplacé par un autre joueur. Celui qui prend la place s'appelle *rentrant*.

Des points. — Les points se marquent ordinairement avec des jetons; les cadrans-marques et autres appareils perfectionnés ne les remplaceront jamais, car rien ne les vaut. La partie se joue en cinq points, ils se marquent du côté de l'argent. — On peut jouer en partie liée.

La partie ordinaire, à moins de convention contraire, se fait toujours en cinq points. On propose un *cinq sec*, comme on proposerait une *partie d'écarté*, ces termes sont équivalents.

Des cartes. — L'écarté se joue avec trente deux cartes. est d'usage d'avoir deux jeux de cartes, dont on se sert alternativement; il convient que ces jeux soient de couleurs bien distinctes, de manière à ne pas les entremêler l'un dans l'autre. Pendant que l'un des adversaires donne les cartes, l'autre les mêle.

Le perdant a toujours le droit de demander un nouveau jeu, lors même que la partie ne serait pas terminée.

La valeur des cartes suit la progression décroissante ci-après : roi, dame, valet, as, dix, neuf, huit et sept.

Le gagnant ne peut refuser la revanche, le perdant peut ne pas l'exiger, il est de très mauvais ton d'insister.

MARCHE DU JEU

À QUI LA MAIN? — Pour savoir qui aura la main, chaque joueur prend un petit paquet de cartes et le retourne : celui qui retourne ainsi la plus forte carte doit donner. Si les deux cartes sont de même valeur, on recommence. Si, en tirant la main, on découvre plusieurs cartes, la plus basse est celle qui compte. Celui qui ne fait pas voir la carte qu'il a coupée est censé avoir coupé la plus basse. On ne peut pas couper une seule carte, soit en dessus soit en dessous.

JEU FAUX. — La main est bien tirée même avec un jeu faux. Quand un jeu de cartes est reconnu faux, tous les coups qui précèdent, même celui où l'on s'en aperçoit, s'il est consommé, sont bons.

Y A-T-IL AVANTAGE A FAIRE ? — Tous les traités de jeux, même ceux qui prennent le titre pompeux d'*Académies* disent avec une justesse aussi puérile que mathématique : « Le donneur a une chance sur sept de tourner le roi. » Puis ils ajoutent : « Le donneur a encore la chance de voir venir son adversaire qui peut s'enferrer et perdre un point de refus. » Tout cela n'est pas convaincant, et beaucoup de joueurs prétendent que l'attaque vaut un atout En tout cas c'est à chacun d'aviser comme il l'entendra, et à se déterminer d'après sa propre expérience.

De la coupe. — Le donneur prend toutes les cartes, les mêle et les présente à son adversaire superposées bien régulièrement, en lui disant : « Coupez. » L'adversaire coupe plusieurs cartes, quatre au moins, et les place en avant du tas, c'est-à-dire du côté de son adversaire. Cette dernière observation a son importance, car souvent on entend faire cette question : « Comment avez-vous coupé ? » Quand on suit la règle ponctuellement cette question ne peut pas se poser.

Si l'on ne laisse qu'une carte, la coupe n'est pas bonne.

La coupe doit être franche et nette, sans tâtonnements.

De la donne. — Le donneur mêle les cartes, puis les présente à son adversaire en l'invitant à les mêler à son tour. Celui-ci peut user de ce droit si cela lui convient, et il doit même le faire au moins une fois, ne serait-ce que pour ne pas laisser tomber ce droit en désuétude, et surtout pour ne pas donner raison à ceux qui prétendent que *cela n'est pas convenable*. Si l'adversaire mêle, le donneur doit remêler à son tour, il peut même changer le jeu.

Le donneur distribue dix cartes en commençant par son adversaire. Chaque joueur en reçoit cinq. Il est facultatif de donner dans l'ordre deux, deux; puis trois, trois. De même que l'on peut intervertir cet ordre ; c'est-à-dire donner trois, trois ; puis deux, deux. Mais ensuite, tant que dure la partie, on est obligé de donner suivant l'ordre adopté d'abord. On ne peut changer sa manière de distribuer les cartes que lorsque la partie est terminée, et encore faut-il prévenir l'adversaire de son intention avant la coupe.

Si l'adversaire, avant d'avoir regardé son jeu, s'aperçoit que le donneur change l'ordre suivant lequel il a donné jusqu'alors, il a le droit de faire donner de nouveau; mais il n'a plus cette faculté dès qu'il a pris connaissance de son jeu.

Erreur de donne. — Quand un joueur donne hors de son tour, on recommence le coup, si l'on s'aperçoit de l'erreur avant que la retourne soit connue. Si l'erreur n'est relevée que lorsque la retourne est connue, on met de côté le jeu qui se trouvera bien donné pour le coup suivant. Si l'on s'aperçoit de l'erreur après avoir joué, le coup est bon et la main suit.

De la retourne. — Après avoir distribué dix cartes comme cela a été dit, le donneur retourne la onzième. Cette carte indique l'atout.

Du talon. — On appelle talon le paquet de cartes qui reste après que chaque joueur a reçu ses cinq cartes et quand l'atout est retourné. Le talon se place à la droite de celui qui donne, et les écarts à gauche; cette pratique a le double avantage d'éviter les mélanges et d'indiquer le tour de donne pour le coup suivant.

Cartes retournées. — Si, à la première donne, il y a une ou plusieurs cartes retournées dans le jeu, et qu'on s'en aperçoive avant d'avoir vu les jeux, le coup est nul; le joueur qui donnait recommence la distribution.

Si la carte retournée est la onzième, le coup est bon, car cette carte ne peut apporter aucun changement à la partie.

Si l'on ne s'aperçoit qu'après écart qu'il y a des cartes

retournées dans le jeu, et que ces cartes reviennent à celui qui donne, le coup est bon. Si, au contraire, une seule carte retournée revient à celui qui reçoit les cartes il peut maintenir le coup ou l'annuler.

Quand, en donnant d'emblée ou sur écart, on a retourné une ou plusieurs cartes de son jeu, le coup est bon, bien que l'adversaire s'en soit aperçu. Celui qui reçoit les cartes a la faculté de tenir le coup pour bon ou de l'annuler, si les cartes retournées appartiennent à son jeu.

Du roi. — Si la onzième carte du jeu après la coupe, c'est-à-dire celle que le donneur retourne est un roi, il marque un point. Celui des deux joueurs qui possède dans ses cartes le roi d'atout marque également un point, *à la condition de l'annoncer avant de jouer sa première carte.*

Cette règle donne toujours lieu à des contestations, et on ne saurait l'appliquer trop rigoureusement : *avant de jouer*, c'est-à-dire avant de détacher la première carte de son jeu.

Si l'on est le premier à jouer, et si l'on joue le roi d'abord, on peut l'annoncer en le jetant sur la table, et encore vaut-il mieux l'annoncer avant, car si l'adversaire a couvert la carte, le point du roi ne pourrait être marqué. Quand c'est le donneur qui a le roi, il doit l'annoncer avant que son adversaire ait joué sa première carte et, pour qu'il n'y ait point de surprises, le premier joueur doit avertir en disant : « Je joue » à quoi l'adversaire répond : *J'ai le roi*. Après cela, celui qui joue détache sa première carte et la jette sur la table.

A Vichy, où l'écarté se joue beaucoup, on trouve sur toutes les tables du Casino, une pancarte sur laquelle il est écrit : « On doit annoncer le roi, *avant de jouer* » et l'on a joué lorsque la carte est détachée du jeu et a touché le tapis.

5

Des écarts. — Si un joueur après avoir reçu ses cartes, estime que son jeu n'a pas chance de réussir — et c'est là un calcul qui a son importance, — il en demande d'autres en disant: « *Je propose* », ou « *Si Monsieur veut,* » il peut employer d'autres formules équivalentes, mais toujours simples, claires et précises. Le donneur examine, à les chances de succès que présente le jeu qu'il a, et alors son tour, accepte ou refuse d'en donner d'autres. En cas d'acceptation, il dit : « *Combien?* » Sur cette réponse, le premier joueur déclare en prendre cinq, quatre, trois, deux, ou une, mais dès qu'il en demande il doit en prendre au moins une, eût-il cinq atouts. Alors le donneur doit dire à son tour : « *J'en prendrai, tel nombre.* » Chacun jette alors à la gauche du donneur les cartes dont il se défait.

La distribution des cartes, quand il s'agit de l'écart, se fait en une seule fois; ainsi, dans le cas où chacun des joueurs demanderait cinq cartes, le premier joueur recevra ses cinq cartes ensemble, puis le donneur prendra également ensemble les cinq qu'il a demandées.

Du point d'autorité et du point de refus. — Si le joueur qui a l'attaque ou, en d'autres termes, qui est le premier à jouer, se contente de son jeu, on dit qu'il *joue d'autorité*; mais s'il ne fait pas trois levées, au lieu de ne perdre qu'un point il en perdra deux. Ce point qu'il perd en plus s'appelle *le point d'autorité*. Quand c'est le donneur auquel on a demandé des cartes qui refuse, lui aussi est tenu de faire les trois levées réglementaires, sans quoi, au lieu de ne perdre qu'un point, il en perdra deux. Le polat qu'il perd en plus s'appelle *point de refus.*

Combien peut-on faire de points? — La *vole* ou *volte* consisté à faire toutes les cinq levées. Celui qui fait la vole marque deux points; le point de refus ou d'autorité comptant un point en sus, il s'ensuit que la vole avec l'un de ces derniers points ferait trois points, et, comme l'on peut refuser des cartes ou jouer d'autorité et être volé, si l'adversaire a, en outre, le roi ou la retourne, on perdrait ainsi quatre points du même coup; mais il n'en est pas ainsi, on ne peut jamais faire trois points sans avoir le roi, de telle sorte que celui qui joue d'autorité ou refuse des cartes ne perd pas un point de plus, s'il est volé, que s'il ne fait pas les trois levées indispensables pour avoir le point. Celui qui a le roi et auquel on refuse des cartes, ne fait également que trois points, quand bien même il ferait la volte.

Combien peut-on écarter de fois? — Chaque joueur peut demander et donner des cartes tant qu'il en reste au talon; mais le donneur a un risque à courir en allant trop loin; voici ce risque: Son adversaire lui demande un nombre de cartes quelconques, et lui donneur déclare en vouloir prendre trois, par exemple: il écarte donc trois cartes de son jeu et sert le demandeur; mais, après l'avoir servi, il s'aperçoit qu'il ne reste pas assez de cartes au talon ou qu'il n'en reste plus du tout. Il devra alors compléter son jeu avec son écart, en prenant au hasard et sans pouvoir choisir dans les cartes de cet écart.

Comment l'on joue. — Celui qui est le premier à jouer, en d'autres termes celui qui a reçu les cartes doit, avant toutes choses, annoncer le roi d'atout s'il l'a dans son jeu; puis il abat une carte en annonçant la couleur, c'est-à-dire en disant : pique, trèfle, cœur ou carreau; l'adversaire fournit à cette carte, et fait la levée s'il a une carte supérieure de la couleur qui a été annoncée et jouée. C'est toujours celui qui fait la levée qui doit jouer le premier la carte suivante.

Si l'on n'a point de la carte jouée, on en donne une autre d'une couleur différente, la plus faible, bien entendu, à moins que l'on ait de l'atout, auquel cas l'on coupe et l'on fait la levée. Ne pas fournir à la couleur et ne pas couper s'appelle *renoncer*.

Un joueur qui joue avant son tour est tenu de reprendre sa carte, mais si elle est couverte le coup est bon.

Faut-il répéter encore que celui-là gagne le point est celui qui fait trois levées? En faire quatre ne procure aucun avantage; en faire cinq, c'est faire deux points ou la vole ou volte.

La partie ordinaire se fait en cinq ou sept points *secs*, ce qui veut dire que celui qui arrive le premier à marquer cinq ou sept points gagne la partie.

PARTIE LIÉE. — Si l'on a convenu de jouer en partie liée, celui-ci sera le vainqueur qui le premier aura fait deux fois cinq ou sept points. Faire les cinq ou sept premiers points s'appelle gagner la première *manche*. Si l'un des joueurs gagne deux fois de suite tout est fini; mais il peut arriver que l'un des joueurs gagne la première manche et l'autre la seconde, dans ce cas, il y a lieu de faire la partie décisive, c'est-à-dire la *belle*.

Tous les jeux peuvent être joués en partie liée.

DE LA RENONCE ET DE LA SOUS-FORCE. — *Renoncer*, c'est ne pas fournir à la couleur annoncée et jouée; ainsi, l'un des joueurs joue carreau, et son adversaire met du pique, tandis qu'il a du carreau, on dit qu'il renonce, à moins qu'il ne coupe, ce qu'il est obligé de faire quand il n'a pas de la couleur.

Sous-forcer, c'est fournir de la couleur demandée, mais jeter une carte inférieure à celle de l'adversaire quand on en possède une plus forte et que, par conséquent, l'on pourrait faire la levée. Exemple : Vous jouez l'as de trèfle et j'ai le dix et le roi de cette couleur, je dois prendre votre carte avec mon roi. C'est une obligation à l'écarté.

La faute qui consiste à renoncer ou à sous-forcer, est punie de la manière suivante : si celui qui la commet fait le point, il ne le marque pas ; s'il fait la vole, il ne marque qu'un point.

De la coupe a faux. — Couper à faux, c'est mettre de l'atout sur la couleur jouée, alors qu'on a une ou des cartes de cette couleur. La pénalité s'applique avec les distinctions du paragraphe précédent.

On va voir de suite de quelle importance est l'obligation de prendre. J'ai dame, valet et 9 de carreau et je veux faire deux levées au moins : vous avez roi, as et huit de la même couleur. Je joue ma dame, vous prenez du roi ; alors je vous attend à la fourchette avec mon valet et mon neuf qui prendront votre as et votre huit. Supposons que vous ayez sous-forcé, vous mettez votre huit sur ma dame et vous m'attendez à votre tour avec la grande fourchette, c'est-à-dire avec roi et valet. Ces règles paraissent abstruses, mais l'on n'a qu'à prendre des cartes, à les distribuer comme cela est expliqué, et rien ne paraîtra aussi clair et aussi compréhensible.

De quelques autres fautes, et des pénalités qu'elles entraînent. — Celui qui touche les écarts, et regarde les cartes dont ils sont composés est censé connaître l'écart de son adversaire, aussi doit-il jouer à jeu découvert.

Celui qui annonce une couleur et en joue une autre, est tenu, si l'adversaire l'exige, de reprendre sa carte et de jouer la couleur annoncée, ou, s'il n'en a pas, toute couleur autre indiquée par l'adversaire. Si l'adversaire trouve que la couleur jouée lui est plus favorable que la couleur annoncée, il peut s'opposer à ce que la carte jouée soit retirée.

Si un joueur dit : *J'ai le roi* quand il n'a pas le roi d'atout, son adversaire, l'erreur une fois reconnue, fait démarquer le point indûment marqué et le marque au lieu et place du délinquant, sans préjudice du point qu'il peut avoir à marquer pour sa part, s'il a lui-même le roi.

Néanmoins, si avant de commencer le coup, le coupable a rectifié son erreur, la pénalité ci-dessus n'est pas encourue.

Il est défendu de regarder les levées de son adversaire sous peine de jouer à jeu découvert.

Quiconque, par erreur ou autrement, jette ses cartes sur la table, perd un point s'il a déjà fait une levée, et deux points s'il n'en a pas encore fait ; l'on est censé avoir jeté ses cartes sur la table si on les abaisse de manière que l'adversaire puisse les voir.

Qui quitte la partie la perd.

DES MALDONNES

Il y a maldonne quand le donneur se trompe dans le nombre des cartes qu'il doit donner à son adversaire ou à lui-même.

Si le donneur retourne plusieurs cartes, l'adversaire a le droit de rétablir la retourne telle qu'elle doit être ; il peut même faire mettre à l'écart les cartes qui ont été vues, comme il a aussi le droit de prendre la main, c'est-à-dire de faire en annulant le coup ; mais tout cela est subordonné à la condition de n'avoir pas encore vu son jeu.

De la maldonne d'emblée. — La maldonne d'emblée est celle qui est faite avant les écarts. Le joueur qui reçoit du donneur plus de cinq cartes, a le droit d'écarter la ou les cartes excédantes, ou de recommencer le coup en prenant la main.

Le joueur qui reçoit moins de cinq cartes a également le droit de recommencer le coup en prenant la main, ou de prendre sur le talon le nombre de cartes qui lui manque sans changer la retourne.

Si le donneur se donne à lui-même trop de cartes, l'adversaire peut recommencer le coup en prenant la main, c'est-à-dire en faisant; ou, s'il aime mieux, retirer, au hasard des cartes, du jeu du donneur, un nombre de cartes égal à l'excédent.

Si le donneur prend moins de cinq cartes, l'adversaire peut, ou prendre la main et refaire, ou autoriser le donneur à prendre sur le talon le nombre de cartes qui lui manquent.

Le joueur qui, ayant trop ou trop peu de cartes, n'en préviendrait pas l'adversaire, perdrait deux points et le droit de marquer le roi, soit qu'il l'ait dans son jeu, soit qu'il l'ait retourné.

De la maldonne après écart. — Si celui qui distribue les cartes en donne plus ou moins qu'on ne lui en demande, il perd le point et le droit de marquer le roi s'il l'a dans son jeu; il conserve, néanmoins, le droit de marquer le roi s'il l'a retourné.

Si le donneur prend plus de cartes qu'il n'en a écarté, il perd le point et le droit de marquer le roi s'il l'a dans son jeu. S'il se donne moins de cartes qu'il n'en a écarté, il complète son jeu en prenant les premières du talon, sans encourir aucune peine. S'il ne s'aperçoit de son erreur qu'après avoir joué, son adversaire fait autant de levées qu'il a de cartes de moins, c'est-à-dire que les cartes manquantes lui font des levées acquises de droit, et qui viennent s'ajouter à celles qu'il a déjà faites.

Celui qui, après avoir écarté, joue avec plus de cinq cartes, perd un point et le droit de marquer le roi.

Une règle générale peut se formuler ainsi pour tous les cas qui n'ont pas été prévus dans ce qui précède : toute faute doit être punie, et l'adversaire du coupable a toujours le droit ou de faire recommencer le coup en prenant la main, ou de rétablir les choses en état, si cela est possible et surtout plus avantageux pour lui.

CONSEILS PRATIQUES

1° Il est quelquefois imprudent d'écarter, quand vous désirez vous défaire de moins que la majorité de vos cartes, parce que les chances de prendre deux bonnes cartes sont contre vous, et que vous ne pouvez prévoir de combien votre adversaire veut écarter.

2° Il y a certains jeux qui sont dits *jeux de règle*, en d'autres termes, jeux qui ne peuvent perdre que si votre adversaire a deux atouts. La probabilité pour le premier n'étant pas que ces deux atouts sont dans le jeu de son adversaire, il doit jouer d'autorité.

3° Si vous avez un atout, un roi, puis une dame et deux cartes de la couleur de cette dame, commencez de jouer la dame et sa suite. Si la dame est coupée, il vous reste deux cartes pour la rentrée ; après avoir repris vous continuez le jeu par la couleur entamée.

4° Quand vous avez un fort atout avec un roi et trois cartes de sa couleur, commencez par jouer l'atout.

5° Si après deux levées, il vous reste en main la dame avec deux petits atouts, ne jouez pas la dame si le roi est annoncé, jouez un petit atout et attendez avec la dame seconde. (V. *Fourchette*, page 38.)

6° Il y a un cas où il serait contraire à son intérêt d'annoncer le roi. Vous avez trois points, votre adversaire joue d'autorité, il ne lui faut qu'un point; s'il le fait, vous avez perdu; s'il ne le fait pas, vous avez le point de refus et celui que vous avez fait avec les trois plis, vous avez donc les deux points qui vous manquent. Il est évident que vous aurez plus grande chance d'obtenir ce résultat en masquant votre jeu, c'est-à-dire en n'annonçant pas le roi; et que vous rapporterait de l'annoncer puisque vous ne jouez que pour deux points?

La poule au piquet, à l'impériale, à l'écarté, etc.

Le piquet à trois ne peut être qu'un amusement, c'est-à-dire qu'il serait téméraire d'y engager une mise importante, car, malgré la meilleure volonté du monde, il y a certains coups où il est bien difficile de ne pas mécontenter l'un ou l'autre de ses adversaires, et souvent tous les deux à la fois. Indépendamment de cette considération, il est encore à noter que souvent, lorsqu'au piquet à trois, l'un des joueurs commet une faute c'est l'un de ses adversaires qui en souffre le plus.

L'impériale à trois peut avoir ses charmes.

Quant à l'écarté à trois ce n'est véritablement pas un jeu sérieux.

C'est pourquoi, dans certaines provinces, on a imaginé une combinaison très ingénieuse et surtout très amusante qui s'appelle la *Poule*. La combinaison est la même qu'il s'agisse d'une partie de piquet, d'impériale, d'écarté, etc. L'auteur de ces lignes ne l'a jamais vue pratiquer à Paris, et elle ne se trouve dans aucun de ces livres qui s'intitulent pompeusement des Académies (?).

Voici cette combinaison très simple :

On est trois joueurs réunis, et l'on veut faire une partie de piquet, d'impériale, ou d'écarté à deux, tout en étant trois joueurs : on fait une poule.

D'abord, on tire les places, en étalant le jeu en éventail sur la table ; chaque joueur prend une carte, celui qui a la plus forte est le premier, celui qui a la carte moyenne est second, et la plus faible carte désigne le dernier.

Dans une corbeille placée au milieu de la table, les deux

premiers joueurs mettent chacun une fiche dont la valeur est déterminée, et l'on tire la main.

Si c'est à l'écarté que l'on joue, celui qui a tiré la plus forte carte donne, et l'on joue cette partie absolument comme elle se joue habituellement. Celui qui gagne reste en place; le perdant se retire, et le troisième joueur prend sa place.

Le *rentrant* met une fiche dans la corbeille; de telle sorte qu'il y en a trois. L'on tire la main, car il s'agit d'une partie nouvelle.

Si le joueur rentrant gagne, le premier cède la place à celui qui avait dû la quitter. En d'autres termes, il y a toujours un *cul-levé*, c'est-à-dire que tant qu'un joueur passe, il reste assis, et qu'aussitôt qu'il a perdu il doit se retirer.

Là néanmoins, n'est pas le véritable intérêt de la poule : il consiste surtout en ce que chaque joueur qui s'en va est obligé de mettre une fiche à la corbeille, tandis que celui qui a gagné le coup précédent n'y met rien. Mais sitôt qu'un joueur a gagné deux parties de suite il enlève tout le produit de la corbeille.

Donc, s'il y a eu cinq ou six intermittences, il y aura cinq ou six fiches à la corbeille, en sus de la mise première, et celui qui gagnera deux coups de suite, enlèvera le tout, c'est-à-dire la Poule.

Ce jeu offre encore un moyen d'être rendu plus intéressant, ce moyen consiste en ce que chaque rentrant peut proposer un jeu nouveau; En d'autres termes, *A* et *B*. viennent de faire un piquet, *B* a perdu et doit céder la place à *C* : Celui-ci, en rentrant, met sa fiche dans la corbeille, dont le contenu appartient aux trois joueurs indivisément, et il demande à jouer à l'impériale. *A* devra accepter ce jeu, à moins qu'il n'ait été convenu, au commencement de la partie, que l'on jouerait toujours au même jeu, ou que l'on ferait tant de parties d'écarté, tant de parties d'impériale, de piquet, etc.

On voit donc que cette combinaison permet de ne pas jouer, à trois, des jeux qui sont beaucoup plus intéressants à deux, et, néanmoins, de ne pas exclure un troisième joueur.

La combinaison serait la même à quatre ou à cinq joueurs. Sitôt que l'un gagnerait deux parties, il enlèverait la corbeille.

Mais quand on joue a plus de trois, il est bon de convenir d'un numéro d'ordre pour chaque joueur, de manière à éviter les erreurs et les discussions relativement aux rentrées.

Il est bien inutile de dire que quand le produit de la corbeille a été enlevé, celui qui l'a enlevé reste néanmoins en place et que l on recommence une partie nouvelle, chacun des deux joueurs mettant, comme au premier coup, sa fiche dans la corbeille, le rentrant mettra la troisième fiche.

On comprend, sans plus d'explications, qu'on ne peut pas, à la poule, gagner moins de trois mises. On comprend également que, dans le cas de nombreuses intermittences, la poule peut se composer d'un assez grand nombre de fiches ou enjeux.

Le Whist.

Si vous n'êtes pourvu d'une bonne mémoire,
Laissez-là, croyez-moi, le whist et son grimoire.

Whist peut se traduire exactement par l'interjection *chut!* Ce jeu d'origine anglaise a acquis chez nous ses droits de grande naturalisation, et il le mérite, sans conteste, car il est très intéressant, et se prête à d'innombrables combinaisons.

Le vrai whist se joue encore, mais il a été modifié considérablement par une certaine classe de joueurs; il prend, en ce dernier cas, le nom de *petit whist* ou *short whist*.

Nous allons exposer les règles du whist proprement dit, d'après Deschapelles, puis nous parlerons des diverses variétés de whist, qui toutes ne peuvent guère être jouées quand on ne connaît pas les règles du whist véritable.

Le whist a son vocabulaire spécial qu'il convient tout d'abord de faire connaître.

VOCABULAIRE DU JEU DE WHIST

Affranchir. C'est jouer une carte pour faire tomber *la* ou *les* cartes supérieures de jeu des adversaires, de manière à rester maître à la couleur.

Appeler. Ce verbe est employé dans deux acceptions différentes : tantôt il est synonyme de *chanter* (V. ce mot), tantôt il désigne le droit qu'on a de forcer les adversaires à jouer une carte qu'ils ont montrée.

As. La plus forte carte au jeu ; la plus faible, quand on tire la donne.

Atout. Toute carte appartenant à la couleur indiquée par la retourne. Quand on ne peut fournir à la couleur demandée, on jette un atout sur cette couleur.

Belle. Troisième manche d'une partie complète.

Carte-roi. La plus haute carte restante d'une couleur.

Chanter ou appeler. Lorsqu'au whist en dix points, un des partis en est à huit, et que l'un des partenaires a deux honneurs dans la main, il a le droit de le faire connaître en disant : J'*appelle* ou je *chante*. Si son partenaire peut montrer un autre honneur, la partie est gagnée sans jouer le coup.

Chelem. Faire le chelem signifie faire les treize levées. Le chelem compte pour 8 ou 10 fiches, selon que l'on est convenu de payer 2 ou 4 fiches de consolation; il ne change rien à la marque des joueurs; il se paye à part, et la partie reprend comme si le coup du chelem n'avait pas été joué. On peut convenir que le chelem comptera pour un nombre supérieur de fiches.

Consolation. On appelle ainsi les fiches qu'on est convenu de payer en sus de celles des parties du robre. Le nombre de ces fiches est ordinairement de deux ou de quatre.

Contre-invite. Invite que le joueur, dernier en main, rend à son partenaire.

Couleur. Chacune des quatre sortes de cartes : carreau, cœur, pique et trèfle; bien que, en réalité, il n'y ait que deux couleurs, les rouges et les noires.

Couleur longue. On dit qu'on a une couleur longue, lorsqu'on a un certain nombre de cartes de cette couleur Il y a toujours dans chaque jeu une couleur plus longue que les autres.

Défausser (se). Jeter une carte autre que de l'atout sur une couleur qu'on n'a pas. On doit se défausser lorsque, n'ayant pas de la couleur demandée, on ne trouve pas avantageux de couper, soit dans la crainte de la surcoupe, soit que l'on aime mieux réserver ses atouts pour se procurer des rentrées en temps opportun; alors on jette les cartes les plus inutiles de son jeu. Le partenaire doit se souvenir de la carte dont il s'est défaussé : elle indique clairement une couleur faible. Quand on se défausse d'une forte carte, il devient clair que c'est un *singleton* et que l'on a deux renonces, une dans la couleur dont on s'est défaussé, l'autre dans celle où a joué l'adversaire. (*V. Singleton.*)

Devoir. Six levées faites par un parti; sur les treize dont se compose un coup ; la septième levée se nomme *Trick.*

Donne. Droit de donner les cartes. C'est le joueur qui a pris la plus basse carte en tirant la main, qui doit donner.

Double. Lorsqu'au whist en 10 points, on arrive au but avant que les adversaires aient marqué 5 points, la partie est double ; elle est également double au whist en 5 points si les adversaires n'en ont pas marqué 3, et 6 au whist aux tricks doubles.

Dumby. Le mort au whist à trois.

Fiche de consolation (V. *Consolation*).

Flux. Être à flux signifie n'avoir que des cartes d'une seule couleur à jouer.

Forcer. Fournir dans la couleur jouée, une carte plus forte que celle ou celles qui sont sur le tapis.

On emploie encore ce mot lorsqu'on joue d'une couleur dont manque l'adversaire, pour le forcer à couper.

Impasse : Faire impasse, c'est ne pas jeter la carte maîtresse de la couleur jouée ; mais jeter une carte basse, pour ne pas affranchir la couleur des adversaires. L'impasse est souvent dangereuse : son à-propos dépend beaucoup des atouts que l'on possède, Si l'on est assez fort en atout et que l'on craigne de perdre le trick, on peut risquer une impasse pour essayer de faire une ou plusieurs levées en plus.

Intermittences. (V. *Tenaces.*)

Invite. Petite carte que l'on joue dans sa couleur la plus forte en nombre et en qualité, pour inviter son partenaire à y mettre une carte supérieure. L'invite sert le plus souvent à faire pressentir à son partenaire la composition de son jeu, toute autre forme d'indication étant absolument interdite. — On invite en jouant une basse carte jusqu'au sept ; le huit n'est qu'une invite douteuse. — L'invite annonce qu'on a l'as, le roi ou la dame avec plusieurs basses cartes.

Jouer en dessous. Faire une invite par une basse carte, en conservant dans son jeu la carte maîtresse de la même couleur.

Levée. Les quatre cartes abattues par les joueurs. La septième levée et les autres en sus s'appellent des *tricks.*

Longue couleur (V. *Couleur longue.*).

Love. Rien, zéro, Ex. *Two Love*, deux à rien.

Main. Avoir la main c'est avoir à donner. — Être en main, c'est être le premier à jouer. Ces expressions ne sont pas sacramentelles; on les prend souvent l'une pour l'autre.

Manche. Partie de treize levées. La partie se compose ordinairement de trois manches, dont la dernière se nomme la *belle.* La manche est gagnée quand on a acquis le nombre des points convenus. Si, pendant une manche, les adversaires n'ont pu compter un seul point, elle est comptée triple et l'on reçoit trois fiches ; si les adversaires ont marqué quatre points ou moins de quatre points, la manche n'est que double, et l'on n'a que deux fiches; s'ils en ont marqué plus de quatre, elle est simple et se paie une fiche.

Gagner deux manches c'est gagner le *robre*, et l'on reçoit,outre les fiches dévolues à chaque manche, trois ou quatre fiches de consolation. Si l'on a joué trois manches, les gagnants défalquent du total des fiches de leurs deux parties, le nombre de celles que leurs adversaires ont reçues pour les parties qu'ils ont gagnées.

Ménage. Faire le ménage c'est ramasser les cartes à la fin de chaque coup. Le partenaire du joueur qui donne fait le ménage en rassemblant les cartes du coup précédent, pour les déposer à gauche de son adversaire de droite. Il doit avoir terminé cette opération avant la retourne et, en règle stricte, il y aurait lieu de faire passer la main comme en cas de maldonne, si le ménage n'était pas fait à temps.

Navette. Manière de jouer de deux partenaires qui, ayant chacun une renonce, jouent de la couleur dont l'autre n'a pas, et emploient ainsi leurs atouts séparément au lieu de les *marier* c'est-à-dire de les faire tomber les uns sur les autres.

Parti. Un joueur et son partenaire.

Phaser. Faire échange du jeu de cartes avec lequel on devrait donner contre le jeu dont se servent les partenaires. Il est défendu de phaser sans le consentement unanime des joueurs. Néanmoins il est loisible à chaque joueur de demander un jeu neuf, à ses frais, après le coup joué, quand cela lui convient.

Puits. On est dans le puits quand on n'a plus qu'un point à faire pour gagner.

Renoncer. Ne pas fournir à la couleur jouée, soit qu'on en ait soit qu'on n'en ait pas. Dans le premier cas, la renonce est punie.

Rentrée. Privilège de jouer le premier.

Robre ou *Rob* (de l'anglais *Rubber*). Le robre se compose de trois parties, il faut en gagner deux au moins pour gagner le robre. Le robre est acquis aux deux partenaires qui gagnent deux parties de suite. Lorsque les uns et les autres gagnent successivement une manche, on joue la *belle*, dont le gain décide celui du robre.

Séquence. S'entend de plusieurs cartes qui se suivent, comme as, roi, dame, valet ; ou dix, neuf et huit.

Singleton. Carte unique d'une couleur quelconque. Qui joue un singleton est une mazette. — Pas toujours.

Tableau (faire le). Placer, en face de soi et à découvert, la carte qu'on a jouée. Lorsque, dans le cours d'une partie, les cartes viennent à se confondre en tombant sur le tapis, on a le droit d'exiger que chacun fasse le tableau; mais le joueur qui, de sa propre autorité, fait le tableau sans que cette demande ait été formulée, perd un point.

Tenace. On dit qu'on a une tenace, quand on a deux

cartes de la même couleur et que l'on manque de la carte intermédiaire qui servirait à faire une tierce. Exemple : l'as et la dame forment une tenace. C'est une tenace majeure ; le neuf et le sept également d'une même couleur forment une tenace mineure. Dans la première le roi servirait à faire la tierce, de même le huit dans la seconde.

Tour. Jet successif de quatre cartes sur le tapis par les quatre joueurs : treize tours forment un *coup*.

Trick. Levée composée de chaque carte fournie à chaque tour. Le *devoir* se compose de six levées. La septième est la première après le devoir, et s'appelle *trick ;* on gagne autant de tricks qu'on a de levées au delà du devoir. Les tricks comptent avant les honneurs pour le gain de la partie, excepté en cas de *chant* ou *d'appel*.

WHIST EN DIX POINTS OU LONG WHIST

(D'après Deschapelles)

Généralités. — Le whist en dix points se joue par quatre personnes divisées en deux associations. L'associé de chaque joueur s'appelle son *partenaire*. L'ancien, le vrai vocable était *partner*.

On se sert d'un jeu de 52 cartes, dont la valeur suit l'ordre décroissant que voici : as, roi, dame, valet, dix, neuf, huit, sept, six, cinq, quatre, trois, deux.

Chaque parti ayant le droit d'avoir son jeu particulier, il arrive donc qu'on se sert alternativement de deux jeux de cartes.

Pour qu'une table de whist soit au complet, il faut *six* personnes. Le sort en désigne quatre pour le premier robre, et deux qui rentrent au robre suivant. S'il survient d'autres personnes, elles prennent rang, selon l'ordre de leur venue, comme remplaçants.

Dans un salon, la maîtresse de la maison fait tirer une carte à chacune des personnes qu'elle se propose de faire jouer ensemble. Mais dans les cercles, on étend un jeu de cartes sur la table, la face contre le tapis, et chacun des joueurs désignés ou convenus, en prend une. Les deux joueurs qui ont les deux plus hautes cartes sont associés ou partenaires contre ceux qui ont les plus basses. Dans cette circonstance, l'as est la plus basse carte, quoiqu'il soit la plus forte pour le jeu.

Si deux ou trois personnes ont tiré des cartes semblables, elles tirent de nouveau ; mais la plus basse carte du premier tirage conserve à celui auquel elle est échue le droit de donner, de choisir le jeu de cartes, et aussi d'occuper telle place qu'il voudra à la table.

Le donneur ayant fait choix de sa place, son partenaire se met en face de lui ; à sa droite et à sa gauche se trouvent ses deux adversaires.

On tire ordinairement les places après chaque robre, à moins qu'on ne soit convenu d'en faire plusieurs ensemble ou de *tourner*, c'est-à-dire de faire un robre successivement avec chacun des joueurs.

Quand on établit la partie entre six joueurs, un premier tirage a lieu entre les six. Les quatre qui ont les plus basses cartes jouent les premiers ; un second tirage désigne les partenaires. Quand le robre est fini, les quatre premiers joueurs tirent de nouveau, et les deux qui ont les plus fortes cartes cèdent leurs places aux rentrants ; ou bien l'on convient que : soit les gagnants, soit les perdants, céderont leurs places.

Chaque tirage se fait avec un seul jeu.

Avant de commencer, les joueurs conviennent du prix de la fiche, et du nombre des fiches de consolation. Ce nombre est habituellement de deux ou de quatre.

De la coupe.— Celui qui a tiré la plus basse carte prend

l'un des deux jeux, mêle les cartes sous les yeux des autres joueurs et fait couper à sa droite. Mais, avant de couper, le voisin de droite a le droit absolu de mêler à nouveau; s'il use de ce droit, personne n'a d'observation à faire, mais le donneur rebat les cartes et les présente à couper définitivement.

La coupe est irrégulière quand celui qui la fait détache moins de quatre cartes du jeu, ou en laisse moins de quatre sur le tapis.

La coupe est encore irrégulière quand une carte est retournée ou simplement vue en coupant.

Tout joueur, avant de jeter une carte, a le droit de faire remêler et couper de nouveau, en cas de coupe irrégulière ou d'omission de coupe.

Par mesure de précaution, on demande quelquefois des cartes neuves après chaque partie; c'est un droit absolu auquel le maître de la maison doit se soumettre. Dans les cercles de moyenne importance, et dans les cafés surtout, celui qui demande un jeu neuf le paye. Dans une maison particulière, le maître de la maison doit se soumettre à ce droit des joueurs. Il est vrai que, dans certains salons où *l'on donne à jouer*, il est d'usage de laisser quelque menue monnaie sous le chandelier pour payer les cartes.

Il est interdit de *phaser*, c'est-à-dire de changer le jeu avec lequel on doit donner contre le jeu des adversaires, sans le consentement de ces derniers.

Il est également interdit de changer de place pendant le robre.

Chaque parti prend ordinairement des jeux de couleur différente, pour éviter de les confondre. Le partenaire de celui qui donne a pour mission de *faire le ménage*, c'est-à-dire de rassembler les cartes qui ont servi au coup précédent, de les arranger en paquet pendant la distribution du coup actuel, et de les placer à gauche de son voisin de droite, à qui la main doit revenir après le coup. Cette opération doit être terminée, avant que la retourne soit connue; et, d'après la règle stricte, la main passerait comme s'il y avait maldonne.

De la donne. — Le donneur doit distribuer les cartes *une à une*, en commençant par la gauche.

Lorsque chaque joueur a ainsi reçu les treize cartes de son jeu, le donneur retourne la treizième carte, qui lui revient; il la dépose à sa gauche sur le tapis, où il la laisse en évidence, c'est l'*atout*. Il doit laisser cette carte étalée jusqu'à ce que son tour de jouer soit arrivé; quand ce tour est venu, il la relève et la place dans son jeu; dès lors nul n'a le droit de demander qu'elle était cette carte; mais on peut s'informer de la couleur de l'atout.

S'il y a maldonne, la main passe dans les trois cas suivants :

1° Si une erreur, commise pendant la distribution, est reconnue avant que la première levée soit faite.

2° Si la carte de dessous est montrée ou vue avant la fin de la distribution.

3° Si la dernière carte se trouve retournée d'elle-même.

La retourne vue, on n'est plus admis à présenter d'observations sur la donne, qui est considérée comme valable.

Si, après la première levée, l'un des joueurs s'aperçoit qu'il n'a reçu que douze cartes, la donne est bonne, et celui qui a mis tant de retard à s'apercevoir de l'erreur est puni pour chaque renonce qu'il fait. Si, toutefois, un autre joueur a 14 cartes, le coup est nul et la main passe.

Quand un jeu de cartes est reconnu faux, le coup est nul, mais les coups précédents sont bons.

Celui qui donne n'a pas le droit de toucher les cartes qui sont sur le tapis pour rectifier une erreur; mais s'il a donné deux cartes au même joueur, il peut reprendre sur-le-champ la dernière; s'il avait servi le joueur suivant, il y aurait maldonne et la main passerait.

Si un joueur donne hors de son tour, on peut l'arrêter avant la retourne; mais dès que l'atout est connu, toute réclamation est considérée comme tardive et non avenue, le coup est régulier et le jeu continue dans le même ordre.

Si l'on a phasé par mégarde, les jeux doivent ensuite rester, pendant toute la durée du robre, comme ils ont été changés.

Celui qui donne doit poser la retourne à sa gauche, et la laisser sur la table jusqu'à ce que la première levée soit faite et que la cinquième carte soit jouée. S'il ne la remet pas dans son jeu avant que la seconde levée soit en place, on peut exiger quelle sera considérée comme étalée et qu'elle restera en conséquence sur le tapis. (*V. ci-après : cartes étalées.*)

Tout parti qui maldonne perd sa donne; en conséquence, les adversaires qui font redonner acquièrent la donne.

Les joueurs ne doivent, pendant la donne, ni relever ni même toucher leurs cartes avant que la dernière soit retournée.

Marche du jeu. — Le premier en main, c'est-à-dire le voisin de gauche du donneur, ouvre le jeu en jetant une carte sur le tapis; les autres joueurs jettent, à leur tour, une carte successivement, et toujours par la gauche. La plus forte fait la levée. Celui qui fait cette levée devient le premier en cartes, c'est-à-dire le premier à jouer.

On doit toujours fournir de la couleur demandée si l'on en possède; mais quand on n'a pas de la couleur demandée on peut jouer n'importe qu'elle carte, si l'on ne veut pas couper.

Quand on a de la couleur demandée, on n'est pas obligé

de *forcer*, c'est-à-dire de couvrir la carte jouée d'une carte plus forte ; il est permis d'en jouer une plus faible quand même on en aurait de plus fortes.

Après chaque levée, celui qui l'a faite joue le premier, et les autres abattent ensuite une nouvelle carte, toujours en suivant par la gauche de celui qui vient de jouer, et le coup continue ainsi jusqu'à ce que chacun ait abattu ses treize cartes et que l'on ait fait les treize levées.

Les points gagnés par chaque parti sont alors marqués ou confiés à la mémoire des joueurs; mais ce dernier mode de procéder est beaucoup moins sûr.

Les points étant marqués, le voisin de gauche du joueur, qui a donné le coup précédent, bat les cartes pour le coup suivant, fait couper à sa droite, et distribue les cartes comme cela a déjà été dit. Le jeu continue ainsi jusqu'à ce qu'un parti ait gagné les dix points qui constituent la partie au long whist.

Deux parties gagnées sur trois constituent le robre.

Quand un couple de joueurs gagne deux parties de suite, il n'y a pas lieu de jouer la belle, et le robre ne se compose que de deux parties.

Comment on compte les points. — Il y a plusieurs manières de compter les points. Celle qui accélère le plus la partie consiste à compter les *honneurs* ou les quatre plus forts atouts. Il sera parlé spécialement des honneurs ci-après.

Le parti qui a la bonne fortune de posséder ces quatre cartes, soit dans une seule main, soit dans les deux jeux, gagne 4 points: Trois honneurs ne valent que deux points.

Mais si les honneurs sont également distribués entre les deux partis, c'est-à-dire si chaque couple de joueurs possède deux des plus fortes cartes d'atout, personne ne compte rien.

De la marque. — Les points gagnés dans le cours d'une

partie se marquent au moyen de jetons. Cette marque varie selon les usages et les conventions.

Dans le cas où deux partenaires marqueraient simultanément, ce qui est bien inutile, si la marque de l'un différait de celle de l'autre, les adversaires auraient le droit de considérer comme bonne celle qu'ils voudraient.

Les erreurs sur chaque marque, qu'elles proviennent des tricks ou des honneurs, peuvent être rectifiées pendant toute la durée du coup suivant, mais il faut que les honneurs aient été annoncés avant la retourne.

RÈGLES GÉNÉRALES. — Il y a solidarité entre les partenaires pour le gain comme pour les pertes et les fautes.

Pendant la partie, on ne doit rien changer au jeu dès que l'atout est connu ; toutefois, on peut, pendant le coup marquer les tricks non comptés, et les honneurs annoncés auparavant. Il est défendu de demander ou de dire quelle était la carte retournée ; mais on peut demander et dire quelle est la couleur de l'atout.

Tout joueur peut, avant qu'une levée soit mise en place, faire faire le tableau, c'est-à-dire faire placer chaque carte devant celui qui l'a jouée.

Quand un joueur omet de jeter sa carte sur une levée, et se trouve en avoir une de trop à la fin du coup, les adversaires peuvent à leur gré, tenir le coup pour bon ou exiger une nouvelle donne.

Si l'un des joueurs fournit à la fois plusieurs cartes sur une même levée, les adversaires en choisissent une, et les autres sont étalées. (V. *ci-après la rubrique : cartes étalées.*)

Si, à la fin d'un coup, une carte manquant à un joueur se trouve dans les levées qu'on vérifie, celui qui a une carte de moins est puni comme pour une renonce.

Quand un joueur, se croyant sûr de gagner la partie ou de faire les dernières levées, jette ses cartes sur le tapis, les adversaires ont le droit de continuer le coup en faisant étaler le jeu montré, et d'appeler les cartes à volonté, sans néanmoins pouvoir faire renoncer.

Si deux partenaires ont jeté leurs cartes, les deux jeux peuvent être étalés.

Lorsqu'un des joueurs, croyant avoir perdu, met son jeu à découvert, et que son partenaire ne donne pas gagné il dépend des adversaires d'appeler telle ou telle carte du jeu montré, pourvu néanmoins qu'ils ne fassent pas renoncer.

Il est absolument interdit d'indiquer si l'on a bon ou mauvais jeu, de faire des signes à son partenaire ou même de témoigner, d'une manière quelconque, que l'on approuve ou que l'on blâme sa manière de jouer. Toute infraction à cette règle est punie de la perte d'un point.

Si l'un des joueurs entame le coup hors de son tour, les adversaires ont le droit de maintenir la carte jouée ou de la faire étaler, ou enfin de se concerter sur la couleur à jouer.

Dans le cas où l'erreur ci-dessus aurait entraîné celle d'un autre joueur, ce dernier pourrait reprendre sa carte. L'erreur ne peut plus être rectifiée lorsque les quatre cartes sont sur la table avant qu'aucune réclamation ait été formulée.

Si le troisième joueur jette sa carte avant le second, le quatrième peut jouer avant son partenaire.

Si le quatrième joue avant le second, qui est son partenaire, on peut exiger de celui-ci qu'il mette sur la levée sa plus haute ou sa plus basse carte de la couleur jouée ; s'il n'a pas de cette couleur, on peut l'obliger à couper ou l'empêcher de le faire.

Il n'est pas permis de tirer sa carte hors de son jeu avant son tour de jouer. Dans le cas où cela arrive, les adversaires peuvent exiger que la carte ainsi tirée d'avance soit étalée.

De la renonce a faux. — Toute renonce est punie par

la perte de trois points, qui se marquent avant tous les autres.

La renonce n'est consommée que lorsque la levée sur laquelle elle est faite est mise en place, ou que le parti renonçant a joué une carte du tour suivant.

La renonce, tant qu'elle n'est pas consommée, peut être rectifiée; mais alors les adversaires ont le droit d'appeler la plus haute ou la plus basse carte de la couleur, ou d'exiger que, pendant toute la durée du coup, la carte vue restera étalée.

Le partenaire de celui qui renonce peut empêcher les adversaires de ramasser la levée, afin de demander à son partenaire de vérifier s'il ne fait pas une renonce.

La renonce doit être dénoncée par les adversaires avant que la levée soit faite et mise en place, sinon la vérification est suspendue jusqu'à la fin du coup.

On peut réclamer une renonce jusqu'à ce que les cartes aient été coupées pour la donne suivante.

Il y a trois manières d'infliger la punition de la perte de trois points encourue par la renonce.

1° Les adversaires prennent trois levées au parti renonçant;

2° Ou bien ils effacent trois points de la marque adverse;

3° Ou encore, pour gagner la partie double ou triple, ils ajoutent trois points aux leurs.

Si le parti fautif se trouvait, après avoir subi la punition infligée, avoir encore assez de points pour gagner la partie, il resterait au puits, c'est-à-dire à neuf points.

Le chelem, s'il se faisait ne compterait que pour le nombre de levées.

Des honneurs. — Les honneurs ne comptent pas lorsqu'ils sont annoncés tardivement, c'est-à-dire après la retourne du coup suivant.

Ils ne comptent plus lorsqu'on est dans le puits, en

d'autres termes lorsqu'on n'a plus qu'un point à faire pour gagner.

Quand un parti a huit points, un joueur de ce parti qui aurait trois honneurs en main peut les montrer avant de jouer, et la partie est gagnée.

De même, quand un parti a huit points, si l'un des partenaires possède deux honneurs, il peut *chanter* avant de jouer, et si son partenaire a l'un des autres honneurs, il répond en le montrant, et la partie est gagnée.

Dans tous les autres cas, les honneurs ne comptent qu'après les levées, pour le gain de la partie.

Les honneurs montrés ou annoncés seulement après la première levée faite, ou à un point autre que huit, ne comptent pas et sont étalés sur la demande des adversaires.

Quand un joueur appelle ou répond faussement, les adversaires ont le droit de demander une nouvelle donne.

Si un joueur ne répond pas au chant de son partenaire, bien qu'il ait un honneur ou davantage, le parti auquel il appartient ne peut faire le chelem.

Des cartes étalées. — Toute carte vue, soit qu'elle tombe, soit qu'elle se retourne pendant le jeu, doit être étalée sur le tapis.

Lorsqu'une carte est étalée, les adversaires ont le droit de la faire jouer, ou de la refuser en exigeant une carte plus haute ou plus basse de la couleur. Mais comme ils ne peuvent exiger la renonce, il s'ensuit que la carte étalée peut être commandée plusieurs fois conditionnellement : elle n'est libérée que lorsqu'elle a satisfait à l'une des commandes.

Une carte étalée ne pouvant être jouée par surprise, le joueur fautif, quand c'est à lui d'entamer le coup, doit prévenir que son intention est de la jouer et de provoquer la commande. Quand il n'est pas le premier à jouer, les adversaires doivent, à chaque levée, commander la carte étalée avant que le joueur placé à la droite du joueur fautif ait jeté la sienne; sinon, celui-ci fournira à sa volonté.

Si le joueur ayant une carte étalée ne se conforme pas à ce qui précède ou s'il joue une autre carte avant la commande, la nouvelle carte jetée par lui sera également étalée.

Le joueur ayant une carte étalée, s'il renonce à une couleur, peut être forcé de jouer cette carte, et, si c'est un atout, on peut le faire couper d'une plus haute ou d'une plus basse.

De la galerie. — 1° Dans toutes les discussions de fait, la galerie intervient comme jury.

2° Dans le cas de réclamation des intéressés, la galerie constate le fait à la majorité pour que la loi soit appliquée, s'il y a lieu.

3° S'il se présente quelque difficulté qui ne soit pas résolue par les règles, la galerie la constatera, les intéressés restant libres de se choisir des juges.

4° S'il était marqué des points qui n'auraient pas été acquis, le devoir de la galerie est de le dire et de faire rectifier.

5° Pendant la durée du coup, il est interdit à la galerie de prévenir les fautes, de relever les oublis, enfin de rien faire ou dire qui puisse favoriser les joueurs.

6° Des questions relatives au jeu sont interdites à la galerie.

7° Une personne de la galerie n'a pas le droit de tourner autour des joueurs, ni de se pencher pour voir deux jeux.

8° Dans le cas d'infraction à ce qui précède, les joueurs lésés sont en droit de prendre à partie la personne fautive et de mettre le préjudice à sa charge.

MAXIMES A L'USAGE DES JOUEURS DE WHIST.

Il y a certains principes que tout joueur de whist ne doit jamais oublier. Nous les reproduisons ici, non pas parce qu'ils peuvent servir d'enseignement à ceux qui débutent, car le whist ne peut s'apprendre que par une longue pratique, mais parce qu'ils gravent dans la mémoire les notions indispensables. Un de ces poètereaux qui mettent leur muse aux gages des fabricants de mirlitons les a mis en vers; nous leur laissons cette forme macaronique, car la rime est un excellent moyen pour fixer les souvenirs.

I

Sur votre jeu rangé, compté, faites d'avance,
D'après sa force, un plan d'attaque et de défense.

II

Montrez au partenaire en quoi vous êtes fort,
Et mariez vos jeux d'un mutuel accord.

III

Dans sa longue couleur par l'invite on commence,
Ou mieux par quelque carte offrant une séquence...

IV

D'entamer les couleurs sachez vous abstenir,
Souvent le gain du Trick dépend d'un voir venir.

V

Qui joue un Singleton est traité de mazette.
Evitez en l'abus; mais bravez l'épithète.

VI

Comptez chaque couleur, rappelez-vous surtout
Et le nombre restant, et le Maître en atout.

VII

Faites, avec prudence, usage de l'Impasse,
Assurez-vous du Trick, qui fuit si la main passe.

VIII

L'usage seul apprend à couper à propos;
Mieux vaut laisser la main que de couper à faux.

IX

Observez de chacun l'Invite et la Réponse,
Et la carte qu'on jette ayant une Renonce.

X

Savoir jouer atout assure des succès :
On pèche par défaut plutôt que par excès.

XI

Ménagez votre jeu; rendez par des finesses,
Pour les dernières mains, plusieurs cartes maîtresses.

XII

Un habile joueur sait varier son jeu;
Aux maximes il tient, mais ni trop, ni trop peu.

On peut appliquer ces maximes à toutes les espèces de whist.

Les conseils suivants ne seront peut-être point inutiles à ceux qui débutent :

Celui qui est le premier à jouer exerce souvent une influence décisive sur le sort d'une partie, car l'attaque a une importance considérable, et l'attaque varie selon le jeu du mort.

Il fait une invite en jetant une basse carte de sa couleur longue, ou la plus haute d'une séquence élevée, ou la plus haute d'une couleur numériquement faible.

Il évitera de changer de couleur.

Quand il devra jouer le premier une seconde fois, et qu'il sera obligé de changer de couleur, il jettera la plus basse des quatre ou la plus haute des trois de la même couleur.

Celui qui joue le second au premier tour, jettera le plus souvent sa plus basse carte de la couleur demandée; il pourra aussi forcer avec la plus basse d'une séquence.

Si celui qui joue le second au premier tour n'a pas envie de faire la levée, il doit toujours jeter sa plus basse carte.

Les commençants s'imaginent presque toujours qu'il est insignifiant de jouer une carte ou une autre, quand ils n'ont que des petites cartes ou des cartes en séquence. Il leur reste à apprendre que toute carte a sa signification pour le partenaire et qu'au début d'un coup l'essentiel est de lui faire pressentir ce que l'on peut avoir en main.

Celui qui joue le troisième jettera sa plus forte carte de la couleur demandée. Il doit présumer que son partenaire a joué une petite carte de sa longue couleur; mais il prendra avec la plus petite de ses cartes maîtresses en cette couleur.

Celui qui est le quatrième à jouer a un rôle purement passif. Il doit seulement essayer de surmonter les trois cartes qui sont sur le tapis et de faire la levée, à moins cependant que son partenaire ne soit maître, cas auquel il abattra la plus faible de la couleur ou d'une autre carte, s'il peut le faire sans renoncer.

Mais il est bien évident qu'il est impossible de donner aucune règle précise, car les circonstances varient à l'infini et c'est le cas de redire, encore une fois, qu'on ne devient joueur de whist que par la pratique du jeu.

WHIST EN CINQ POINTS OU PETIT WHIST

Les règles exposées ci-dessus sont celles du whist primitif, ou plutôt du whist classique; elles doivent être connues de quiconque veut jouer au whist ; mais il a été apporté à ce jeu des modifications qui le rendent plus rapide.

Le nouveau whist, ou petit whist, ou short-whist se joue en cinq points. Ces cinq points constituent la partie.

On ne *chante* pas à quatre points, et les honneurs ne comptent pas.

Un seul point marqué sauve la partie triple ; trois points sauvent la partie double.

Il est inutile d'entrer dans d'autres détails, toutes les règles principales du long whist étant applicables au short-whist.

WHIST A TROIS OU AVEC UN MORT

Si le petit whist ou short-whist a remplacé le long whist, le *Dumby* ou whist avec un *mort*, en adoptant les modifications apportées au long whist, est devenu à son tour le jeu préféré des amateurs. C'est sans contredit le jeu agréable et rapide par excellence.

Il est exactement le même que le long whist, sauf qu'il n'y a que trois joueurs au lieu de quatre. Le quatrième joueur est le mort. Son jeu se met sur la table et reste découvert.

Le mort à un partenaire chargé de jouer son jeu, de couper, de donner les cartes, de payer ou de recevoir pour lui. Ce mandataire met les cartes de son mandant sur la table, et les deux autres joueurs peuvent contrôler ce jeu ainsi étalé.

Chacun ayant le droit de contrôler le jeu du mort, il s'ensuit qu'il ne peut renoncer à faux, car l'erreur qu'il ferait serait imputable aux trois autres joueurs.

La donne se tire au whist à trois comme au long whist ;

celui qui a la plus basse carte a non seulement l'avantage de donner le premier, mais encore celui d'être le partenaire du mort; il a, en outre le droit de choisir les cartes et les places.

Le partenaire du mort, s'il vient à perdre, paye pour deux; s'il vient à gagner, il reçoit de ses deux adversaires.

Le partenaire du mort s'appelle *défendeur*, ses adversaires sont dits les *assaillants*.

Les assaillants joue le *flanc*.

Celui qui est à la droite du mort, joue le flanc droit qui est le plus difficile. Il attaque dans la force du mort, et surtout dans ses fourchettes pour le faire surmonter par son partenaire du flanc gauche.

Celui qui joue le flanc gauche joue dans la faiblesse du mort et se garde bien surtout de jouer dans ses fourchettes, car la fourchette est essentiellement un jeu d'attente, et il ferait en y jouant l'affaire du mort.

Il a été dit que la plus basse carte, en tirant le sort, indiquait le partenaire du mort et la donne. Ce partenaire a le droit de faire *pour lui* ou *pour le mort*. Le second à diriger le jeu du mort est celui qui a amené la carte moyenne, enfin le dernier à le diriger est celui qui a amené la plus forte carte.

Au dumby, il peut y avoir des *rentrants*, leur rang est déterminé par l'ordre des cartes, les plus basses cartes étant les premières.

Au dumby, le robre est de trois tours obligatoires; on est tenu de les faire par la raison fort simple que chacun doit avoir à son tour l'avantage de jouer deux jeux.

La robre fini, le joueur qui a joué le jeu du mort, cède sa place à celui qui a eu la carte la plus basse après la sienne.

Ce qui a été dit à propos du petit whist est applicable au whist avec un mort ou *Dumby*.

WHIST PRUSSIEN

Le whist prussien se joue absolument de la même manière que le whist anglais, à cette seule différence que le donneur ne retourne pas, et que la couleur de l'atout est déterminée par une carte tirée au hasard dans un jeu avec lequel on ne fera pas la donne ; de telle sorte que le donneur n'est pas assuré d'avoir au moins un atout, comme dans le whist ordinaire, et que toutes les cartes sont inconnues.

WHIST A LA FAVORITE

Une intéressante modification apportée dans les conventions d'une partie de whist est celle qui consiste à désigner une couleur au hasard, et, chaque fois que cette couleur est atout, tout se paye double dans le courant de la partie ou du robre.

D'autres fois encore, on convient que si le carreau est atout, la fiche vaudra tant ; que si c'est le cœur, elle vaudra tant ; et de même pour le pique et le trèfle.

Cette convention de la favorite est d'autant plus intéressante que les joueurs superstitieux — et lesquels ne le sont pas? — ne laissent jamais échapper l'occasion de remarquer que la couleur qui leur porte guigne est toujours celle qui sort le plus souvent, et que, par surcroît de déveine, il faut la payer double ou triple. Après les péripéties du jeu, ce qu'il y a de plus intéressant dans une partie, ce sont les petites manies de chaque joueur.

LE HUMBUG OU TROMPEUR

Le humbug est un whist à deux personnes; les deux joueurs se placent vis-à-vis l'un de l'autre; les cartes sont distribuées en quatre paquets de treize cartes chacun. Avant de jouer, chaque adversaire examine son jeu; s'il en est content, il le conserve, si non il a le droit de l'échanger avec le jeu qui se trouve à sa droite; mais cet échange est définitif, et celui qui l'a fait n'a même plus le droit de regarder le jeu qu'il a quitté. Le joueur qui a donné perd la retourne s'il change de jeu.

Quatre honneurs comptent quatre points; trois honneurs comptent trois points; deux honneurs comptent deux points, si l'adversaire n'en a qu'un ou n'en a point; mais s'il en a deux, ils s'annulent et ne comptent ni dans un jeu, ni dans l'autre.

Quand un joueur se contente de son jeu, il n'a pas le droit de voir le jeu de droite.

Il suffit d'avoir donné cet aperçu du humbug, car il est peu joué. D'ailleurs ses règles et la manière de le jouer ne diffèrent en rien de ce qui a été dit relativement au whist ordinaire.

Il est très difficile de bien jouer le humbug.

LE WHIST A DEUX MORTS

Le whist à deux morts se joue comme le Dumby. Chaque joueur connaissant trois jeux, celui de chaque mort et le sien, il n'y a pas à chercher longtemps ce que l'adversaire peut avoir en main; aussi est-il inutile de s'attarder à de longues explications.

Les débutants feront un travail d'entraînement très utile en jouant le whist à deux morts.

WHIST DE GAND

Ce qui vient d'être dit relativement à la simplicité du whist à deux morts est loin de s'appliquer au whist de Gand, sorte de métis issu du whist ordinaire et du boston. Ce jeu est fertile en surprises et se prête à une foule d'ingénieuses combinaisons, aussi convient-il de lui sacrifier quelques pages.

Le whist de Gand se joue à quatre; on se sert de deux jeux de 52 cartes que l'on change alternativement.

Les places sont déterminées par le sort, de la manière suivante : On tire d'un jeu quatre cartes que l'on dispose à découvert sur les quatre côtés de la table, aux places que doivent occuper les joueurs. On prend ensuite, dans le second jeu, quatre cartes semblables aux premières; on les bat et on les offre couvertes aux personnes qui doivent composer la partie; chacune en tire une et va s'asseoir, pour toute la partie, à la place indiquée par la carte correspondante mise sur le tapis.

La donne appartient à celui qui a tiré la carte la plus basse.

A côté de chaque joueur, on place un panier contenant des fiches de différentes formes et dont la valeur conventionnelle est déterminée au commencement de la partie.

Au milieu de la table, doit se placer un autre panier destiné à contenir les mises.

Celui qui donne prend le panier déposé au milieu de la table, lequel est généralement de forme ou de dimensions autres que les quatre paniers des joueurs, et le place à sa gauche après y avoir déposé une ou deux fiches; chaque joueur dépose ce même nombre de fiches; mais le donneur doit veiller avec un très grand soin à ce que les mises soient faites régulièrement, car il est responsable vis-à-vis des autres joueurs du contenu du panier.

Les cartes sont distribuées de droite à gauche, les quatre premiers tours de donne se composent de trois cartes chacun, après quoi il ne reste plus que quatre cartes dans la main de celui qui donne, il en distribue alors une à chacun.

La cinquante-deuxième carte est retournée, elle détermine la couleur de l'atout.

La retourne doit rester, à découvert, sur le tapis jusqu'à ce qu'il ait été joué une carte du second tour; le donneur la place ensuite dans son jeu.

Lorsque la donne est terminée et que chacun a examiné son jeu, le premier en main a la parole, et prononce une des trois phrases consacrées :

JE PROPOSE, SOLO, OU JE PASSE.

S'il abat une carte sans rien dire, il est censé entreprendre le solo.

Proposer, c'est demander un partenaire, à l'aide duquel on peut faire au moins huit levées.

Le *solo* consiste dans la détermination déclarée par un joueur de jouer contre les trois autres, quand il pense avoir un jeu suffisant pour faire cinq levées au moins sans le secours d'un partenaire.

Passer c'est renoncer à la proposition et au solo.

Quand le premier a parlé, le second prend la parole à son tour. Il peut, lui aussi, passer. Mais si son jeu lui paraît suffisant, il dit : *Je soutiens*, ce qui signifie qu'il accepte de devenir le partenaire du *proposant*. Il pourra également dire : *Je propose* si le premier a passé; ou encore *solo*, si son jeu le lui permet, pourvu que le précédent n'ait pas déjà demandé le solo, car il est défendu d'enchérir sur le solo. Les troisième et quatrième joueurs parlent à leur tour et les choses se passent à leur égard comme à l'égard des deux premiers.

Le solo l'emporte sur la proposition; on ne peut enchérir sur lui en proposant de faire plus de cinq levées ou plus de huit levées avec un partenaire.

La proposition et l'acceptation qui peut en être faite ne produisent effet que lorsque tous les joueurs ont parlé, car le solo d'un joueur subséquent annule la proposition d'un joueur qui aurait parlé avant lui.

Un joueur qui a fait une proposition non acceptée peut la convertir en solo, si personne ne l'a demandé.

Le joueur qui a passé ne perd pas pour cela le droit d'accepter une proposition quand son tour revient.

Lorsque tous les joueurs passent et qu'il n'est point demandé de solo ou si une proposition reste sans réponse et sans être convertie en solo, la main passe; on refait et chaque joueur met une fiche dans le panier des enjeux.

La demande en atout l'emporte sur une demande en toute autre couleur.

Cinq levées constituant le solo, celui qui l'a annoncé et qui fait au moins cinq levées à gagné, quel que soit le nombre de levées faites par les adversaires, même quand l'un d'eux aurait fait à lui seul les huit autres levées. Toutes les fiches du panier aux enjeux lui appartiennent, et, de plus, chaque adversaire lui donne une fiche pour le solo et une fiche en sus par chaque levée qu'il a faite en outre des cinq levées réglementaires. S'il fait chelem, chacun des perdants doit lui remettre 36 fiches.

Si le solo ne réussit pas, celui qui le demande met au panier autant de fiches qu'il y en a déjà; c'est ce qu'on appelle *la bête*. Il paye, en outre, à chacun des trois autres joueurs, une fiche pour le solo perdu, plus une fiche pour chaque levées qu'il a faite en moins du devoir.

Quand la demande à deux réussit, c'est-à-dire quand les deux associés ont fait les huit levées de rigueur, ils reçoivent chacun 3 fiches de leurs adversaires, plus autant de fiches qu'il a été fait de levées au-delà de huit. S'ils font chelem, ils reçoivent chacun 16 fiches.

Si l'association vient à succomber, chaque associé commence par payer la bête à la corbeille, en y mettant un nombre de fiches égal à celui qui s'y trouve déjà, et, de plus, chacun des perdants paye à l'un des adversaires une fiche pour la partie et une fiche pour chaque levée non faite.

Les joueurs mettant chacun une fiche à la corbeille à chaque tour de carte, cette mise, jointe aux bêtes précédentes, peut produire une accumulation considérable; on y obvie en ne mettant les bêtes au panier qu'à mesure que la précédente a été gagnée, et en inscrivant sur un papier les autres bêtes perdues et non payées.

La durée d'une partie n'étant pas toujours déterminée d'avance, on joue à *l'heure*, c'est-à-dire aussi longtemps que cela fait plaisir aux joueurs. Quand l'un d'entre eux désire se retirer, il annonce que le solo suivant sera le dernier.

Dans le cas où l'un des joueurs désire se retirer avant que toutes les bêtes encore dues aient été liquidées, on les partage ou on les joue toutes d'un seul coup.

Les règles du whist de Gand diffèrent sensiblement de celles du whist ordinaire.

1° Le premier en cartes ne devant pas perdre ses avantages par la faute du donneur, il s'ensuit que, dans aucun cas, la main ne passe.

2° Celui qui joue avec des cartes en plus ou en moins, paye la moitié de ce que contiendra le panier après le coup.

3° Le joueur de solo qui renonce indûment, paye une amende au contenu du panier; il perd en outre trois levées sur celles qu'il a faites; enfin il ne peut gagner le coup.

4° La renonce à faux du partenaire d'une association entraîne une peine solidaire entre les deux associés; elle donne lieu à la perte de trois levées et elle empêche de gagner.

5° Le joueur peut *demander* le *Tableau*, mais s'il le *fait* de sa propre autorité,il paye une amende de quatre fiches.

6° Quoiqu'une proposition ait été acceptée par l'un des joueurs, le proposant ne doit pas jouer sa première carte avant que les deux autres joueurs aient parlé, sinon cette carte serait baissée sur le tapis ou retirée à la volonté des adversaires.

Le Boston.

Le boston, importé d'Amérique après la guerre de l'Indépendance, a joui longtemps en France d'une vogue sans pareille. Il y avait à Paris, rue du Coq-Saint-Honoré, une sorte de cercle ou plutôt de cénacle où se réunissaient les amateurs de la génération qui finit de s'éteindre; parmi les plus fervents, on y remarquait: Eugène Pelletan, dont le poil hirsute et la tenue débraillée ne présageaient guère le futur sénateur; Alphonse Toussenel, le spirituel auteur de l'*Esprit des bêtes*; Théodore Buret, l'historien; Français, l'illustre paysagiste, et tant d'autres.

Qui dira pourquoi le boston a été détrôné par le whist?

Bien plus animé que son silencieux et sévère rival d'Outre-Manche, il présente une variété de coups les plus piquants. Une partie de boston, bien conduite par quatre beaux joueurs, est aussi intéressante pour les amateurs de sport intellectuel que peut l'être un match entre deux illustres vélocipédistes pour les dilettanti du Vélodrome.

Il y a deux sortes de boston : l'ancien, ou *boston proprement dit*, ou encore *boston de Nantes*, et le nouveau, plus répandu, lequel porte le nom de *Boston de Fontainebleau*. On trouvera ci-après les règles de l'un et de l'autre. Puisse leur exposé nous faire revenir un jeu si intéressant et si fertile en surprises.

Dans certaines localités, les règles de ces deux jeux se sont entremêlées ; les éléments de l'un et de l'autre ont servi, dans des proportions diverses, à former des jeux composites ; de sorte que pour jouer le boston il faut d'abord être au courant des usages locaux.

Ce qui suit pourra néanmoins servir de guide, sauf les conventions et les usages particuliers.

DU BOSTON PROPREMENT DIT

Le boston se joue à quatre. Chacun des joueurs prend devant lui une corbeille contenant 120 fiches. A la fin du jeu, chaque joueur doit avoir son panier complet, ou racheter aux autres ce qui lui manque. Les fiches valent la somme déterminée à l'avance par les joueurs.

Il est d'usage de prendre des fiches de diverses couleurs, de manière à avoir le panier *blanc*, le *vert*, le *rouge* et le *bleu*.

Il y a, en outre, une corbeille commune, dite *corbillon*, destinée à recevoir les enjeux. On verra ci-après qu'elle ne reste point stationnaire en un point quelconque de la table à jeu.

A ce jeu, il y a une carte qui est toujours atout, quelle que soit la couleur de la retourne. Elle l'emporte sur l'as, le roi, etc., de la couleur retournée; cette carte, c'est le BOSTON, ou valet de carreau.

Le boston se joue avec un jeu entier de 52 cartes. Il y a treize atouts, plus le boston qui fait le quatorzième.

Lorsque la retourne est à carreau, le valet de cette couleur rentre dans le rang, c'est-à-dire qu'il reprend sa place ordinaire de simple valet d'atout, et alors il est remplacé dans ses fonctions d'atout souverain par le valet de cœur qui, pour cette fois, devient le boston.

On place à la droite du joueur qui distribue les cartes le corbillon destiné à recevoir la mise du donneur, celles des autres joueurs, ainsi que les *mouches* ou *bêtes,* lorsqu'il y en a.

La partie se compose de dix tours, huit simples et deux doubles.

Quand les dix tours sont achevés, les quatre joueurs peuvent, d'un consentement unanime, se partager le produit de la corbeille; mais si l'un d'eux se refusait au partage, le jeu devrait continuer jusqu'à ce que le joueur refusant n'ait plus rien a prétendre à la masse.

Après la partie, un seul joueur peut demander à cumuler ce qui appartient à la corbeille et ce qui lui est dû, c'est-à-dire à procéder d'un seul coup à une liquidation générale.

Les places se tirent au sort, et il est défendu d'en changer tant que dure la partie.

La donne se tire d'une façon toute différente qu'aux autres jeux. Voici comment l'on procède : un des joueurs prend les 52 cartes, il en donne treize à chacun; celui qui a le boston, ou valet de carreau, donne le premier.

DE LA DISTRIBUTION DES CARTES. — Le donneur, désigné par le sort de la manière qu'il vient d'être dit, place la corbeille vide, près de lui et à sa droite; il y met *dix* fiches, si le tour est simple, et *vingt*, si le tour est double. Il est bien entendu que cette mise est de pure convention et qu'elle peut être augmentée d'un commun accord entre les joueurs avant la première coupe des cartes.

Le donneur fait couper par le joueur placé à sa gauche, et commence la distribution des cartes par la droite. La distribution peut être faite une à une ou plusieurs à la fois; trois trois ou quatre quatre; la dernière est alors distribuée seule.

Chaque joueur reçoit treize cartes, la dernière est la retourne; elle appartient à celui qui a fait la donne.

La retourne, qui indique l'atout, doit rester sur le tapis jusqu'à ce que le premier joueur ait jeté sa carte.

Cartes vues, cartes rebattues. Telle est la règle inexorable. Si une carte a été vue, sans qu'il y ait faute de la part du donneur, il recommence à donner; dans le cas contraire c'est-à-dire s'il y a faute du donneur, la donne passe au joueur suivant.

VALEUR DES CARTES. — Elle est la même qu'au whist, exception faite pour ce qui a été dit du boston.

DES COULEURS. — Il y a au boston deux couleurs : la *belle* et la *petite*.

La belle est désignée par la couleur de la carte retournée à la première donne, et elle reste belle pendant toute la partie. Pendant les donnes suivantes, c'est la couleur qui retourne qui reste la petite. Cependant si le hasard veut qu'à l'une quelconque des donnes, la retourne soit en belle, elle reste belle et l'on joue en belle.

Il faut bien se pénétrer de ces détails, la couleur étant très importante au boston, car on ne joue qu'à deux couleurs. Pour jouer dans les quatre couleurs, il faut absolument jouer le *solo* ou *l'indépendance*, dont il sera parlé ci-après.

La corbeille placée à la droite du donneur, comme cela a déjà été dit, indique à qui revient le tour de distribuer les cartes.

Le donneur doit surveiller très attentivement les mises faites dans la corbeille, car il est responsable de ce qu'elle doit contenir.

Si les joueurs qui ont gagné la corbeille n'enlèvent pas son contenu à temps, c'est-à-dire avant que les cartes soient coupées, tout ce qui s'y trouve reste pour les joueurs qui gagneront ultérieurement.

Dès que la corbeille est en place et que les cartes sont coupées, nul ne peut réclamer aucun payement.

De la parole et des sociétés. — Les cartes étant distribuées, celui qui se trouve à la droite du donneur est le premier en cartes, c'est à lui que revient le droit de parler le premier. Il peut demander à jouer dans une couleur par lui désignée. Alors il dépose une carte retournée sur la table, mais il ne peut ni la nommer, ni la montrer, ou bien il passe.

Celui qui a dit : « Je passe, » ne peut plus revenir sur sa parole et ne peut plus demander, mais une fois qu'il a dit : « Je demande, » il est forcé de jouer.

Celui qui est forcé de jouer doit déclarer s'il joue en belle ou en petite, et ne peut jouer que dans la couleur par lui déclarée.

S'il arrive que les quatre joueurs passent les uns après les autres, la corbeille passe telle qu'elle est au joueur qui suit le donneur, qui, alors, distribue des cartes nouvelles.

Si le premier en cartes demande, le second a le droit de passer ou d'accepter. Le second joueur acceptant, voilà la première *société volontaire* qui s'établit entre les deux premiers joueurs, lesquels espèrent gagner la corbeille ou le coup; de telle sorte que les deux autres joueurs forment une seconde *société* pour défendre le coup et la corbeille.

Mais si le second joueur passe, la parole revient au troisième qui, s'il accepte, fait société avec le premier contre les deux autres. Si ce troisième joueur passe à son tour, il laisse le même droit au quatrième.

S'il arrive que, les trois premiers joueurs passant, le quatrième demande, la parole revient nécessairement au premier; mais il ne peut qu'*accepter* seulement. Si ce premier passe encore, la parole revient successivement aux autres pour *accepter* aussi successivement.

Dans le cas où la quatrième personne ne trouverait aucun joueur pour accepter sa demande, elle est tenue de jouer seule contre tous les autres joueurs réunis pour la faire perdre; mais alors elle n'est tenue qu'à cinq levées.

On ne doit jamais désigner, par paroles ni par signes, les couleurs qu'on désirerait que son associé jouât, sans quoi les autres joueurs auraient le droit d'abandonner la partie.

La fausse annonce n'entraîne aucune peine; ainsi, par exemple, si un joueur dit carreau et jette un pique sur la table, le pique y reste et l'on continue.

Le coup se jouant à deux, les fautes, les profits et les pertes sont communes aux deux joueurs; sauf, néanmoins, les exceptions qui seront indiquées ci-après aux paragraphes qui traitent des levées et des renonces.

De l'ordre des demandes. — La demande d'un joueur peut être mise à néant par la demande plus élevée d'un autre. Ainsi, un joueur ayant demandé en petite, si un autre demande en belle, la demande en petite est annulée. En règle générale, toute demande est annulée par une demande supérieure.

Voici l'ordre des demandes, de l'inférieure à la supérieure :

1° La demande simple en petite;
2° La demande simple en belle;
3° La demande de solo en petite indépendance;
4° La demande en grande indépendance;
5° La demande de neuf levées dans la couleur qu'on désignera;
6° La demande de faire neuf levées en petite;
7° La demande de faire neuf levées en belle;
8° La demande de misère avec ces variétés.

De la préférence. — Quand deux demandes de valeur égale sont faites, la préférence est donnée à la couleur dans l'ordre suivant: cœur, carreau, trèfle, pique.

Des honneurs. — Les quatre honneurs sont: l'as, le roi, la dame et le valet. Il faut qu'il y en ait au moins trois dans un camp ou dans une main. Lorsque les honneurs sont partagés, ils ne comptent pas.

Des levées. — Celui qui fait la demande simple prend l'engagement de faire cinq levées, au moins à lui tout seul, ou huit levées avec un partenaire. Si un autre joueur se croit assuré de faire, à lui seul, six levées, il demande en petite indépendance; et cette demande est, elle-même, annulée par une demande supérieure. Celui qui fait la demande en petite indépendance doit faire six levées seul. En grande indépendance, il faut faire huit levées. Vient ensuite l'indépendance à neuf levées, etc., comme ci-dessus.

Pour gagner la corbeille, il faut avoir fait au moins huit levées, dont cinq par celui qui demande et trois par celui qui accepte.

L'associé du demandeur profite de l'excédent de cinq levées qui ont été faites par le dit demandeur, ainsi que de l'excédent des trois qu'il doit faire.

Le joueur qui n'a pas son compte de levées quand l'autre associé n'a que le sien, empêche bien son associé de gagner, mais il ne le fait pas perdre, il perd seul, et la corbeille reste; il la double; en d'autres termes *il fait la bête*; de plus, il paye à ses adversaires la *consolation* et le *coup*.

Le demandeur et l'accepteur ne doivent pas confondre leurs levées, car s'il est désagréable pour le premier de trouver un accepteur qui l'empêche de gagner, il ne doit pas être solidaire pour le payement. Il en est de même pour la demande, si elle a été mauvaise et l'acceptation bonne. Mais il n'y a pas d'inconvénient pour les défendeurs de confondre leurs levées, puisqu'elles leur sont communes.

Si, après le résultat connu, les deux partenaires n'ont pas fait leur devoir, ils payeront de moitié la corbeille, la consolation et le coup.

Dans le cas où le demandeur et l'accepteur n'ont fait à eux deux que leur devoir, ils partageront la corbeille, mais ils ne pourront recevoir des deux autres joueurs qu'une simple consolation; s'ils ont fait plus que leur devoir, ils recevront, en outre, pour chaque levée excédante, ce qui est réglé ci-après au chapitre des payements.

Il a été dit que le joueur qui demandait et qui n'était accepté de personne, jouait seul et n'était tenu qu'à faire cinq levées contre les trois autres joueurs; s'il atteint ce but, il prend seul la corbeille pour ses cinq levées, et reçoit son payement des autres joueurs.

Cartes jouées. — Les cartes une fois jouées, on ne peut les relever sous aucun prétexte; néanmoins, on peut demander à voir la dernière levée, si la suivante est encore sur le tapis.

Du chelem ou vole. — Le chelem a lieu quand les deux associés font toutes les levées; alors, les joueurs gagnants prennent la corbeille, se la partagent; et, si l'on a joué en belle et dans un tour simple, ils reçoivent de leurs adversaires 96 fiches payables par moitié, qu'ils partagent encore également. Si c'est en petite couleur que l'on joue, le payement n'est que de moitié du nombre ci-dessus.

Le chelem se fait encore quand l'un des joueurs, ayant très beau jeu, demande une société au lieu de jouer l'indépendance ; s'il n'est accepté de personne, il joue cette indépendance ; dans ce cas, s'il fait toutes les levées, il peut prendre la corbeille. Mais, comme ce n'est pas de sa volonté qu'il a joué l'indépendance, il recevra seulement des trois joueurs 48 fiches, si le coup a été joué en belle, tour simple ; il n'en recevra que 24, si c'est en petite, tour simple. Le tour double serait payé double.

On verra ci-après, au chapitre des payements, ce que le joueur qui, volontairement, joue l'indépendance ou le solo, reçoit des autres joueurs quand il fait le chelem.

Du solo ou indépendance. — Ce coup se joue seul, mais celui qui le demande est tenu de faire au moins huit levées.

On peut demander de jouer l'indépendance en toutes couleurs. Celui qui propose le coup, soit en belle, soit en petite, obtient la préférence sauf le droit de chacun de relancer.

Lorsqu'un joueur qui aurait demandé à jouer en société en petite couleur de retourne, comme de carreau, par exemple, se trouve relancé par une demande en belle qui serait trèfle, ou bien en solo de couleur indifférente, il ne peut alors jouer seul que dans la retourne, le carreau; parce qu'il a lui-même désigné cette couleur, de même que, dans ce cas, la parole ne peut revenir au joueur qui a passé, que pour accepter dans une couleur demandée par un autre. Toutefois, comme on n'a pas passé en carreau, on peut retenir tacitement la parole pour jouer seul dans cette couleur.

De la misère. — Le coup de la misère est, en général, reçu dans les quatre couleurs, mais il est très peu joué dans deux : aussi une convention sur ce point est-elle nécessaire au début de la partie.

La convention faite, le joueur qui n'a que très peu de jeu dit : Misère ! Cela signifie qu'il ne peut faire de levée dans aucune couleur ; c'est ce qu'on appelle provoquer tout le monde, puisque, avec ce jeu, l'on joue l'indépendance, et qu'en outre, on vise au chelem.

Généralement, ce cri de *Misère* jette le trouble et sème l'inquiétude chez les trois autres joueurs, car toutes les demandes faites antérieurement sont nulles et non avenues, et il n'en peut être faite aucune qui puisse l'emporter sur la misère. On ne connaît plus d'atout, le boston n'est plus qu'un simple valet de carreau : aussi les trois joueurs se réunissent-ils contre le joueur en misère, pour essayer de le faire perdre par toutes sortes de moyens.

La demande de misère doit se faire par le joueur, lorsque vient son tour de parler ; car, ayant demandé à jouer en société ou en couleur, s'il a accepté ou passé, il n'a plus droit à la misère.

Si le joueur en misère gagne le coup, il ne reçoit rien et ne paye rien pour le boston, puisqu'il est réduit au rôle de simple valet. Il ne recevra donc des trois joueurs que le payement du chelem en petite couleur.

Petite misère. — Il y a des degrés dans la misère. Pour la petite misère, le demandeur prend une de ses cartes et la glisse sous le corbillon, sans la montrer ; chacun des autres joueurs se défait également d'une carte, qu'il met aussi sous le corbillon, sans la montrer ; ensuite il faut que le joueur fournisse de la couleur qui lui est demandée, tant qu'il en a dans son jeu ; l'habileté des adversaires consiste à le forcer à faire au moins une levée.

La grande indépendance l'emporte sur la petite misère

La *grande misère*, ou *misère sans écart*, se fait sans écart et l'emporte sur la grande indépendance; elle doit être faite dans la couleur où l'indépendance avait été demandée. Elle se joue absolument comme la petite misère; son gain assure un panier et un paiement; sa perte coûte la bête et un paiement.

La *misère des quatre as* l'emporte sur la précédente; le joueur qui la demande doit avoir quatre as dans son jeu. Il a le droit de renoncer aux cartes qui lui sont demandées pendant les dix premiers coups. Il profite donc de cette latitude pour se défaire de ses as et de ses plus fortes cartes; il doit fournir à la couleur demandée, et s'il fait une seule levée, il a perdu, il fait la bête, et donne un paiement à chaque joueur; s'il ne fait aucune levée, il gagne le panier et un paiement suivant le tarif.

La *misère sur table* se fait en étalant son jeu à la vue de tout le monde.

Faut-il répéter encore que tout joueur qui a fait une demande annulée par une demande supérieure conserve le droit d'enchérir en faisant une demande plus élevée quand revient son tour de parler. S'il ne renchérit pas, il peut *soutenir*.

Marche du jeu. — On ne doit voir sur le tapis que la carte de la retourne, afin que chaque joueur ait le temps de bien voir la couleur la plus avantageuse de son jeu.

Aucune autre carte ne doit être aperçue. Celui qui laisserait tomber une carte sur le tapis peut être forcé par les autres joueurs de jouer l'indépendance dans cette couleur.

Nul n'a le droit de jeter sa carte avant son tour.

Quand un joueur n'a pas de la couleur demandée, on ne peut le forcer à couper; il est libre de se défaire de certaines cartes, et de se ménager par là une coupe, etc.

Le joueur qui ayant de la couleur demandée, n'en fournit pas, peut être forcé d'en donner, sous peine de renonce, sans que l'associé participe pourtant à cette punition.

Une carte jouée ne peut jamais être reprise.

On ne doit pas donner deux cartes en jouant, sous peine de s'exposer à la peine infligée à la renonce.

Lorsqu'un joueur, espérant faire le reste des levées, étale sur la table les cartes qui lui restent en main, il est obligée de faire toutes les levées qui restent à faire; et, s'il manque d'une seule levée, il porte tort à lui-même et à son associé, car la totalité de leurs cartes appartient à leurs adversaires pour chacune une levée.

De la renonce.— Le joueur qui renonce est responsable de tout; et, lors même qu'il ferait avec son associé huit levées ou davantage, il ne gagnerait rien; il empêcherait le gain de ce dernier et payerait seul la bête, la corbeille restant.

Il est néanmoins nécessaire de distinguer si le joueur renonçant est en société volontaire ou en société forcée, pour bien déterminer la responsabilité de chacun.

Ce qui a été dit au commencement de ce paragraphe concerne le premier cas; voici maintenant les règles relatives au second :

Le renonçant répond de tout : s'il fait six levées avec son associé, ni l'un ni l'autre ne reçoivent rien des perdants; la corbeille reste, et le renonçant la double; s'il ne fait que cinq levées au moins, la corbeille se prend par les adversaires, le renonçant paye la bête à la corbeille par autant de fiches qu'elle en contenait.

Le renonçant paye ensuite la consolation, ainsi que le coup, tant pour lui que pour son partenaire. Et ce n'est point tout encore; s'il y a eu plusieurs renonces dans le coup, il doit payer à la corbeille autant de bêtes qu'il y a eu de renonces.

Si le coup est gagné en solo, celui qui a renoncé commence à payer la bête à la corbeille, puis le coup et la consolation pour ses associés et pour lui. Si le solo perd, celui qui a renoncé ne reçoit rien du perdant, la corbeille reste, et il est obligé de la doubler; ensuite, il doit payer à ses associés ce que le joueur en solo, qui a perdu, aurait dû leur donner.

Si c'est le joueur en solo qui a renoncé et qui gagne le coup, la corbeille reste, mais il ne reçoit rien des trois autres, et paye la bête à la corbeille.

Le joueur en solo qui renonce et perd le coup paye à la corbeille une bête pour avoir renoncé, et une autre bête pour avoir perdu le coup.

Celui qui en coupant renonce, garde la levée, pourvu qu'elle ne soit pas surcoupée, et il supporte seul la responsabilité de la faute quoique la main ne lui soit pas restée : il paye la bête aussi pour sa renonce.

Règlement des payements. — Les comptes au boston étant nombreux et assez compliqués, il est nécessaire que tout joueur qui n'a pas une grande pratique du jeu ait sous la main, un tarif des payements; d'abord afin d'éviter des retards, des embarras et surtout des discussions.

On trouvera donc ce tarif ci-après; mais il est nécessaire de le faire précéder de quelques observations générales.

Le joueur qui néglige de se faire payer ne peut plus rien demander quand un autre coup est commencé; et le coup est commencé dès que la corbeille est en place et que les cartes sont coupées.

Celui qui a le *boston* le représente à chaque coup, et reçoit de chaque joueur deux fiches en tour simple et quatre en tour double, lors même que ceux-ci auraient passé ou perdu en jouant. On doit toujours payer *l'honneur*.

Si l'on a coupé les cartes pour le coup suivant, on ne

peut plus rien demander, mais il faut que tout se soit passé très régulièrement : que les cartes aient été mêlées et que la corbeille ait été mise en place.

Les paiements sont variables selon les localités, voici le tableau de ceux qui sont le plus généralement adoptés.

Tableau des paiements.

CARTE DE PAYEMENT	PIQUE	TRÈFLE	CARREAU	CŒUR
Cinq levées ou huit levées à deux.	4	8	12	16
Trois honneurs	3	6	9	12
Quatre honneurs	4	8	12	16
Chaque levée en sus.	1	2	3	4
Six levées (Petite indépendance).	6	12	18	24
Trois honneurs.	4	8	12	16
Quatre honneurs	6	12	18	24
Chaque levée en sus.	2	4	6	8
Huit levées (Grande indépendance)	8	16	24	32
Trois honneurs	6	12	18	24
Quatre honneurs.	8	16	24	32
Chaque levée en sus.	4	8	12	16
Petite misère.	16	32	48	64
Grande misère.	32	64	96	128
Misère de quatre as	32	64	96	128
Misère sur table.	64	128	192	256
Chelem à deux.	50	100	150	200
Chelem seul.	100	200	300	400
Chelem sur table	200	400	600	800

Renseignements supplémentaires. — Le joueur qui a le boston reçoit de chacun des autres joueurs deux fiches, ce qui s'appelle *Paye d'honneur*.

Le demandeur qui n'est pas *soutenu* fait chelem quand il fait huit levées.

On ne peut relever les levées pour se rappeler ce qui s'est passé ; mais tout joueur peut voir la dernière levée tant que la suivante est encore sur le tapis.

La coupe n'est pas forcée ; aussi le joueur qui n'a pas de la couleur demandée peut jeter une fausse carte, bien qu'il ait de l'atout.

On est obligé de fournir de la couleur demandée quand on en a ; mais on n'est pas obligé de forcer.

DU BOSTON DE FONTAINEBLEAU

Le boston de Fontainebleau est celui qui se joue le plus souvent aujourd'hui. Il se distingue du boston proprement dit en ce que :

1° Il n'y a pas de carte dominante ou boston ;

2° Il n'y a pas de belle couleur ni d'atout proprement dit ;

3° On ne retourne pas de carte à la fin de chaque donne.

Les couleurs sont invariablement classées, comme suit, par ordre d'importance.

1re couleur. . . . . cœur.
2° — . . . . carreau.
3° — . . . . trèfle.
4° — . . . . pique.

D'où il suit que pendant tout le cours de la partie, c'est le cœur qui domine toutes les autres couleurs, tandis que le carreau domine le trèfle et le pique, et que le trèfle domine le pique.

A demande égale, la couleur supérieure l'emporte sur une demande inférieure.

Les payements sont en rapport avec l'importance de la couleur, soit pour le gain, soit pour la perte. On paye, en outre les honneurs, c'est-à-dire l'as et les figures de chaque couleur. Quatre honneurs se payent pour quatre; trois honneurs ne comptent que pour deux; deux honneurs ne comptent pas. On dit, en ce cas, que les honneurs sont égaux.

Voici l'ordre des demandes selon leur valeur respective:

1° *La demande simple* est annulée par l'indépendance à six levées.

2° L'indépendance à six levées cède le pas à une *petite misère* dans la couleur correspondante; mais une petite misère en carreau, en trèfle ou en pique ne pourrait annuler l'indépendance en cœur.

La petite misère se fait en écartant chacun une carte et en ne faisant pas de levées.

3° La petite misère est annulée par *l'indépendance à sept levées.*

4° *Le picolo* ou *picolissimo,* qui consiste à ne faire qu'une seule levée, sans écarter d'avance aucune carte, prime l'indépendance à sept levées.

5° *L'indépendance à huit levées* l'emporte sur le picolissimo.

6° L'indépendance à huit levées disparaît devant *la grande misère* ou *misère sans écart,* dans la couleur correspondante.

7° La grande misère est annulée par *l'indépendance à neuf levées.*

8° L'indépendance à neuf levées cède le pas devant *la misère des quatre as,* dans l'ordre de couleur correspondante.

La misère des quatre as se joue sans écart, avec le droit de renoncer à chaque couleur jusqu'à la dixième carte; après quoi, il faut fournir à la couleur et ne faire aucune levée.

9° *L'indépendance à dix levées* l'emporte sur la misère des quatre as.

10° *La petite misère sur table* l'emporte sur l'indépendance à dix levées, dans la couleur correspondante.

La petite misère sur table consiste à écarter une carte et abattre son jeu; les trois autres joueurs tiennent leur jeu caché, et on joue comme à l'ordinaire.

11° *L'indépendance à onze levées* l'emporte sur la petite misère.

12° *La grande misère sur table* l'emporte sur l'indépendance à onze levées.

La grande misère sur table se joue comme la petite misère sur table, sauf que l'on n'écarte pas;

13° *L'indépendance à douze levées* l'emporte sur la grande misère sur table.

14° L'indépendance à douze levées est annulée par le *boston* ou *chelem* qui se joue seul.

15° Enfin le *boston* ou *chelem* sur table prime le précédent.

Le tableau suivant indique le nombre de fiches nécessaires pour payer chaque coup.

TARIF DU BOSTON DE FONTAINEBLEAU

CARTE DE PAYEMENT	PIQUE	TRÈFLE	CARREAU	CŒUR
Cinq levées ou huit levées à deux	4	8	12	16
Trois honneurs	3	6	9	12
Quatre honneurs.	4	8	12	16
Chaque levée en sus	1	2	3	4
Chelem ou Boston à deux. . .	50	100	150	200
Six levées ou indépendance .	6	12	18	24
Trois honneurs	4	8	12	16
Quatre honneurs, ...	6	12	18	24
Chaque levée en sus	2	4	6	8
PETITE MISÈRE.	16	32	48	64
Sept levées	9	18	27	36
Trois honneurs	6	12	18	24
Quatre honneurs	6	18	27	36
Chaque levée en sus	3	6	9	12
PICCOLISSIMO.	24	48	72	96
Huit levées	12	24	36	48
Trois honneurs.	8	16	24	32
Quatre honneurs	12	24	36	48
Chaque levée en sus	4	8	12	16
GRANDE MISÈRE.	32	64	96	128
Neuf levées	15	30	45	60
Trois honneurs	10	20	30	40
Quatre honneurs	15	30	45	60
Chaque levée en sus	5	10	15	20
MISÈRE DES QUATRE AS.	40	80	120	160
Dix levées	18	36	54	72
Trois honneurs.	12	24	36	48
Quatre honneurs	18	36	54	72
Chaque levée en sus	6	12	18	24
PETITE MISÈRE SUR TABLE.	48	96	144	192
Onze levées.	21	42	63	84
Trois honneurs	14	28	42	56
Quatre honneurs	21	42	63	84
Chaque levée en sus	7	14	21	28
GRANDE MISÈRE SUR TABLE.	56	112	168	224
Douze levées	24	48	72	96
Trois honneurs	16	32	48	64
Quatre honneurs	24	48	72	96
Chaque levée en sus	8	16	24	32
BOSTON SEUL.	100	200	300	400
BOSTON SUR TABLE.	200	400	600	800

DU BOSTON RUSSE

Le boston russe est une modification du précédent.

1° L'ordre des couleurs est interverti de la manière suivante : carreau, cœur, trèfle et pique.

2° La couleur dans laquelle le jeu s'engage devient l'atout.

3° Il n'y a pas d'atout quand on joue une misère ou un picolo.

4° Celui qui a cartes blanches le déclare avant de jouer et reçoit dix fiches de chacun des autres joueurs.

5° Une proposition de six, sept et même de huit levées n'exclut pas l'association, à moins que le demandeur n'exprime l'intention de jouer en solo. Quand il y a une association pour une demande de six levées ou davantage, il faut que les associés fassent 10, 11, ou 12 levées, c'est-à-dire quatre de plus que la proposition.

6° Le tarif des payements se fait comme cela est indiqué au tableau suivant :

7° Les quatre honneurs se payent comme quatre levées ; trois honneurs comme deux levées.

CARTE DE PAYEMENT	PIQUE	TRÈFLE	CŒUR	CARREAU
Cinq levées seul	15	20	25	30
Chaque levée en sus	3	4	5	6
Huit levées à deux	24	32	40	48
Chaque levée en sus	3	4	5	6
Six levées seul	24	36	48	60
Chaque levée en sus	4	6	8	10
Dix levées à deux.	40	60	80	100
Chaque levée en sus	4	6	8	10
MISÈRE A L'ÉCART. . . . 80				
Sept levées seul.	49	63	77	91
Chaque levée en sus	7	9	11	13
Onze levées à deux.	77	79	121	143
Chaque levée en plus.	7	9	11	13
PICOLO. 120				
Huit levées seul.	72	96	120	144
Chaque levée en sus	9	12	15	18
Douze levées à deux	108	144	180	216
Chaque levée en sus	9	12	15	18
MISÈRE SANS ÉCART. . . 160				
Neuf levées seul	108	144	180	216
Chaque levée en sus	12	16	20	24
MISÈRE DES QUATRE AS . 240				
Dix levées seul.	200	240	280	320
Chaque levée en sus	20	24	28	32
MISÈRE A L'ÉCART SUR TABLE. 320				
Onze levées.	264	330	396	462
Chaque levée en sus	24	30	36	42
MISÈRE SANS ÉCART, SUR TABLE. 400				
Douze levées seul	160	480	600	720
Chaque levée en sus	30	40	50	60
Chelem annoncé.	900	1.200	1.500	1.800
Chelem non annoncé en sus du coup	150	200	250	300
Chelem à deux, en sus du coup.	75	100	125	150

La bête hombrée

AVEC CODILLE

L'hombre espagnol ne se joue plus guère en France; mais il a donné naissance à une quantité d'autres jeux qui lui ressemblent plus ou moins. Parmi ces jeux, l'un des plus intéressants est, sans contredit, la bête hombrée. Elle se joue encore en Franche-Comté, en Bourgogne et dans certaines provinces de l'Est. Le lien provincial subsiste presque toujours entre la plupart de ces émigrés à l'intérieur que l'on appelle des Parisiens; aussi un certain nombre d'entre eux, originaires du centre de la France : Nivernais, Charollais, gens du Morvan et autres lieux, se retrouvent encore parfois, surtout le dimanche, au nº 3 de la place Saint-Michel, pour y faire une partie de CODILLE.

Malheureusement ce diminutif de l'hombre s'est plus ou moins métaphormosé, de telle sorte que souvent ses règles varient considérablement, même dans deux localités voisines.

Quoi qu'il en soit, nous allons donner les règles de la *bête hombrée* avec *codille*, telle quelle se joue en Bourgogne; et ceux qui l'auront jouée quelquefois diront si elle le céde par l'ingéniosité de ses combinaisons à n'importe quel autre jeu de cartes.

Avant de commencer, chaque joueur prend une quantité de fiches déterminée : ordinairement vingt, c'est ce que l'on appelle *un panier*. Ces fiches représentent chacune une valeur convenue. On les paye d'avance, et l'argent est déposé sous le tapis, ou *sous le chandelier* comme on disait jadis.

La bête hombrée se joue à trois, bien qu'elle puisse se jouer à quatre; mais elle est surtout intéressante à trois, et c'est à trois seulement qu'elle peut se jouer dans toute sa pureté; aussi les règles et les explications suivantes s'appliquent surtout à la bête à trois.

On prend un jeu de piquet dont on retire les sept et les huit, à l'exception du seul huit de cœur.

Ce huit de cœur est atout partout; c'est-à-dire que s'il retourne de carreau, il viendra immédiatement après le neuf de carreau; s'il retourne pique, il viendra immédiatement après le neuf de pique; et ainsi pour trèfle et cœur.

Le huit de cœur est donc atout partout, et celui qui l'a dans son jeu avant la retourne est sûr d'avoir au moins une carte de la couleur qui tournera.

Le huit de cœur s'appelle *Bacon*.

De la valeur des cartes. — Voici la valeur des cartes en commençant par la plus forte : Roi, dame, valet, as, dix, neuf et *bacon*. Cette valeur est purement hiérarchique, comme à l'écarté, et l'on n'a jamais à compter de points à la bête hombrée.

De la donne. — Celui qui distribue les cartes commence par mettre une fiche au jeu. Il est bien entendu que la main a été tirée au sort, car non seulement le donneur est le seul qui fasse une mise, mais encore il est le dernier à parler; et, à demande égale, c'est toujours le joueur placé à droite de celui qui donne qui a la préférence.

Chaque joueur reçoit 5 cartes : *par deux* d'abord, et *par trois* ensuite. On ne retourne pas.

De la belle. — Il y a une couleur à ce jeu qui a le privilège de l'emporter sur les trois autres, à demande égale. Cette couleur est généralement cœur à moins de convention contraire; mais il est préférable de la changer lorsque certain hasard se présente, ainsi que cela sera expliqué ci-après à la rubrique : *Des Matadors*. La belle est désignée pendant tout le temps que dure la partie, par l'un des sept ou des huit que l'on a retirés du jeu. Ainsi, lorsque la belle est à carreau, le sept de carreau, placé bien à la vue de tous les joueurs, indique à chacun d'eux, et toujours, que la belle est en cette couleur. Si la belle est plus tard à trèfle, le sept de trèfle indiquera à tous la couleur de la belle.

Pour les premiers tours, la belle est désignée d'un commun accord, ou on la tire au sort.

MARCHE DU JEU. — Chacun des trois joueurs ayant reçu cinq cartes, celui qui est placé à la droite du donneur a la parole ; il peut dire : « Je passe. » Le second et le dernier peuvent en dire autant.

Le joueur suivant, du côté droit, mêle alors les cartes, les fait couper à gauche et les distribue comme la première fois. Mais il doit, avant tout, mettre une fiche au jeu, ce qui en fait deux. A chaque tour, le donneur met sa fiche ; de telle sorte que tant qu'il y a des passes, l'enjeu se grossit.

Mais voici que l'un des joueurs fait une demande. *Demander* c'est s'engager à faire trois levées en prenant des cartes au talon. Si personne ne surenchérit, c'est-à-dire ne formule une demande supérieure, le demandeur prend au talon, *en se servant lui-même*, le nombre de cartes qu'il veut, après en avoir écarté autant de son jeu, et après avoir annoncé aux autres joueurs quel est l'atout.

Le demandeur choisit l'atout à sa volonté, au moment où il demande ; puis il prend le nombre de cartes qu'il veut. Mais il doit déclarer à haute voix combien il en prend. Quand il s'est servi, il s'adresse au joueur placé à sa droite et lui dit : *Combien voulez-vous de cartes ?*

Ce joueur écarte ses mauvaises cartes et tente la chance d'en avoir de meilleures à la place. Ensuite le demandeur fait la même question au troisième joueur, et le prévient d'avance qu'il ne reste que tant de cartes au talon. Cet avertissement a pour but de lui faire comprendre qu'il n'a pas besoin de déclarer combien il a de mauvaises cartes.

Tout joueur qui *demande* est obligé d'écarter au moins une carte, mais les autres peuvent n'en point écarter, si cela leur convient et s'ils n'en ont point demandé.

Le demandeur, s'il fait les trois levées, qu'il s'est engagé à faire par le seul fait de sa demande, enlèvera toutes les fiches qui sont sur le tapis et qui y ont été déposées successivement par chaque donneur ; aussi les deux autres joueurs deviennent ses adversaires, et cherchent à le faire perdre, car, en ce cas, non seulement il n'enlèverait rien, mais encore il serait obligé de doubler la mise ou de la tripler selon que les choses se passeraient comme cela va être expliqué ci-après.

Celui qui demande ne joue le premier que s'il est placé immédiatement à droite de celui qui a distribué les cartes ; et c'est là une des complications intéressantes de ce jeu. Aussi la demande est-elle plus périlleuse lorsque l'on est en flanc que lorsque l'on est le premier ou le dernier à jouer.

De la codille. — Celui qui *demande* doit faire les trois levées réglementaires ; mais il peut en être empêché, soit par les deux autres joueurs, soit par un seul d'entre eux ; et l'on comprend de suite que ce dernier aura fait, sans avoir demandé les trois levées que le demandeur prétendait faire ; il ramasse l'enjeu. Dans ce cas il y a *codille*, et le coup pourra coûter cher au demandeur, comme cela sera expliqué au paragraphe relatif aux *bêtes* ou *mouches*.

Après la demande, simple, vient la *demande en belle*, c'est-à-dire dans la couleur favorite, qui est désignée au commencement du jeu, d'un commun accord; ou qui est tirée au sort. Celui qui demande en belle l'emporte sur le demandeur simple; s'il gagne, il ne gagnera pas davantage; mais il perdra plus, s'il ne réussit pas.

Après la demande en belle, vient la *jouerie* sans prendre de cartes. En demandant, soit en couleur ordinaire, soit en belle, vous avez contracté l'obligation de faire trois levées, mais après avoir pris tel nombre de cartes qu'il vous plaira et que vous indiquerez, si personne ne surenchérit sur vous. Mais moi; si je *joue* sans prendre de cartes je l'emporte sur vous.

Le troisième joueur, ou le premier (quand la parole lui reviendra) peut encore surenchérir sur moi, en proposant de faire quatre levées sans prendre de cartes. De plus, n'importe quel joueur pourra jouer la *vole;* et la préférence, s'il y a deux joueurs de vole, sera toujours pour celui qui est placé le plus près de la droite du donneur.

Quand on joue d'autorité et sans prendre de cartes, cela n'empêche pas les adversaires d'en prendre tant qu'il en reste et autant qu'ils veulent. Dans ce cas, celui qui *joue*, ne se servant pas, sert le joueur placé immédiatement à sa droite, puis l'autre après, s'il y a lieu.

C'est toujours celui qui demande ou qui joue d'autorité qui distribue les cartes après l'écart, et il est responsable des fautes qu'il pourrait commettre.

Après la jouerie sans prendre de cartes, vient la *jouerie en belle*; pour emporter cette jouerie, il faut jouer quatre levées en belle, et pour l'emporter encore, il faut jouer la vole en belle.

Il est donné ci-après un résumé de l'ordre des demandes et des surenchères.

De la tourne ou virole. — Pour essayer de rendre plus intelligibles les explications qui précèdent, nous n'avons pas mis ce paragraphe à sa place.

La première de toutes les propositions est la *tourne* ou *virole*. Vous avez la parole, personne n'a rien demandé avant vous, et vous avez un jeu ainsi composé (ce n'est qu'un exemple) : trois rois, le *bacon* et une carte quelconque. Vous dites : Je *tourne* ou je *virole*. Alors vous détachez la première carte qui se trouve au-dessus du talon, et vous la retournez. Cette carte déterminera la couleur de l'atout. Quand tout le monde l'aura vue, vous pourrez la mettre dans votre jeu.

Mais qu'est-il arrivé ? Si vous êtes tombé dans la couleur de l'un de vos rois, vous avez alors au moins trois atouts : le roi, le bacon et la carte retournée. En outre, vous avez le droit d'écarter encore votre ou vos cartes fausses, car le demandeur en virole a les mêmes droits que le demandeur ordinaire, c'est-à-dire d'écarter autant de cartes qu'il veut. Vous pouvez aussi garder vos deux autres rois, de telle sorte que vous aurez deux atouts dont l'un majeur, et deux rois qui sont encore des cartes majeures dans les couleurs autres que celle d'atout. Quand vous vous aurez écarté, — et cela n'aura lieu que si vous avez des cartes fausses, — vous servirez vos deux adversaires, toujours en commençant par la droite.

Mais si, au lieu d'avoir fait tourner une carte de la couleur de l'un de vos rois, vous êtes tombé dans la quatrième couleur, alors vous n'aurez que deux atouts : le bacon et la retourne. De plus vous pouvez ne rien prendre en allant à l'écart, et, par surcroît, donner beau jeu à un seul de vos adversaires, en ce cas, vous serez *codillé*, et le *codilleur* ramassera les enjeux.

Après la virole simple vient la *virole en belle*, c'est-à-dire que celui qui surenchérit ainsi sur le viroleur simple, prend l'engagement de *considerer comme belle* la couleur qu'il tournera, quelle qu'elle soit, et d'en supporter les conséquences en cas d'insuccès. Ces conséquences sont examinées au paragraphe qui traite des payements. Un autre joueur peut tourner, en prenant l'engagement de faire quatre levées ; il sera primé par celui qui s'engagera à faire quatre levées en belle ; tous les deux devront céder le pas devant celui qui tournera en offrant de faire la vole ; et ce dernier s'inclinera à son tour devant le viroleur qui s'offrira de faire la vole en belle, après virole.

De l'ordre des demandes, enchères et surenchères. — Il convient maintenant de résumer l'ordre des demandes, enchères et surenchères, en rappelant encore une fois qu'à demande égale, la préférence appartient toujours à celui qui est placé le plus près de la droite de celui qui a distribué les cartes.

1° *La tourne ou virole*, qui se subdivise en : 1° tourne ou virole simple, 2° virole en belle ; 3° virole avec quatre levées ; 4° virole en belle avec quatre levées ; 5° virole avec vole ; 6° virole avec vole en belle.

2° *La demande :* 1° La demande simple ; 2° la demande en belle.

3° *La jouerie :* 1° La jouerie simple ; 2° la jouerie en belle ; 3° la jouerie à quatre levées ; 4° la jouerie à quatre levées en belle ; 5° la vole ; 6° la vole en belle.

On voit, par ce petit résumé, qu'il y a d'abord trois sortes de demandes ou enchères principales qui se subdivisent ensuite, de telle sorte qu'il y a 14 degrés dans les relances ou surenchères.

On ne saurait trop répéter que les adversaires du *demandeur* ou du *joueur* d'autorité prennent toujours des cartes, lors même qu'il n'a pas le droit d'en prendre lui-même, comme il arrive en cas de *jouerie*.

Des payements. — Il a été dit que le joueur qui a fait toutes les levées qu'il s'était engagé à faire, prenait tout ce qui était au jeu. Mais il y a des cas où il lui est encore dû un certain nombre de fiches par les deux autres joueurs :

1° Quand il fait la vole en couleur simple, après virole, ou après l'avoir demandée sans aller à l'écart. Il reçoit, en ce cas, une fiche de chacun des joueurs. Si c'est en belle, il en reçoit deux.

2° Il reçoit encore des fiches dans le cas où il a les matadors : une fiche si c'est en couleur simple, deux si c'est en belle.

Des matadors. — Les matadors sont les trois figures de chaque couleur ; quand celui qui virole ou qui *joue* sans demander de cartes (le viroleur a toujours le droit d'en prendre), quand le joueur donc a roi, dame et valet d'une couleur dans la main sans aller à l'écart, si ce n'est en cas de virole, il reçoit de chacun des joueurs ce qui est dit ci-dessus.

Les matadors après écart ne valent rien.

Ordinairement, on change la couleur de la belle chaque fois qu'il y a lieu de payer les matadors. Cette pratique a pour but d'éviter qu'il y ait des cartes reconnaissables par suite d'un usage plus fréquent. Quand on change la belle, on marque la nouvelle couleur où elle se trouve en tournant le *disque*, c'est-à-dire en remplaçant le sept ou le huit qui marquait la belle précédente par le sept ou le huit de la couleur nouvelle.

De bêtes ou mouches. — Quand on ne fait pas les levées que l'on s'est engagé de faire, il y a lieu de payer la *bête* ou la *mouche*.

1° Un joueur fait une demande simple et il perd, il mettra sur le tapis autant de fiches qu'il y en a, de manière que les enjeux seront doublés pour le coup suivant, et il y aura encore à ajouter la fiche du donneur ; car, à chaque donne, celui qui distribue les cartes doit mettre une fiche, quel que soit le nombre qui soit déjà sur le tapis.

2° Celui qui *demande* en belle perd le double de ce qu'il y a sur le tapis.

3° Celui qui *joue* sans prendre de cartes ne paye qu'une fois ce qu'il y a sur le tapis, quand bien même il jouerait quatre levées.

4° Celui qui *joue* en belle ne perd pas davantage que celui qui *demande* en belle, quand bien même il jouerait quatre levées; dans l'un et l'autre cas, il paye ce qui est indiqué au numéro *deux*.

5° Celui qui demande la vole en couleur simple et qui ne la fait pas, met au tapis autant de fiches qu'il y en a et, de plus, il donne une fiche à chacun de ses adversaires. Si la vole est demandée en belle, il double ce qui est sur le tapis et il donne, en plus, deux fiches à chaque joueur.

6° Quand il y a *codille*, celui qui fait les trois levées enlève ce qu'il y a sur le tapis; et si la codille a eu lieu en couleur simple, le demandeur ou le joueur double ce qu'il y avait sur le tapis. Si la codille a été faite en belle, le *codilleur* c'est-à-dire celui qui a fait les trois levées contre le joueur ou le demandeur, enlève également ce qui est sur le tapis, et celui qui a demandé ou joué d'autorité en met trois fois autant.

Règles générales. — A la bête hombrée, on tire les places, car il n'est pas indifférent d'avoir devant soi un joueur roublard ou une mazette.

Tout joueur a le droit de demander un jeu neuf à n'importe quel moment de la partie, lorsqu'un coup n'est pas commencé. Celui qui use de ce droit paye ordinairement le jeu.

Il est très important de renouveler souvent les cartes, car une seule carte connue changerait toute l'économie du jeu.

Celui qui fait maldonne met une fiche au jeu et recommence à donner, car il ne pourrait, par sa faute, faire perdre les avantages du joueur placé à sa droite. On met autant de fiches au jeu que l'on fait de fois maldonne.

Quand la donne est finie, on doit mettre le talon à sa droite, et l'on met également à la droite du donneur les cartes qui proviennent des écarts ; cette pratique a pour but de rappeler qui doit donner quand un coup est terminé.

C'est celui qui joue qui doit distribuer les cartes. Il se sert le premier; s'il a une carte en moins après s'être servi, il en prendra une au hasard sans la regarder dans le talon des écarts; s'il a une carte en plus, il est *bête* de ce qu'il y a sur le jeu. S'il a donné une carte en moins ou en plus à ses adversaires, on rétablit le coup si cela est possible, si non, celui qui a une carte en plus la met à l'écart ; s'il en a une en moins, il en prend une parmi celles qui ont été écartées.

Celui qui renonce ou coupe à faux est *bête* de ce qu'il y a sur le jeu.

Celui qui, pouvant forcer à une couleur ou en atout, sous-force, c'est-à-dire met une carte inférieure à celle qui a été jouée, est bête de ce qu'il y a au jeu.

Quand on a *demandé* par erreur, on est obligé de prendre au moins une carte, quand bien même l'on aurait cinq atouts.

Celui qui écarte un atout ou le bacon, doit laisser ces cartes à l'écart.

Quand celui qui demande à *tourner* ou *viroler*, tourne le bacon, cette carte étant atout partout et remplaçant toutes les basses cartes qui ont été retirées du jeu, désigne la couleur qu'il veut comme atout; il est bien certain qu'il choisira la plus avantageuse, d'après son jeu.

Nul n'a le droit de toucher aux écarts qui doivent être mis en tas à la droite du donneur, ni de voir ce qui a été écarté, soit par les autres joueurs, soit par lui-même.

Celui qui se permettrait d'enfreindre la règle sur ce point serait bête de ce qu'il y a sur le jeu.

Si le jeu est faux, soit qu'il manque une carte, soit qu'il y en ait une en plus, le coup dans lequel on s'en aperçoit est nul, mais les coups précédents sont bons. Il en est de même si une carte est tombée par terre et qu'une proposition ait été faite et acceptée.

Celui qui demande ou qui annonce vouloir jouer en belle est obligé de jouer en belle, quand bien même il se serait trompé.

Celui qui a les matadors doit les annoncer avant de jouer et avant de distribuer les cartes à ses adversaires, sans quoi on ne les lui payerait pas.

Toutes les fiches qui proviennent des passes se cumulent sur le tapis, mais les bêtes ne se cumulent pas. Elles sont rangées en ordre sur la table, et lorsque celle que l'on joue a été gagnée par quelqu'un, on joue ensuite non pas la plus ancienne mais la plus forte en y ajoutant toujours la *passe* du donneur.

Quiconque demande ou joue un coup est tenu de *consigner* d'avance le nombre de fiches qu'il peut perdre, s'il ne les a pas dans son panier.

Ainsi il y a 20 fiches sur le tapis et vous demandez en belle; comme il pourrait fort bien arriver que vous soyez *codillé* en cette couleur, vous devez avoir devant vous, où consigner la valeur de *soixante* fiches.

La Manille.

Plus simple que le whist et le piquet, le jeu de manille présente des combinaisons variées, et n'est pas, tant s'en faut, des plus faciles à bien jouer.

Il se joue avec un jeu de 32 cartes dont voici la valeur.

Le dix ou *manille* vaut. . . .	5 points.
L'as ou *manillon*	4 —
Le roi.	3 —
La dame	2 —
Le valet	1 —

Total, dans chaque couleur, 15 points.

Il y a donc pour les quatre couleurs 60 points.

De plus chaque levée vaut un point ; et comme il y a huit levées dans le jeu, cela fait un total de 68 points que se partagent, à chaque coup, l'un et l'autre camp, d'une façon plus ou moins égale.

Les joueurs, au nombre de quatre, forment deux camps.

Les partenaires sont désignés à l'amiable ou tirés au sort. Dans ce dernier cas, un joueur prend les cartes et les distribue une à une aux quatre joueurs, jusqu'à ce qu'il sorte un roi ; la distribution continue entre les trois autres joueurs jusqu'à ce qu'il sorte un autre roi : et alors les possesseurs de ces deux rois sont associés contre les deux autres joueurs. D'autre fois on distribue les cartes jusqu'à ce que les quatre rois soient sortis, et alors les deux joueurs qui ont des rois rouges sont ensemble contre ceux qui ont les rois noirs. Tout cela est affaire de convention préalable.

Les partenaires se placent l'un en face de l'autre, en diagonale, ayant chacun un adversaire à droite et à gauche.

La donne étant avantageuse, — c'est encore un point très contestable — on la tire au sort, et c'est la plus forte carte qui désigne le donneur sans qu'il puisse *commander*, c'est-à-dire faire faire par l'un de ses adversaires.

Le donneur bat les cartes, fait couper par son adversaire de gauche et commence la distribution par son adversaire de droite. Après chaque coup, la main change, et la donne passe au joueur placé à droite du donneur précédent.

Chaque joueur reçoit 8 cartes : on les donne *quatre par quatre*. Telle est la règle à défaut de convention contraire. Il n'y a donc pas de talon. L'atout est désigné par la 32ᵉ et dernière carte, que le donneur, à qui elle appartient, retourne sur le tapis et doit y laisser étalée jusqu'à ce que son voisin de droite ait joué sa première carte ; il la relève alors pour la mettre dans son jeu. Si la retourne est une manille (un dix) le donneur marque 5 points pour lui et son partenaire ; si c'est un manillon (un as), il marque 4 points ; si c'est un roi, il en marque 3 ; si c'est une dame 2, un valet 1.

Ce qu'il faut bien observer à la manille, c'est que les levées valent par leur qualité et non par leur quantité : Aussi doit-on s'efforcer de faire des *points* plutôt que des *levées*.

MARCHE DU JEU. — Si le parti à qui revient la donne a l'avantage de marquer la retourne, qui peut valoir de 1 à 5 points, ou rien du tout s'il retourne un neuf, un huit ou un sept, le parti adversaire a un avantage autrement grand qui est l'attaque.

Les partenaires se questionnent réciproquement, ou, ce qui est bien préférable, celui qui est le premier à jouer, questionne son partenaire afin de bien combiner les deux jeux. Il doit se renseigner d'une façon habile, de manière à savoir aussi exactement que possible ce que peut avoir ce partenaire, en évitant de trop parler, c'est-à-dire de trop renseigner l'ennemi. Mais cela est affaire d'expérience.

Si les questions posées doivent être habiles, elles ne doivent jamais être ambiguës, ni conçues en termes intelligibles aux seuls partenaires, qui pourraient convenir entre eux de certaines locutions dont le sens échapperait aux adversaires.

Le premier joueur, placé à droite du donneur, jette une carte sur le tapis, le second joue à son tour, puis le troisième et le quatrième.

On ne peut ni renoncer à la couleur ni sous-forcer, c'est-à-dire qu'il faut fournir de la carte demandée et surmonter si on le peut, sinon il faut couper. Quand l'un des partenaires est maître, l'autre partenaire n'est pas obligé de couper, ni de forcer, mais il doit fournir à la couleur ; et s'il n'en a pas, il se défaussera. Et c'est une science que de savoir se défausser, c'est-à-dire se débarrasser d'une carte qui gêne ou d'une bonne carte qui est exposée à être prise par l'ennemi, se ménager une coupe, etc... Mais tout cela est affaire de pratique et ne saurait être enseigné dans un livre.

Celui qui a fait une levée, joue ensuite le premier ; et l'on continue ainsi jusqu'à épuisement des 8 cartes qui composent le jeu de chaque joueur.

La partie se joue ordinairement en 34 points et en partie liée ; mais on convient souvent que la manille sera de 44 ou de 64 points, en une seule partie et sans revanche.

On peut faire toutes autres conventions ; sans quoi les usages ou les précédents font loi.

Quand toutes les cartes sont jouées on compte les points.

Les levées de chaque parti, qui ont été faites par l'un et par l'autre des partenaires, sont réunies ensemble.

Soit une levée dans laquelle se trouve une manille, un roi, un huit et un sept : elle se comptera ainsi : 5 pour la manille, 3 pour le roi, cela fait 8, et la levée *neuf*, car la levée compte toujours pour un point. Une levée dans laquelle ne se trouve aucune carte marquante — et le cas est fréquent — ne compte donc que pour un point.

Ainsi que cela a été dit, les cartes marquantes et les levées produisent un total de 68 points, dont la moitié est de 34. Par conséquent, le parti dont les levées produisent plus de 34 points, gagne l'excédent, et un des joueurs de ce parti le marque ; de même qu'il a marqué la tourne, si c'était une carte marquante, de telle sorte que l'on peut faire 34 points d'un coup, et, si l'on a retrouvé une manille, cela fait 39, le maximum.

Si chacun des partis fait 34 points, ce qui arrive souvent, le coup est nul.

Si deux associés font la vole, c'est-à-dire toutes les levées, ils gagnent 34 points; c'est ce qu'on appelle *faire trente-quatre*; et l'on dit des adversaires *qu'ils sont trente-quatre*.

De quelques autres règles. — 1° S'il y a une carte retournée dans le jeu, on refait, mais la main ne passe pas.

2° Si le donneur laisse voir une ou plusieurs cartes de son jeu ou du jeu de son partenaire, le coup est bon; mais si les cartes vues appartiennent au jeu des adversaires, ceux-ci ont le droit de faire recommencer la donne, ou de tenir le coup pour bon, quand même ils auraient vu leurs cartes.

3° Celui qui, en abattant une carte, annonce une couleur et en joue une autre, est tenu, si les adversaires l'exigent, de reprendre sa carte et de jouer de la couleur annoncée; mais l'adversaire a le droit de couvrir la carte jouée, s'il le juge à propos, et l'on continue.

4° Sauf le cas d'erreur précédent, toute carte sur le tapis ne peut plus être relevée.

5° Si l'un des joueurs abat deux cartes à la fois, c'est celle du dessous qui est bien jouée. L'usage de certaines localités est qu'en ce cas les adversaires ont le droit de choisir comme carte jouée, la carte qu'ils veulent. Ceci doit être considéré comme la véritable règle, à moins de convention ou de précédents contraires.

6° Qui maldonne, perd sa donne; et, de plus, s'il ne s'aperçoit de son erreur qu'après avoir retourné, il perd 34 points.

7° Celui qui joue avec des cartes en plus ou en moins perd également 34 points.

8° Mais quand le joueur mal servi s'aperçoit de l'erreur avant de jouer, c'est le donneur qui perd 34 points.

9° Qui renonce, coupe à faux, ou sous-force perd 34 points.

10° Qui joue avant son tour, perd 34 points.

11° Qui prend une levée composée de 3 cartes seulement perd 34 points, s'il joue ensuite avant d'avoir reconnu son erreur.

12° Qui joue en laissant deux levées sur le tapis sans les ramasser, perd 34 points.

13° Qui regarde une levée *pliée*, soit qu'elle lui appartienne, soit qu'elle appartienne aux adversaires, perd 34 points.

14° On n'est pas puni pour avoir ramassé une levée appartenant aux adversaires.

15° Si l'un des joueurs demande à voir le jeu de son partenaire, ce jeu devra rester étalé sur la table jusqu'à la fin du coup.

16° Celui qui fait une fausse annonce perd 34 points.

17° Le donneur peut regarder la retourne, c'est-à-dire la dernière carte qui se trouve sous le jeu après la coupe, mais s'il vient à se tromper dans la distribution des cartes, il perd 34 points.

MANILLE MUETTE

La manille muette se joue exactement comme la manille parlée; son nom indique suffisamment en quoi elle en diffère. Les partenaires ne pouvant rien se communiquer, le jeu offre beaucoup plus d'imprévu.

MANILLE AVEC UN MORT

La manille à trois avec un mort se joue exactement comme la manille à quatre.

Elle est toujours muette. Chacun des joueurs a le mort pour partenaire à son tour; la partie se compose donc forcément de trois tours. C'est ce qu'au whist on appelle un *robre*.

Quand on joue à quatre, chacun des deux joueurs qui composent un parti, perd ou gagne la moitié de l'enjeu, ici le joueur qui joue avec le mort, perd ou gagne seul l'enjeu que ses adversaires se partagent ou payent par moitié.

La manille avec un mort est beaucoup plus intéressante que l'autre.

Celui qui joue avec le mort étale le jeu du mort sur le tapis, de telle sorte qu'il voit deux jeux. Chacun de ses adversaires est dans le même cas, puisqu'il voit son propre jeu et celui du mort.

Le mort coupe, fait et joue à son tour, c'est son partenaire qui fait tout cela pour lui.

Le mort ne se *trompe pas*, soit en donnant, soit en jouant, ce qui veut dire que l'on rétablit ses erreurs, sans que son partenaire soit passible d'aucune peine.

C'est un avantage de jouer avec le mort; en outre, cela est plus facile que de jouer contre, c'est-à-dire de jouer le *flanc*.

La manille avec un mort se joue en 34, 44 ou 64 points, selon les conventions.

MANILLE AUX ENCHÈRES

La manille aux enchères n'est pas un perfectionnement, mais une simple caricature de la manille proprement dite.

Elle se joue à trois, à quatre, à cinq, ou six joueurs.

A trois, chaque joueur reçoit dix cartes, et l'on enlève les deux sept rouges, ou les deux sept noirs ;

A quatre, chaque joueur reçoit huit cartes ;

A cinq, chaque joueur reçoit six cartes, et on enlève deux sept, comme cela vient d'être dit pour la partie à trois ;

A six, chaque joueur reçoit cinq cartes, et l'on enlève aussi deux sept.

A la manille aux enchères, chacun joue pour son compte.

Il n'y a pas de tourne.

Celui à qui reste l'enchère, déclare en quelle couleur il joue, et cette couleur est l'atout.

Quand le hasard a désigné le donneur, celui-ci donne les cartes par quatre, par trois et deux, ou par deux et trois. La manière de donner ne peut être changée quand on a adopté l'une de celles qui viennent d'être indiquées.

Celui qui est le premier à parler, c'est-à-dire le joueur placé à droite du donneur, demande le nombre de points qu'il suppose pouvoir faire, d'après la valeur de son jeu

Son voisin de droite parle à son tour; s'il n'estime pas pouvoir faire plus de points que celui qui a parlé avant lui, il dit : *C'est bon.*

Le troisième joueur dit également *c'est bon,* ou demande un nombre de points supérieur ; et ainsi de suite jusqu'au dernier joueur.

Ceux qui ont abandonné l'enchère et passé la parole au suivant ne peuvent revenir sur leur parole et surenchérir à nouveau.

Quand l'enchère est abandonnée à l'un des joueurs, on écrit immédiatement le nombre des points qui ont été demandés en face du nom du demandeur, sans quoi on oublie le plus souvent à quel chiffre s'est élevée la demande.

Selon que l'on est premier ou dernier à jouer, ou que l'on est en *cheville,* on peut forcer l'enchère, ou être prudent, car tel jeu avec lequel on gagnerait sûrement plus de 50 points si l'on était premier à jouer, en produira beaucoup moins si l'on est en cheville, ou à l'attente. Exemple : celui qui est le premier à jouer, a des atouts majeurs et des manilles, ou une couleur maîtresse avec ses atouts ; il commencera par jouer ses atouts de manière à désarmer ses adversaires, puis il passera ses manilles, ou sa couleur longue. S'il n'est pas premier à jouer, l'on pourra jouer dans une de ses manilles, laquelle pourra être coupée par l'un des adversaires qui n'avait qu'un atout infime et qui trouve ainsi l'occasion de faire produire à cet atout un grand nombre de points, car le troisième joueur pourra *charger* sur le coup, c'est-à-dire mettre une forte carte.

Si le demandeur a la main, il commencera par *faire un tour à la cuisine*, comme on dit dans le langage des joueurs de manille ; il débarrassera ses adversaires d'atouts dont ils pourraient faire l'usage qui vient d'être indiqué, et il passera ensuite très facilement ses cartes maîtresses.

De la manière de compter les points. — Quand la manille aux enchères est jouée par quatre personnes seulement, le nombre des points que l'on peut faire est de 68, comme à la manille ordinaire.

Mais si l'on n'est que trois joueurs, il y aura dix levées, au lieu de huit, car chaque joueur a dix cartes en main; le total des points sera donc de 70, à cause de ces deux levées supplémentaires.

Dans le cas où il y a cinq joueurs, le nombre total des points n'est que de 66, car il y a deux levées en moins. Enfin, si le nombre des joueurs est de six, le total des points ne peut être que de 65, car il y a trois levées de moins qu'à la manille ordinaire.

Le Reversis.

Le reversis se joue à quatre personnes avec un jeu de quarante-huit cartes, c'est-à-dire avec un jeu complet, moins les dix. L'as prend le roi, le roi la dame, et ainsi de suite. L'on ne renonce jamais que dans un cas dont il sera parlé ci-après à la rubrique *de l'espagnolette*.

Les places et la donne sont tirées au sort.

Les quatre joueurs étant assis aux places qui leur ont été assignées par le sort, le donneur distribue *onze* cartes à chacun, et il en prend *douze*: il reste ainsi trois cartes au talon. Chaque joueur en écarte une de ses onze et la remplace par une des trois du talon. On n'est cependant pas obligé d'écarter mais, dans ce cas, on a le droit de voir la carte qu'on laisse. Le donneur en écarte une qu'il ne remplace pas : il y a donc quatre cartes à l'écart, qui servent à composer la *partie*. Ces cartes se placent sous la corbeille où l'on dépose les mises. Cette corbeille circule constamment avec la donne, et elle doit toujours se trouver à la droite du donneur.

Il y a 40 points dans le jeu : les as comptent chacun pour quatre, les rois trois, les dames deux et les valets un; ces points seuls se comptent dans les levées que l'on fait; les cartes blanches ne comptent rien.

De la partie. — La partie est formée par les quatre cartes de l'écart. Les points s'y comptent comme dans les levées, à l'exception de l'as de carreau qui y compte cinq, et du valet de cœur ou *quinola*, qui y compte trois. On ajoute toujours quatre aux points qui s'y trouvent. Il pourrait fort bien arriver que les cartes de l'écart fussent toutes blanches ; il n'y aurait donc rien pour le gagnant, s'il n'était pas de règle d'ajouter quatre aux points qui se trouvent dans les cartes d'écart.

Celui qui fait le plus de points dans ses levées perd la partie et la paye à celui qui la gagne ; c'est-à-dire à celui qui n'a aucun point dans ses levées, ou qui ne fait aucune levée.

Lorsque deux joueurs ont le même nombre de points, c'est celui qui a le moins de levées qui gagne.

Si le nombre des levées est le même, ainsi que le nombre des points, c'est le joueur le mieux placé qui l'emporte ; or, le mieux placé est d'abord celui qui donne, puis le joueur assis à sa gauche ; et ainsi de suite en continuant toujours de ce côté.

Lorsqu'un des joueurs fait toutes les levées, la partie ne se compte pas : c'est le *reversis* par excellence.

Du reversis. — On fait reversis, comme cela vient d'être

dit, quand on emporte seul toutes les levées : c'est le coup le plus brillant, mais il offre beaucoup de difficultés et l'on court grand risque en l'essayant. Le *reversis* est *entrepris* quand les neuf premières levées sont faites; si l'on ne peut faire les deux autres, le reversis est *rompu à la bonne*.

Lorsqu'on fait reversis, on tire toute la remise, c'est-à-dire qu'on prend tout ce qui se trouve dans la corbeille; si on le manque, au contraire, ont fait la remise, ainsi que cela va être expliqué au paragraphe des payements.

De la remise. — Avant de commencer le jeu, on prend des *contrats*, des *fiches* et des *jetons*. (Un contrat est une grosse fiche carrée.) Un contrat vaut dix fiches; une fiche vaut dix jetons.

Au premier coup, chaque joueur met à la corbeille deux jetons, et celui qui donne en met trois; cette contribution forme le fonds des remises. Elle se renouvelle toutes les fois que le panier est vide, ou que le premier fonds est attaqué; ce fonds se maintient par la contribution d'un jeton que dépose le donneur à chaque donne.

Du quinola. — La remise est attachée au valet de cœur ou *quinola*, qui est la carte importante du jeu. Toutes les fois que l'on donne le valet de cœur en renonce, on tire la remise; cela s'appelle *placer le quinola*. Au contraire, toutes les fois qu'on est obligé de le mettre sur un cœur, il faut payer la remise; cela s'appelle *forcer le quinola*.

Pour éviter que le quinola soit ainsi forcé, il ne faut le garder qu'autant qu'il est accompagné de plusieurs cœurs, sans quoi il faut l'écarter.

Il est de principe que celui qui fait une levée recommence à jouer; ainsi, quand on a gardé son quinola *à la bonne* ou aux deux dernières levées, il faut bien prendre garde de ne pas être obligé de le jouer; cela s'appelle le quinola *joué* ou *gorgé*, excepté le cas pourtant où le joueur, jetant le quinola, ferait encore reversis.

Mais, en ce cas, il faut l'avoir joué avant la *bonne*, c'est-à-dire avant les deux dernières levées ; c'est le plus grand coup qu'on puisse faire à ce jeu, parce que l'on tire les revenus du reversis et la remise.

Dans le cas du quinola *gorgé*, on fait la remise. Si, pourtant, croyant faire le reversis, on jouait le quinola à l'une des neuf premières levées, et que le reversis fût rompu par un autre joueur, on payerait ce reversis, et l'on ferait la remise. C'est le coup le plus cher.

Si, en faisant le reversis, on joue le quinola à la dixième ou onzième levée, on ne tire point la mise, mais on se fait payer le reversis.

Si dans le reversis, entrepris on force le quinola à la bonne, et que le reversis soit rompu, on ne fait pas non plus la remise, mais on paye le quinola manqué.

Dans les autres cas où l'un des joueurs ayant fait ou manqué le reversis, un autre place le quinola, ou bien a son quinola forcé, celui-ci ne tire ni ne fait la remise. En un mot, du moment qu'il y a reversis, il n'y a point de remise, et le quinola redevient simple valet de cœur, excepté dans le cas expliqué plus haut, où celui qui entreprend le reversis lève le quinola avant la dixième levée.

Des payements. — Celui qui donne un as en renonce, reçoit un jeton de celui qui fait cette levée ; si c'est l'as de carreau, il en reçoit deux ; si c'est le quinola, il en reçoit cinq.

De même, le joueur à qui l'on force un as paye un jeton à celui qui le force, et deux jetons si c'est l'as de carreau.

Celui qui force le quinola reçoit un jeton de chaque joueur, et deux de celui qui avait le quinola.

Un ou plusieurs as joués, ainsi que le quinola joué ou

gorgé, se payent à celui qui gagne la partie, comme s'ils eussent été forcés ; mais c'est à lui de s'en souvenir et de les demander.

Il faut remarquer que tous ces payements sont doubles en vis-à-vis,

Ils sont encore doubles à la première et à la seconde *bonne*, qui sont la dixième et la onzième levées ; en sorte que si l'on forçait le quinola en vis-à-vis à la première ou dernière bonne, on recevrait de son vis-à-vis huit jetons, et deux jetons de chacun des autres joueurs ; mais si on le forçait de côté, celui-ci payerait quatre jetons, le vis-à-vis quatre, et le troisième deux.

La partie se paye aussi double, si c'est le vis-à-vis qui la gagne.

Tous ces payements cessent dès qu'il y a reversis, soit fait, soit rompu à la bonne. On rend tout ce qui s'était payé pendant le coup, sans se le faire demander, c'est-à-dire qu'on rembourse, afin que personne ne paye ni plus ni moins que le reversis qui vaut seize jetons de chaque joueur, et trente-deux du vis-à-vis.

Celui qui rompt le reversis à la bonne reçoit 64 jetons de celui qui l'avait entrepris, les autres joueurs n'ont rien.

DE L'ESPAGNOLETTE. — Trois as et le quinola, quatre as et le quinola, ou simplement quatre as réunis dans la même main, font ce qu'on appelle l'*espagnolette.*

On appelle aussi *espagnolette* le joueur qui a ce jeu.

L'*espagnolette* a le droit de renoncer en toutes couleurs, pendant les neuf premières levées. Il place de cette façon son quinola, quoique souvent seul en sa main, et tire conséquemment la remise ; il donne ses as à droite et à gauche ; il gagne toujours la partie, de quelque manière qu'il soit placé. Mais, n'ayant le droit de renoncer que pendant les neuf premières levées, il doit fournir de la couleur que l'on joue aux deux dernières s'il en a ; et, s'il est assez maladroit pour avoir gardé une grosse carte, par laquelle il se trouve dans la nécessité de faire une des deux dernières levées, il fait tous les frais de la partie :

1° Il perd la partie, quand même sa levée serait blanche, et la paye à celui qui la gagne dans l'ordre naturel.

2° Il fait la remise, s'il a placé le quinola, ou l'ayant gardé dans l'espérance de le placer à la bonne, et étant entré maladroitement à la dixième levée, il le gorge à la dernière ; mais il ne ferait pas la remise si, étant espagnolette par quatre as, un des autres joueurs *plaçait* le quinola, ou si le quinola était *forcé*.

3° Il rend *au double* les as ou quinola qu'il peut avoir donnés pendant le jeu, et qu'on lui a payés ; ou bien aussi l'as ou le quinola que les autres joueurs ont pu se donner réciproquement.

L'*espagnolette* est libre de ne point se servir de son privilège et de jouer son jeu comme un jeu ordinaire ; mais il ne le peut plus dès qu'il a une fois renoncé, *en vertu de son droit.*

L'*espagnolette* n'est pas censé avoir perdu son droit, pour avoir fourni de la couleur que l'on demande, et même pour avoir pris ; il faudrait pour cela que levée lui restât.

L'*espagnolette*, s'il force le quinola, en tire la consolation, en quelque moment du jeu que cela arrive : on comprend qu'il n'y a que trois époques où cela puisse lui arriver :

1° Si, se trouvant le premier à jouer, il joue cœur, et que le quinola fût seul dans la main de quelqu'un ;

2° Si, ayant par mégarde fait une levée dans le courant du jeu, il joue un cœur et force.

3° Si, étant entré malgré lui, à la dixième carte, il lui restait un cœur à jouer, et s'il forçait par ce hasard à la dernière.

Faire entrer signifie *faire levée.*

Si quelqu'un fait le reversis, l'*espagnolette* paye seul pour toute la compagnie.

Si quelque joueur entreprend le reversis, et qu'un autre le rompe à la bonne, l'*espagnolette* paye tout le reversis à celui qui le rompt (64 fiches).

L'*espagnolette* peut rompre un reversis à la bonne, et en est payé comme il est dit ci-dessus; il peut aussi faire le reversis, et dès lors son jeu n'est qu'un jeu ordinaire.

Si l'*espagnolette* avait placé son quinola, et qu'il y ait reversis fait ou manqué, il ne tirera pas la remise, selon la règle générale : *En reversis, il n'y a point de remise,* excepté pour celui qui entreprend le reversis.

Si, par as, roi ou dame de cœur, l'on forçait le quinola à l'*espagnolette*, à quelque moment du jeu que cela arrivât, il ferait la remise et payerait, ainsi que les deux autres joueurs, ce qui est dû à celui qui force, selon les règles établies plus haut, et toujours hors le cas de reversis.

Si l'*espagnolette* ne fait pas la levée, il jouira de tous les autres droits énumérés ci-dessus.

Règles générales. — 1° On ne peut donner les onze cartes à chaque joueur qu'en trois fois, une fois 3 cartes, et deux fois 4, en se donnant toujours par quatre à soi-même.

2° S'il y a une carte retournée dans le jeu, on doit refaire.

3° Celui qui maldonne perd sa donne ; il peut néanmoins refaire, en fournissant un jeton au panier.

4° Celui qui aura fait maldonne et ne s'en sera pas aperçu, ou n'en aura pas averti avant l'écart, payera 4 jetons d'amende au panier, et le coup sera nul. Il perdra aussi la donne, sans pouvoir, cette fois, la racheter.

5° Des trois cartes du talon, la première est pour le

premier joueur à la main, la seconde pour le second, et la troisième pour le troisième.

6° Quiconque voit la carte de l'écart qui lui revient, et écarte ensuite, ne peut gagner la partie, ni placer son quinola, si par hasard il l'avait, ni faire le reversis ; et, s'il rompait un reversis, on ne lui payerait rien. Il peut forcer le quinola, mais on ne lui payera pas la consolation ; le joueur à qui l'on aurait de cette manière forcé le quinola, ferait cependant la remise.

7° Celui qui prendrait sa carte du talon et n'écarterait pas, n'a droit à rien.

8° Quiconque joue sa carte avant son tour, doit un jeton au panier.

9° Celui qui aurait écarté deux cartes au lieu d'une n'a droit à aucun payement ; mais s'il rompt un reversis, il en sera payé ; de même s'il force le quinola.

10° Toutes les cartes qui se trouvent sous le panier comptent pour la partie, soit qu'il y en ait une de plus ou de moins.

11° La *levée appartient à celui qui la ramasse* ; mais tout autre joueur peut avertir et régler le coup avant que l'on ait rejoué, et ne pas profiter de l'erreur.

12° Il est permis d'examiner ses propres levées, et seulement la dernière des autres joueurs.

13° Celui qui renonce, sans avoir l'espagnolette, met deux jetons au panier, et ne peut toucher aucun payement dans le coup.

Le Cinq-Cents et ses variétés.

Le cinq-cents n'est plus guère joué; mais comme le bésigue n'en est qu'une modification, il ne saurait être passé sous silence dans ce livre. Il y a pour cela deux motifs : 1° Quand on n'a pas plusieurs jeux de cartes à sa disposition — et le cas se présente souvent — on peut faire une partie de cinq-cents, car un simple jeu de piquet suffit; 2° Un très grand nombre de règles du cinq-cents sont applicables au bésigue, et lorsque le lecteur ne trouvera pas à la rubrique du bésigue le renseignement qu'il cherche, il aura la chance de le rencontrer dans la règle du cinq-cents.

Article premier. — Le cinq-cents se joue avec un jeu de piquet simple, c'est-à-dire avec 32 cartes.

Art 2. — Après avoir tiré au sort à qui fera, chaque joueur reçoit 8 cartes; on les donne par deux et par trois, et on retourne une carte qui est l'atout.

On peut donner deux fois trois et une fois deux, ou une fois deux et deux fois trois; jamais quatre cartes ou une seule carte d'un coup.

Art. 3. — La valeur des cartes est la suivante : l'as, le dix, le roi, la dame, le valet, le neuf, le huit et le sept.

Art. 4. — La quinte majeure se compose de l'as, dix, roi, dame, valet, et compte pour 250 en atout, et pour 120 quand elle est dans une autre couleur.

Art. 5. — Les cartes formant des points ont la même valeur qu'au bésigue; donc, quatre as valent 100, quatre dix 80, quatre rois 60, quatre dames 40 et quatre valets 20; un mariage d'atout vaut 40; et en autre couleur, il ne vaut que 20; le *binage*, réunion du valet et de la dame de carreau 40; le sept d'atout quand on le retourne ou lorsqu'on le relève vaut 10 points.

Art. 6. — C'est celui qui a reçu les cartes qui joue le premier; son adversaire est libre de fournir telle carte qu'il voudra.

Art. 7. — Celui qui a fait la levée prend le premier une carte au talon, et son adversaire en fait de même. On suit cette marche jusqu'à épuisement du talon.

Art. 8. — Le talon épuisé, on est obligé de forcer ou de couper.

Art. 9. — Celui qui a des points doit les marquer aussitôt qu'ils les a annoncés; s'il laissait faire la levée sans les marquer, ces points seraient perdus.

Art. 10. — Celui qui marquerait ou annoncerait des points qu'il n'aurait pas, perdrait la partie.

Art. 11. — Lorsqu'un joueur a oublié de prendre au talon la carte qui doit servir à compléter son jeu, il a le droit de la prendre, que ce soit lui ou son adversaire qui reconnaisse cet oubli.

Art. 12. — Le joueur qui a le sept d'atout peut le changer contre l'atout retourné, et il compte 10 points; mais cela ne lui serait pas permis si le talon était épuisé et qu'il ait couvert la carte de son adversaire, ou bien encore s'il avait joué la première de ses huit dernières cartes.

Art. 13. — Les cartes qui ont compté dans un mariage ne comptent plus dans une quinte et réciproquement. (Il n'en est pas de même au bésigue.)

Art. 14. — Les joueurs, après avoir épuisé leurs cartes, comptent les points qu'ils ont dans leurs levées en leur donnant la valeur ci-après : l'*as* 11 points, le *dix* 10, le *roi* 4, la *dame* 3, le *valet* 2 (au bésigue on ne compte que les as et les dix, les brisques.)

Art. 15. — Il est permis, dans le cours d'une partie, d'arrêter le jeu; cela se fait lorsqu'un joueur croit avoir atteint le chiffre fixé comme but, alors il a gagné et cela sans égard au point de son adversaire, quand même ce dernier aurait dépassé le point nécessaire pour avoir gagné, mais le joueur qui arrêterait le jeu et auquel il manquerait un ou plusieurs points perdrait la partie.

Art. 16. — Lorsqu'à la fin d'une partie, chacun des joueurs se trouve avoir le même nombre de points au-dessus du point convenu pour gagner, on continue la partie en 100 points de plus, en suivant les mêmes règles pour arrêter et pour compter : c'est donc une nouvelle partie qui se joue en 100 points. (Dans certaines localités, c'est celui qui a le plus de points dans ses levées qui gagne. Tout cela est affaire d'usage et de conventions.)

Art. 17. — En cas de maldonne, la main passe ou on recommence, au choix de l'adversaire.

CINQ-CENTS LYONNAIS

Cette partie diffère un peu de la précédente en ce que :

Le nombre des points pour gagner est fixé avant de commencer; généralement il est de 1.000.

On convient aussi du nombre de cartes qui seront distribuées à chaque joueur, il est de huit, dix et même de douze.

Les points ont la même valeur que dans la partie ordinaire, et on peut les annoncer à tout instant, avant ou après la levée, après l'épuisement du talon; mais cela n'est plus possible lorsque le joueur a jeté la première de ses dernières cartes; c'est-à-dire que si on joue avec huit cartes, on ne peut plus annoncer quand on n'en a plus que sept.

On annonce d'un seul coup, si on veut, tous les points

que l'on a en main, un binage, un cent d'as, etc., et on les marque.

La fraction au-dessus de 5 points en vaut 10, celle au-dessous ne compte pas; si les deux adversaires ont chacun une fraction de 5 points, ils la comptent également pour 10 points. Mais, si cela arrivait à la fin d'une partie, la fraction ne compterait plus que pour sa valeur.

Lorsqu'à la fin d'une partie, celui qui donne retourne un sept (qui vaut 10 points), il ne peut le compter, même dans le cas où ce sept devrait le faire gagner, si son adversaire annonce qu'il a en main des points suffisants pour atteindre le chiffre fixé pour le gain de la partie.

LE CINQ-CENTS BORDELAIS

Cette partie se joue également avec un jeu de trente-deux cartes; chaque joueur reçoit six cartes, et on retourne la treizième qui est l'atout.

Le nombre des points pour le gain de la partie est généralement fixé à 500.

La valeur des cartes est la même que dans le cinq-cents ordinaire, sauf que la quinte vaut 250 et celle d'atout 500.

Le joueur doit, pour annoncer ses points, être le premier en carte, et il ne peut le faire qu'avec cinq cartes en main, c'est-à-dire avant d'avoir pris sa sixième carte au talon; il n'est permis de faire qu'une annonce à la fois.

La dernière levée vaut 10 points. Quand le talon est épuisé, on ne peut plus rien annoncer.

On marque exactement tous les points qui comptent sans aucune exception.

Le Bésigue et ses variétés.

Ce jeu n'est qu'une modification du cinq-cents. Les règles des deux jeux sont presque identiques, aussi quand on ne trouvera point ici un renseignement voulu, on pourra se reporter au cinq-cents.

Le bésigue (*bézit* dans le patois de certaines provinces et dans le langage familier) est un jeu facile, attrayant et très récréatif, à cause de la variété des chances qu'il promet et de la diversité des combinaisons auxquelles il se prête.

Le bésigue se joue avec plusieurs jeux de 32 cartes.

Valeur des cartes. — L'as vaut 11 points, le dix vaut 10; viennent ensuite le roi la dame, le valet, le neuf, etc., mais ils n'ont aucune valeur pour les points.

Quand la retourne est un sept, le donneur compte 10 points.

Roi et dame de même couleur valent.	20	points.
Roi et dame d'atout.	40	—
Quatre valets	40	—
Quatre dames.	60	—
Quatre rois.	80	—
Quatre as.	100	—
Le bésigue (dame de pique et valet de carreau).	40	—
Double bésigue	500	—
Quinte majeure d'atout	250	—

Quand il n'y a pas de retourne, ce qui est affaire de

convention avant de jouer, l'atout est déterminé par l'annonce du premier mariage.

La main se tire au sort. Celui qui donne, mêle les cartes et les fait couper par son adversaire, qui commence le jeu. Chaque joueur prend la main à son tour.

Le donneur distribue huit cartes à chacun (parfois neuf ou dix) par deux et par trois; il pose le talon à sa droite.

Si la retourne est un sept, le donneur marque 10 points. Si c'est une autre carte, celui des deux joueurs qui a le sept de la même couleur peut l'échanger contre la retourne, et il marque 10 points; mais il ne peut faire l'échange que quand il vient de faire une levée, en d'autres termes, quand il est maître.

Il n'est permis d'annoncer ses points qu'après avoir fait une levée et avant de prendre au talon. Celui qui fait la levée prend la première carte au talon, l'adversaire la seconde, et le jeu se continue ainsi jusqu'à l'épuisement du paquet. Toutes les fois que la main change, le tour de celui qui prend la main change également. Néanmoins, on convient souvent — et cela est sage — que le même joueur se servira le premier jusqu'à épuisement des cartes; et cela pour une double raison: d'abord parce que, s'il y a une carte marquée, celui qui la connait fera en sorte de laisser son adversaire maître, ou de prendre, selon que la carte connue sera mauvaise ou bonne; ensuite parce que l'on se trompe souvent en prenant les cartes lorsqu'on a fait la levée, tandis que la chance d'erreur diminue par le fait de ne pas changer le tour à chaque coup.

Il n'est permis de montrer ou de compter aucune carte, aucun groupe, aucun mariage que séparément ; ainsi vous avez 100 d'as et 40 d'atout en main, quand vous aurez fait la levée et que vous n'aurez plus que sept cartes en main, vous compterez l'un ou l'autre; à votre choix; mais il faudra attendre que vous soyez de nouveau maître, pour compter l'autre groupe.

De deux cartes de même valeur, la première jouée emporte la levée.

Dans le courant du jeu, on ne peut ni compter les cartes du talon, ni examiner les levées qu'on a faites, ni, à plus forte raison, celles de l'adversaise.

Tant qu'il reste des cartes au talon, on peut renoncer, sous-forcer et même couper avec de l'atout, bien qu'on ait en main la couleur demandée.

Quand le talon est épuisé on est tenu de fournir de la couleur demandée et de forcer dans cette couleur, c'est-à-dire de jouer une carte supérieure à celle de l'adversaire. Si l'on n'a point de la couleur, il faut couper avec de l'atout. Enfin, si l'on manque d'atout, il faut renoncer.

Qui renonce, sous-force ou coupe (lorsque le talon est épuisé) alors qu'il peut faire autrement, *compte à la muette*, c'est-à-dire qu'il ne marque pas les points de ses levées. Toutefois les points marqués précédemment lui restent acquis.

Le talon épuisé, les joueurs ne peuvent plus montrer de groupes, ni compter de points.

La dernière levée compte pour 10 à celui qui l'a faite.

A la fin de chaque partie, les joueurs font respectivement l'addition des points qui résultent des brisques. Les brisques sont les *as* et les *dix* contenus dans les levées. Chaque brisque vaut dix.

Le joueur qui atteint le premier le nombre de points convenu gagne la partie. Il ne peut le déclarer qu'après avoir fait la levée. Cette déclaration n'est admissible qu'avant l'épuisement du talon. Exemple: vous avez la quinte majeure d'atout, vous ne pouvez l'annoncer que si vous êtes maître et que s'il reste des cartes au talon; sans quoi elle vous claque dans la main.

Si les deux joueurs ont fait simultanément le nombre de points convenu, le gain de la partie est acquis au joueur qui a fait la dernière levée.

Si, dans le courant de la partie, un joueur a une ou plusieurs cartes en trop, il ne compte pas ce qu'il a en main, et si l'on ne s'aperçoit de la chose qu'à la fin de la partie, il démarque 150 points.

Celui qui a des cartes en moins a toujours le droit de compléter son jeu en prenant au talon le nombre de cartes qui lui manque.

Préceptes. — Le joueur doit s'appliquer à la préparation des groupes et des mariages; il doit se défaire de ses basses cartes, et ne prendre qu'avec celles qui peuvent compter, c'est-à-dire avec les brisques.

S'il a une série de cartes de la même espèce, il doit s'empresser de les jouer pour embarrasser son adversaire, et l'obliger à se démunir de ses cartes marquantes ou de ses atouts.

Si l'on s'aperçoit, lorsque le talon commence à s'épuiser, que l'adversaire a quelque groupe important à annoncer, il faut s'efforcer, au moyen des atouts majeurs, de prendre et de conserver la primauté jusqu'à l'épuisement complet du talon.

Dès qu'un groupe de quatre as a été annoncé, il faut s'en servir pour faire les levées; mais on doit se réserver l'as d'atout pour pouvoir devenir maître sûrement lorsque le besoin s'en fait sentir.

Le bésigue, avons-nous dit, se fait avec la dame de pique et le valet de carreau; comme ces cartes, toujours les mêmes, finissent par se salir plus vite que les autres ou peuvent être remarquées, on convient généralement que la dame d'atout sera toujours la dame du bésigue; de telle sorte qu'elle servira et pour le mariage, et pour le bésigue et pour la quinte, et pour le cinq-cents. Le valet qui devra l'accompagner sera toujours celui de la couleur opposée: le valet de trèfle pour la dame de cœur, le valet de pique pour la dame de carreau, le valet de cœur pour la dame de trèfle et le valet de carreau pour la dame de pique.

De la maldonne. — Qui maldonne perd sa donne.

BÉSIGUE A TROIS

Le bésigue à trois n'a rien de particulier. Il peut se jouer avec trois ou quatre jeux de cartes, comme le bésigue à deux.

Le donneur mêle les cartes et fait couper le joueur placé à sa gauche. Il distribue les cartes de gauche à droite, par deux et trois ou par deux seulement, jusqu'à ce que chacun en ait huit. Si l'on convient d'avoir neuf cartes en main, la donne doit nécessairement se faire par trois.

Le premier joueur de droite commence la partie, et celui qui fait la levée lui succède. Le jeu continue de gauche à droite.

Le double bésigue vaut 500 points et le triple bésigue 1.500.

Toutes les règles exposées à la rubrique précédente s'appliquent au bésigue à trois.

BÉSIGUE A QUATRE

Cette partie se joue avec partenaires, deux contre deux, ou chacun pour son compte. On se sert de trois, de quatre jeux de cartes, et même plus.

Le sort désigne les joueurs qui seront ensemble. Quelquefois les partenaires se choisissent eux-mêmes.

Chaque joueur a le droit d'annoncer, après une levée faite, et avant de prendre au talon, *tout* ce qu'il a en main, et cela donne le droit à son partenaire d'en faire autant. Dans certains endroits on n'annonce qu'une chose à la fois, mais ce n'est pas la vraie règle.

Les points de chaque association se cumulent, à moins que chacun ne joue pour son compte.

Les règles du bésigue à deux sont applicables au jeu à quatre.

BÉSIGUE CHINOIS OU JAPONAIS

Afin de rendre le bésigue plus aléatoire et plus attrayant, on a imaginé de greffer, sur le vieux jeu, des combinaisons nouvelles, qui en font un véritable casse-tête chinois. De là probablement lui vient son nom.

Le bésigue chinois se joue avec six jeux de piquet. La donne se fait comme au bésigue ordinaire. Le changement le plus essentiel à la règle consiste en ce qui suit :

Ayant montré et compté quatre as, ou quatre rois, ou quatre dames, etc. je joue l'une des cartes de ces groupes et j'en relève une autre, je compterai à nouveau 100, 80 ou 60, etc.

On doit laisser étalé sur la table tout ce que l'on compte.

La cumulation est de même sorte pour les mariages, la quinte majeure d'atout et les bésigues.

Il s'ensuit que le nombre des points s'accroît rapidement ; aussi est-il d'usage de jouer la partie en 6,000 points.

Il y a encore une complication plus fantastique, qui consiste à compter à la façon du rubicon ; celui qui n'a pas atteint 1.000 ou 2.000 points, selon les conventions, ajoute sa marque à celle de l'adversaire ; de plus ce dernier a droit à 500 points de queue. (**Voir Rubicon.**)

On joue gros jeu au bésigue chinois ; à Paris quatre joueurs bien connus sur le boulevard ont fait des parties pendant plus de 24 ans, ce qui a donné lieu à un mouvement d'enjeu de plusieurs millions.

Qu'on remarque à quelles combinaisons multiples se prête la quinte majeure d'atout? Et cet exemple servira à montrer quelles proportions fantastiques peut prendre la marque.

Ainsi, à la grande rigueur, à deux jeux, le roi, la dame, le valet, l'as, le dix étant successivement remplacés par la carte similaire, on pourra compter, jouant avec deux jeux seulement, six quintes majeures de 250 points; en jouant avec trois jeux, on en pourra compter onze, avec quatre jeux seize, avec cinq jeux vingt et une.

On voit quelle attention et quelle promptitude de marque exige ce jeu si animé et si amusant.

BÉSIGUE SANS RETOURNE.

Dans cette partie, on ne retourne pas pour déterminer la couleur de l'atout. C'est le premier mariage compté qui indique cette couleur.

Le bésigue sans retourne se joue à deux, à trois ou à quatre joueurs, avec ou sans partenaires.

La quinte d'atout, qui vaut 250 points, ne peut nécessairement être annoncée qu'après l'apparition du premier mariage qui déterminera la couleur de l'atout.

Nécessairement les sept d'atout sont sans emploi et sans valeur.

Le mariage de bésigue, les quatre as, les quatre rois, les quatre dames et les quatre valets ont la même valeur qu'au bésigue ordinaire, et ils peuvent être annoncés avant l'exhibition du premier mariage.

Le premier mariage annoncé qui détermine l'atout, vaut 40 points

Le double mariage simultanément annoncé vaut 80 points, et il indique pareillement la couleur de l'atout s'il est le premier annoncé.

Les autres mariages ont la même valeur qu'au bésigue à retourne.

BÉSIGUES DE FANTAISIE

On comprend sous cette dénomination diverses variétés de jeux de bésigue qui se modifient selon les conventions des joueurs ; telles sont les parties à trois ou à quatre jeux. Les règles restent les mêmes qu'au besigue à deux jeux ; seulement, à trois jeux, la donne est de neuf cartes à chaque joueur ; à quatre jeux, elle est de dix cartes. Mais tout cela est soumis aux conventions des joueurs ou aux usages locaux.

A trois jeux, la réunion des trois valets de carreau et des trois dames de pique constitue un triple bésigue et se compte 1.500. A quatre jeux, le quadruple bésigue vaut 2.000. Il est évident qu'il en serait de même dans le cas où le mariage de bésigue varierait avec la retourne, c'est-à-dire lorsque la dame d'atout est toujours dame de bésigue, ayant pour concubin le valet de sa couleur opposée.

Le triple et le quadruple bésigue ne peuvent se compter après qu'on a compté le simple et le double. Mais cette règle est très variable ; le plus souvent, au contraire, on peut compter bésigue simple, bésigue double, bésigue triple, tout cela l'un après l'autre et avec les mêmes cartes.

Dans certaines parties, on convient quelquefois de ne pas compter les brisques.

Le Rams.

Le rams est un jeu simple, qui n'exige aucune étude préalable; avec un peu d'habitude et d'attention, on y devient très fort, en très peu de temps.

Le rams se joue à trois, quatre, cinq et même six personnes, avec un jeu ordinaire de 32 cartes, dont la valeur est la même qu'à l'écarté : le roi, la dame, le valet, l'as et le dix, le neuf, le huit et le sept. Telle est la suite des cartes dans le véritable rams; mais il faut se hâter de dire que cet ordre est généralement modifié, et que, dans la plupart des salons et des cafés, on adopte la série du piquet, et qu'en conséquence l'As est la plus forte carte.

Le rams se joue de deux manières ou plus exactement la marque varie selon que l'on joue à qui perdra la partie, ou que l'on donne aux jetons une certaine valeur payée à l'avance. Dans la première partie chacun se débarrasse de ses jetons à mesure qu'il fait des levées; dans l'autre, au contraire; chacun cherche à avoir le plus de jetons qu'il peut; car chacun de ces jetons, à la fin de la partie, lui sera payé selon la valeur convenue, avec l'argent qui a été déposé à la cagnotte ou sous le chandelier.

C'est cette dernière manière que nous allons exposer, en quelques mots, à la fin, il sera facile de faire comprendre l'autre.

Convenons que les jetons vaudront 10 centimes et que chaque joueur sera tenu d'en prendre 10. Si l'on est cinq joueurs, il y aura donc cinq francs au jeu.

On coupe à qui fera, et cela n'a aucune importance, car

on doit finir le tour, c'est-à-dire que si le joueur *A* fait le premier, chacun des autres joueurs *B*, *C*, *D*, *E*, sera tenu de faire à son tour ; de telle sorte que chacun sera un nombre de fois égal 1er, 2e, 3e, 4e et 5e ; et si l'on recommence un autre tour, ce sera exactement la même chose.

Il y a cinq joueurs, avons-nous, dit et c'est le joueur *A* qui donne : avant tout il doit mettre cinq jetons au milieu du tapis ; puis, après avoir bien mêlé les cartes, il les fait couper par son voisin de gauche, et les distribue par le côté droit, en donnant cinq cartes à chaque joueur, puis aussi cinq cartes à la *fille* ou *mort*, et il se sert le dernier, c'est-à-dire le sixième. Il reste donc deux cartes au talon, une qui est la retourne et l'autre qui est inconnue, et que personne ne doit voir.

Le premier joueur, à droite du donneur, prend la parole et dit : *Je passe*, ou *je joue*, suivant que son jeu lui parait bon ou mauvais.

Chaque joueur annonce à son tour si son intention est de jouer ou de passer. Quand tous les mécontents de leur jeu ont dit : *Je passe*, on compte combien il reste de joueurs à tenir la partie, et ces joueurs jouent le coup. Supposons qu'ils soient trois, chacun d'eux prendra autant de jetons qu'il aura fait de levée.

Le premier de ceux qui *tiennent* ou qui *jouent* jette une carte quelconque ; les autres joueurs sont obligés de fournir et de forcer, ou de couper, s'ils n'ont pas de la couleur demandée, et même de surcouper, le cas échéant. Enfin, il faut prendre quand on le peut et donner de l'atout quand la couleur demandée fait défaut. Chaque levée donne droit à un jeton.

Le joueur qui a *tenu* et qui n'a fait aucune levée est *ramsé* ; ce qui signifie que non seulement il ne ramasse aucun jeton, mais qu'encore il est obligé d'en mettre sur le tapis autant qu'il y en avait.

Les joueurs qui ont passé doivent poser leurs cartes

sur le talon sans les montrer; ils doivent garder le silence; ils ne peuvent ni influencer, ni conseiller les joueurs.

Nous avons dit qu'il y avait six jeux distribués bien qu'il n'y eût que cinq joueurs; le sixième jeu est celui du *mort* ou de la *fille*; il est servi l'avant-dernier, c'est-à-dire immédiatement avant le donneur. Le premier à parler, s'il estime son jeu mauvais, a le droit de prendre le jeu du mort, mais sans le regarder, à ses risques et périls. S'il n'use pas de ce droit, le joueur suivant peut en profiter, et ainsi de suite.

Dans certains cercles le *mort est forcé*, c'est-à-dire que le premier en cartes est obligé de jouer, soit avec son jeu, soit avec le jeu du mort. S'il joue avec son jeu, son voisin de droite doit prendre le mort, ou jouer avec son jeu, et ainsi de suite.

Telles sont les notions générales du rams, mais il reste quelques points spéciaux à élucider.

D'abord la retourne appartient au donneur qui la change contre l'une des cartes de son jeu, et il est assez délicat d'écarter, on n'apprend à bien le faire que par la pratique. L'écart varie selon le nombre des joueurs qui tiennent: tantôt il faut écarter un roi pour garder une carte double, tantôt il faut chercher à se garer du rams.

Quand tout le monde passe, celui qui est l'avant-dernier à parler doit présumer que *la fille est belle*, car il ne reste plus contre elle que le jeu du donneur, c'est-à-dire 5 cartes sur 32, et il est à peu près certain que les joueurs qui ont passé avaient tous mauvais jeu; néanmoins, il ne faut pas trop s'y fier, car admettons que chacun de ceux qui ont passé aient une belle carte et un atout, que l'avant-dernier à parler ait aussi un atout; les quatre autres atouts peuvent se trouver dans la main du donneur; avec une carte maîtresse, la fille sera *ramsée*. Cela est fort possible, mais la probabilité est contraire.

A joue le roi de trèfle, *B* a l'as, il doit prendre le roi; il ne lui est pas permis de mettre un petit trèfle ou de sous-forcer; s'il n'a pas de trèfle, *B* doit couper ; quant à *C* qui vient après il doit également fournir du trèfle; mais s'il y a une coupe, il mettra son plus petit trèfle ou, s'il n'en a pas, il *surcoupera*, c'est-à-dire qu'il mettra un atout supérieur, sinon il ne pourra pas *renoncer* c'est-à-dire se débarrasser d'une petite carte d'une couleur quelconque; il sera obligé de sacrifier un atout, s'il en a. C'est ce que l'on traduit par le verbe *arroser*.

Quand on joue une partie sérieuse et que la valeur des jetons n'est pas trop élevée, on convient habituellement qu'au premier tour, c'est-à-dire lorsque la mise est simple, ou seulement de 5 jetons, tous les joueurs seront forcés de jouer, soit avec leur jeu, soit avec le jeu de la fille, tant qu'il ne sera pas pris. Alors il peut arriver qu'il y ait plusieurs *rams*, c'est-à-dire plusieurs personnes qui n'aient pas fait de levées; chacun d'eux devra mettre 5 jetons sur le tapis, ce qui n'empêchera pas le nouveau donneur de mettre 5 jetons à son tour, en sa qualité de donneur; et, s'il a été *ramsé*, il devra mettre encore 5 jetons, en cette qualité.

Supposons qu'il y ait 2 rams avec la mise du donneur, l'enjeu sera triple; c'est à ce deuxième coup que les joueurs sont habituellement obligés de se déterminer d'après la valeur de leur jeu, et de déclarer s'ils passent ou s'ils tentent le risque de faire au moins une levée. Remarquons bien que la mise est triple, que chaque levée vaudra 3 jetons, mais que si, par malheur, on n'en fait aucune, on sera *ramsé* de 15 jetons, et si c'est à soi à faire, on aura encore 5 jetons à ajouter; c'est-à-dire qu'il en coûtera 20 jetons, à mettre sur le tapis au coup suivant.

On voit de suite qu'il importe, à ce genre de rams, de prendre une certaine quantité de jetons, car on peut en perdre un nombre relativement élevé d'un seul coup.

Quand un joueur n'a plus de jetons, il en achète à celui de ses adversaires qui en a le plus devant lui.

Le *rams général* peut être demandé par l'un des joueurs. Celui qui demande le rams général s'engage à faire cinq levées, c'est-à-dire la vole. S'il réussit dans sa demande, il ramasse tous les jetons qui sont sur le tapis; s'il manque de faire la vole, il double les jetons qui sont sur le tapis, et, en outre, il donne cinq jetons ou une fiche, à chacun de ses adversaires.

Celui qui demande le rams général joue le premier, et tous les joueurs, même ceux qui auraient passé, reprennent leur jeu pour lutter contre lui. Voilà pourquoi, au rams, il ne faut jamais mélanger son jeu, quand on passe, avec celui des autres joueurs, car on doit toujours s'attendre à une demande du rams général.

Quand celui qui a demandé le rams général ne le réussit pas, non seulement il ne ramasse rien, mais encore il double les jetons qui sont sur le tapis, et en donne cinq à chaque joueur.

De même s'il avait fait la vole, chacun lui aurait donné cinq jetons en sus de ce qu'il aurait ramassé sur le tapis.

Quel que soit le nombre des jetons sur le tapis, tout donneur doit en mettre cinq avant de commencer la distribution des cartes.

Rams à la démarque. — Dans cette partie, bien moins intéressante que l'autre, chacun prend une quantité de jetons déterminée. Chaque joueur, qui ne passe pas, se débarrasse d'autant de jetons qu'il a fait de levées, et quand il ne lui en reste plus, il est *sorti*. Celui qui reste le dernier perd la partie.

On voit de suite qu'un joueur débarrassé de ses jetons est obligé de faire galerie pendant la lutte de ceux qui restent; on voit en outre que quand on ne joue plus que pour une levée, on n'a nul intérêt à en faire plusieurs, ni même à faire le rams général.

Dans la partie de *rams à la démarque*, chaque joueur, ayant pris la quantité de jetons convenues, se débarrasse de ces jetons à mesure qu'il fait des levées, celui qui n'en fait point en prend cinq en plus. Le premier ou les premiers joueurs qui se sont débarrassés de leurs jetons sont les gagnants (suivant les conventions); ils se retirent du jeu et la partie se continue entre les autres pour voir quel sera le perdant ou les perdants. Ordinairement la question se vide en dernier ressort entre les deux derniers joueurs restants, et le perdant est celui qui conserve encore un ou plusieurs jetons quand les autres n'en ont plus.

Quand on joue à qui perdra une chose déterminée, le rams à la démarque est le seul qui puisse être usité.

Dans cette partie, celui qui fait le rams général démarque cinq jetons, et chacun des autres joueurs en prend cinq.

Le Mistigri ou Cascaret.

Il y a un très joli jeu qui porte des noms multiples et qui se joue de diverses manières : tantôt, c'est le *pamphile;* d'autres fois, c'est le *mistigri;* d'autres fois encore, c'est le *cascaret*, etc. Mais, sous toutes ces dénominations, c'est toujours le même jeu, ou à peu près.

Le cascaret est une variété du *rams*, mais il est autrement amusant.

La plus jolie partie est à quatre joueurs, avec un *mort*, — on dit aussi une *fille*.

Nous allons en expliquer la marche telle qu'elle est suivie en Bourgogne, ainsi que dans une partie du Nivernais et du Bourbonnais.

On commence par tirer les places, car il est très avantageux d'avoir une mazette à sa gauche, tandis que l'on est bien plus exposé à perdre lorsqu'on a un joueur habile de ce côté.

Quand les joueurs sont en place, chacun d'eux prend *trente* jetons, d'une valeur convenue. L'argent représenté par ces jetons est mis à part, et lorsque la partie est terminée, chacun est payé des jetons qu'il a ; ceux qui n'en ont plus, n'ont rien à recevoir.

On tire ensuite la main. C'est le joueur qui a la plus faible carte qui doit donner. On remarquera bien quel est celui qui donne le premier, car lorsqu'une partie dure un certain temps, le plus souvent personne ne sait plus, à la fin, quel est le joueur qui a donné le premier.

La partie se compose de *tours* ; chaque tour commencé doit être terminé, et il est terminé lorsque la donne revient à celui qui le premier a distribué les cartes. Si le tour commencé n'était pas achevé, certains joueurs auraient fait plus de donnes que d'autres et auraient, par conséquent, *déboursé* d'avantage.

Le donneur, après avoir battu les cartes, les présente à couper à son voisin de gauche. La distribution se fait *deux par deux* à la première donnée, et *trois par trois* à la deuxième donnée. Le joueur placé à la droite du donneur est servi le premier.

S'il y a *cinq* joueurs, il est fait *six* jeux; il y en a un pour le *Mort*, appelé aussi la *Fille*. Le mort est servi l'avant-dernier, c'est-à-dire immédiatement avant le donneur.

Chacun ayant reçu cinq cartes, celui qui les distribue

retourne la trentième, qu'il aura le droit de prendre dans son jeu, après en avoir écarté une.

Avant de distribuer les cartes, le donneur doit avoir mis *six* jetons au jeu.

A cette première donne, comme il n'y a point de *bête*, c'est-à-dire la mise étant simple, tout le monde est obligé de jouer.

Le premier joueur placé à la droite du donneur, s'il croit pouvoir faire au moins une levée avec son jeu, *joue* avec ce jeu; sinon il a le droit de prendre la *fille,* ou de demander des cartes. S'il déclare prendre la fille, il changera ses cinq cartes contre les cinq qui ont été servies à cette fille, comme cela a déjà été dit. Puis vient le tour de parole du second joueur, c'est-à-dire de celui placé immédiatement à la droite du premier; il déclare jouer avec son jeu, ou il demande des cartes (soit une, soit plus, jusqu'à cinq s'il en reste); il peut également prendre la fille, si cela n'a pas été fait par le premier joueur. Le troisième joueur, quand vient son tour de parole, a tous les droits des deux premiers, dans la limite de ce qui reste. Le dernier à parler, qui est, par conséquent le donneur, peut également prendre la fille ou écarter, s'il y a lieu ; mais, s'il ne prend pas la fille, il a le droit de changer la retourne contre une de ses cartes. S'il prend la fille, ce droit ne lui appartient plus, car il n'a que les droits qu'avait la dite fille, et il ne peut pas cumuler ses droits de donneur avec ceux-là.

Chacun étant servi, les écarts étant faits, chaque joueur doit faire au moins une levée, ceux qui n'en feront point seront *bêtes*.

Les cartes sont maîtresses dans l'ordre suivant, en commençant par la plus forte :

1° Le *valet de trèfle*, ou *Mistigri*, ou *Cascaret*, ou *Pamphile*, etc. ; 2° le roi ; 3° la dame ; 4° le valet ; 5° l'as ; 6° le dix ; 7° le neuf ; 8° le huit ; 9° le sept.

Il y a donc neuf atouts dans la couleur dont il retourne, excepté néanmoins à trèfle, où il n'y en a que huit ; mais là, comme ailleurs, le Mistigri est toujours le plus fort.

Chaque joueur ramasse autant de jetons qu'il a fait de levées ; celui qui a fait la levée du Mistigri en ramasse deux, c'est pour cette cause que le donneur met *six* jetons au jeu au lieu de *cinq*.

Ceux qui n'ont pas fait de levées sont *bêtes*, et mettent chacun six jetons au jeu. Le donneur en met également *six* pour faire ; il en mettrait *six* autres s'il était bête.

A ce second tour, s'il y a des bêtes, personne n'est forcé d'y aller ; ceux qui *passent* déposent leur jeu sur la table, quand vient leur tour de parole, mais jamais avant.

Si tout le monde passe, le donneur étant seul ramasse tout ce qui est sur le jeu.

Dans certains pays, le joueur qui est l'avant-dernier à parler, c'est-à-dire celui qui est à gauche du donneur, est obligé de prendre la fille ou de jouer avec son jeu, lorsque tout le monde a passé. C'est affaire de convention; mais on comprendre que, sur un gros coup, c'est pousser un peu loin la rigueur que de contraindre un joueur à courir un risque qui peut dépasser ses ressources financières.

S'il y a deux ou trois joueurs qui veuillent prendre part au coup, les choses se passeront exactement comme au premier tour, et chaque joueur ramassera autant de jetons qu'il a fait de levées.

S'il y avait eu deux bêtes, par exemple, sur le premier coup, il y aurait dix-huit jetons au jeu, c'est-à-dire *six* mis par le donneur, et *six* par chacune des *bêtes*, soit au total dix-huit, Les levées seront donc de trois jetons chacune, et le Mistigri, dont la levée compte double, aura droit à six jetons.

Mais si l'un de ceux qui ont affronté le coup, est bête, sur les [dix-huit jetons, il devra en mettre dix-huit au coup suivant, avec la mise du donneur cela fera vingt-quatre. S'il y a deux bêtes, ils mettront chacun dix-huit et le donneur toujours six.

LANTURLU. — Il y a une convention particulière à ce jeu, c'est celle de *Lanturlu;* quand on a cinq cartes de la même couleur, cela s'appelle *avoir Lanturlu.*

Celui qui a *Lanturlu*, gagne tout ce qui est sur le jeu, et si le coup était un *coup de noce*, c'est-à-dire si tout le monde était forcé de jouer, tout le monde serait bête, excepté celui qui aurait fait voir *Lanturlu.*

Si le coup où se produit un *Lanturlu* est un coup où il y avait des bêtes, ceux qui y sont allés sur ce coup sont seuls bêtes à nouveau, et le possesseur de Lanturlu ramasse tout.

Cinq carreaux ou cinq piques ou cinq cœurs ou cinq trèfles forment un *Lanturlu*. Ces cartes n'ont pas besoin de se suivre.

Celui qui a quatre carreaux, ou quatre piques ou quatre cœurs avec le valet de trèfle, a également *Lanturlu*, le valet de trèfle n'étant d'aucune couleur,

Le donneur qui a quatre cartes de la même couleur, si, lorsqu'il en a écarté une, il en a cinq pareilles, il a également *Lanturlu*.. Le valet de trèfle étant toujours de toutes les couleurs.

Quand bien même le joueur qui aurait *Lanturlu* aurait passé, il n'en mettrait pas moins à la mouche tous les joueurs qui y seraient allés. Aussi celui qui a *Lanturlu* passe-t-il toujours, s'il n'est pas dernier à parler, et quand les autres joueurs ont déclaré y aller, il montre son *Lanturlu* et ramasse ce qui est au jeu.

Ce droit de passer a pour but de laisser plusieurs joueurs s'enferrer en s'engageant sur le coup. S'il n'y a pas de bêtes, comme tout le monde est obligé de jouer, celui qui a *Lanturlu* le montre de suite.

Au Mistigri on ne fait pas de crédit ; sitôt que l'on est décavé, on doit acheter des fiches aux gagnants et les payer comptant.

Quand le donneur tourne le Mistigri, il choisit la couleur de l'atout, après avoir vu son jeu.

Celui qui fait maldonne, perd sa donne ; le suivant donne à son lieu et place, et la mise de celui qui a fait maldonne reste sur le tapis.

Néanmoins celui qui a fait maldonne peut, en faisant une nouvelle mise de six jetons, conserver la donne.

Celui qui joue avec plus de cinq cartes est bête.

Après l'écart, celui qui reçoit des cartes doit vérifier si on lui donne bien le nombre qu'il a demandé ; s'il a moins de cartes qu'il doit en avoir, il est hors du coup ; s'il en a plus, il est également hors du coup ; et s'il prend part au coup avec un jeu défectueux, il est bête.

Si celui qui prend la fille y trouve un *Lanturlu*, il a tous les droits qu'il aurait eus si le dit *Lanturlu* avait été dans son premier jeu.

Celui qui fait voir son jeu est bête. Il en est de même de celui qui parle avant son tour.

Quand le Mistigri est resté à la *fille* (qui n'a pas été prise), ou au talon, le roi d'atout le remplace dans toutes ses prérogatives et privilèges ; à défaut du roi, c'est la dame, ensuite le valet, l'as, etc.

Quand on est cinq joueurs, il y a toujours six jeux distribués, car la fille en a un ; il ne reste donc qu'une carte au talon, car les six jeux et la retouane forment un total de trente et une carte ; dans ce cas, on ne donne pas de cartes, on ne peut que prendre la fille. Mais s'il reste six, cartes au talen, tous ceux qui risquent le coup peuvent en demander jusqu'à cinq, tant qu'il en reste.

Au cascaret, on convient souvent qu'on sera obligé de jouer *atout en second*, c'est-à-dire que le premier joueur qui aura fait une levée devra battre atout, de manière à marier les atouts qui pourraient être dispersés dans plusieurs mains, et qui, coupant séparément, serviraient ainsi à sauver plusieurs joueurs.

L'enfle.

L'enfle est une sorte de rams renversé. C'est un fort joli jeu, dont les préliminaires s'arrangent à la volonté des joueurs.

On prend plusieurs jeux de piquet, c'est-à-dire de 32 cartes, si l'on est nombreux ; si, au contraire, il y a peu de joueurs, on ne prend que deux jeux.

Il est très avantageux d'être le premier à jouer — et celui qui a cet avantage est le joueur qui est assis à la droite du donneur — aussi la donne se tire-t-elle au sort.

L'enjeu fait et les cartes distribuées, le premier joue la carte qui lui convient ; supposons qu'il joue un carreau : chaque joueur doit fournir de cette couleur.

Quand tout le monde en a, celui qui a joué ramasse la levée ; mais si un joueur manque de la couleur demandée, il est forcé *d'enfler*, c'est-à-dire de prendre dans son jeu toutes les cartes qui ont été jouées.

Chacun joue à son tour, le gagnant est le premier qui parvient à se débarrasser de toutes ses cartes.

Il ne faut jamais se décourager à l'enfle, l'enflure peut prendre des proportions invraisemblables, mais si l'enflé parvient à prendre la main, il la gardera longtemps, car les autres joueurs n'auront pas de sa couleur; et, à ce jeu, on continue de jouer tant que l'on n'est pas surmonté.

Le Napoléon,

OU POULE DES CASERNES

Ce jeu peut être appris en quelques minutes; il est, en outre, assez amusant; aussi mérite-t-il la vogue dont il jouit encore dans certaines provinces, et surtout dans les casernes.

Quand on est d'accord sur la valeur des jetons et sur le nombre que chacun doit en prendre, on tire la donne.

Chaque joueur met dans une corbeille un nombre de jetons déterminé à l'avance; celui qui distribue les cartes en met le double. L'ensemble de ces mises constitue ce qu'on appelle la *Poule*.

Chacun reçoit cinq cartes, par *deux* et *trois*.

Le joueur placé à droite du donneur a le premier la parole. Après avoir examiné son jeu, si ce jeu lui paraît faible, il passe; dans le cas contraire, il déclare combien il s'engage à faire de levées : *deux*, *trois* ou *quatre*, à moins qu'il ne déclare faire NAP, ce qui veut dire qu'il s'engage à faire tous les plis. Le joueur suivant parle à son tour, et ainsi de suite, jusqu'à ce que Nap soit déclaré par quelqu'un.

Celui qui a demandé à faire le plus de levées choisit l'atout ; tous les autres joueurs deviennent ses adversaires et réunissent leurs efforts pour l'empêcher de gagner, c'est-à-dire de faire le nombre de levées qu'il a annoncé.

C'est toujours le joueur placé à droite de celui qui a distribué les cartes qui joue le premier ; de telle sorte que le demandeur a plus ou moins de chances de succès selon qu'il est premier ou dernier, ou qu'il est cheville ; et tel jeu qui serait imperdable si l'on avait l'attaque, peut fort bien ne pas réussir quand il est pris en flanc.

Si celui qui a demandé fait toutes les levées qu'il a annoncées, il prend autant de mises qu'il a fait de levées ; s'il a demandé Nap et qu'il le fasse, il enlève la poule entière.

Au second tour, le donneur met sa mise double dans la corbeille, et les autres joueurs y mettent, comme la première fois, une mise simple. L'on voit de suite qu'à chaque tour le nombre des jetons de la corbeille peut aller en augmentant, s'il est moins demandé de levées qu'il y a de mises.

Si le demandeur ne fait pas le nombre de levées qu'il a annoncé, il verse à la corbeille autant de jetons qu'il en eût pris s'il avait réussi.

La valeur des cartes est la même qu'à l'écarté.

Celui qui renonce, ou coupe à faux est *Napoléoné*, c'est-à-dire qu'il doit payer à celui qui demande un certain nombre de jetons convenu à l'avance : ordinairement deux ou trois.

Le Polignac.

Le polignac est un petit jeu de salon, qui, pour n'être pas compliqué, n'en est pas moins très intéressant. On le joue entre amis qui ne veulent point se gagner d'argent; on le joue surtout dans les sociétés où se trouvent des dames.

Si le polignac se joue à quatre, chaque joueur reçoit huit cartes. S'il se joue à cinq, chacun des joueurs reçoit six cartes et l'on retire deux sept du jeu, soit les rouges, soit les noirs. Quand on joue le polignac à six, chacun des joueurs reçoit cinq cartes et l'on retire également deux sept. Enfin, si l'on est sept joueurs, chacun reçoit quatre cartes et l'on retire les quatre sept du jeu.

Toutes les cartes se distribuent et leur nombre, comme on vient de le voir ci-dessus, doit toujours être divisible par le nombre des joueurs; il n'y a donc pas de talon. Il n'y a également point de retourne. Toutes les combinaisons et tous les efforts du joueur doivent tendre à faire le moins de levées qu'il est possible, ou du moins, s'il en fait, il doit tâcher qu'elles ne contiennent point de valets et surtout le valet de pique : *Polignac.*

De la donne. — On distribue les cartes deux par deux, ou autrement, mais jamais il n'est permis d'en donner plus de trois d'un coup ; on commence par la droite.

Valeur des cartes. — La plus forte carte est le roi; viennent ensuite la dame, le valet, l'as, le dix, le neuf, le huit et le sept.

Marche du jeu. — Le joueur placé le premier à la droite

du donneur qui a été désigné par le sort, joue une carte quelconque, et chaque joueur est obligé de fournir à la couleur.

Quand on manque de la couleur jouée, on s'empresse de se débarrasser de ses cartes les plus fâcheuses, c'est-à-dire de ses valets et surtout du valet de pique. Si l'on n'a pas de valets à envoyer sur le tapis, on jette ses plus grosses cartes, car on doit toujours diminuer ses chances de faire des levées.

La partie se joue en dix, quinze ou vingt jetons, selon les conventions faites avant de commencer le jeu.

La partie est perdue par celui des joueurs qui a pris le premier le nombre de jetons convenu.

Il est bien évident que le joueur qui a l'attaque ouvrira le jeu dans sa couleur faible, et qu'il aura le soin de se créer des renonces afin de faire filer les cartes qui pourraient faire des levées.

Il faut bien convenir, avant de commencer le jeu, combien on prendra de jetons par valet ramassé, et expliquer également si, lorsqu'on fait une levée avec un valet de sa main, on ne sera pas obligé de prendre plus de jetons que dans le cas précédent. Il est inutile de dire que Polignac, ou valet de pique, ramassera toujours un nombre de jetons double. Exemple : Si les autres valets ramassent chacun deux jetons, le valet de pique en ramassera quatre.

MISÈRE OU CAPOTE. — Pour donner plus de piquant et d'imprévu au jeu de polignac, on convient généralement que celui qui fera toutes les levées (et c'est là le comble de la déveine) non seulement ne perdra rien mais qu'encore chacun de ses adversaires prendra un nombre de jetons déterminé, ordinairement cinq.

Le domino avec des cartes.

Celui qui a inventé le domino aux cartes n'a peut-être eu d'autre but que de supplanter son bruyant homonyme. L'intention est louable et mérite d'être encouragée.

Qui nous délivrera de ces joueurs qui nous assourdissent avec leurs osselets, et n'ont pas même l'excuse d'être aveugles!

Ce jeu n'exige ni une longue pratique, ni de profonds calculs.

Le domino aux cartes peut se jouer entre *deux, trois* ou *quatre joueurs*; dans ce dernier cas, il y a deux camps, formés de deux joueurs, lesquels se placent l'un en face de l'autre, en diagonale.

L'on se sert d'un jeu de piquet pour jouer le domino aux cartes.

Nous supposerons une partie à deux, pour simplifier les explications.

Comme il y a un très grand avantage à jouer le premier, et, par conséquent, à ne pas donner, on tire la main. La plus petite carte désigne le donneur.

Celui-ci présente d'abord les cartes à couper et distribue sept cartes à chacun : *deux fois deux* et *une fois trois*. Il ne tourne pas. Les cartes ont la même valeur qu'au piquet.

Les dix ne valent que le nombre de points qu'ils portent, mais ce sont les meilleures cartes du jeu, on verra bientôt pourquoi.

Celui qui a la main ouvre le jeu; il doit le faire par un dix; s'il n'en a pas, il va à la *pêche* au talon, en prenant toujours la carte de dessus.

Il est bon de remarquer que l'on est libre de pêcher quand on veut, tant qu'il reste des cartes au talon, et que l'adversaire ne doit pas savoir si l'on y est obligé, ou si on le fait par spéculation.

Quand celui qui a la main a posé un dix, c'est au donneur à poser à son tour, et il ne lui est possible de jouer que l'une des trois cartes que voici : ou le valet de la couleur jouée, ou le neuf de cette même couleur; car il faut faire la dix-huitième dans chacune des quatre couleurs, en commençant par le dix que l'on tourne en croix ainsi que l'indique la figure ci-contre; et toujours en suivant, c'est-à-dire soit en remontant, pour la quatrième majeure, soit en descendant, pour la tierce mineure; l'ensemble, avec le dix, fait bien la dix-huitième.

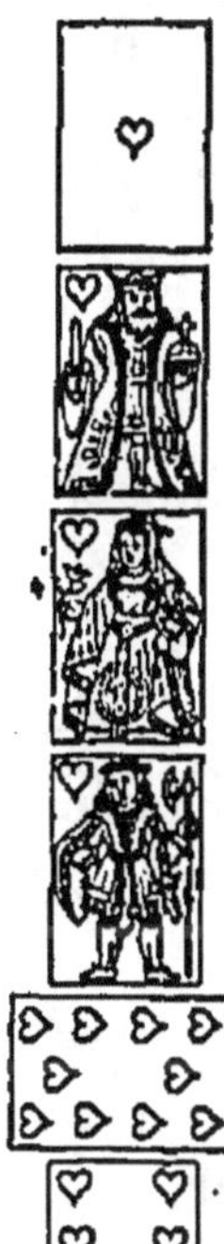

Supposons que vous ayez le dix de cœur, vous le placerez comme cela est indiqué ci-contre. Alors, il faudra, pour que je ne boude pas (ou pour que je n'aille pas à la pêche) que j'aie le valet, ou le neuf de cette couleur.

Si cependant j'avais un dix d'une autre couleur, *j'ouvrirais* cette couleur, en le posant à part, et je ne serais pas obligé de pêcher.

Les choses se passeraient alors comme cela vient d'être expliqué pour les cœurs.

Toute la science de ce jeu consiste à barrer l'adversaire, et à avoir en main des séquences, qu'on tâche de se faire en allant à la pêche. Mais c'est là un jeu dangereux. Quand on a une carte qui pourrait être placée, mais qui ouvrirait un passage à l'adversaire, il faut bien se garder de la placer. Exemple : Je viens d'ouvrir la couleur de carreau, ou une autre, et mon adversaire a posé, à son tour, une carte quelconque sur la couleur précédente. J'ai en main le valet et le neuf de carreau, je pourrais poser d'un côté ou de l'autre, mais je m'en garderai bien tant que je pourrai poser ailleurs; ces deux cartes, je les garde en cas de besoin, c'est-à-dire pour quand je ne pourrai plus me mouvoir d'un autre côté; et je suis bien certain que mon adversaire sera forcé de garder tous ses carreaux en main, tant que je ne lui ferai pas un pont avec mon valet ou avec mon neuf. On pourrait multiplier les exemples, mais ce serait trop allonger la démonstration.

Celui qui le premier s'est débarrassé de ses cartes, fait DOMINO, et l'adversaire compte les points qu'il a en main; chaque carte comptant comme au piquet : As, 11; Roi 10; dame, 10; valet, 10 (inutile de parler du dix qui ne peut jamais rester dans la main d'un joueur); le neuf, 9; etc. L'adversaire marque ces points à son profit; l'on mélange les cartes à nouveau, et c'est au donneur du coup précédent à être premier cette fois.

L'on joue en 100, 150 ou 200 points, et même plus si l'on veut.

A trois, le jeu est absolument le même qu'à deux, mais il est beaucoup plus intéressant. A quatre, il demande beaucoup de finesse et d'attention : il faut savoir faire des invites, voir à quelles cartes boude son partenaire, tâcher de lui créer un débouché, etc....

Il faut prendre en main un jeu de cartes pour suivre la démonstration ci-dessus, sans quoi tout semble vague et difficile à saisir; rien cependant n'est plus simple.

CHAPITRE TROISIÈME

JEUX DE RUSE OU DE DIPLOMATIE

L'Ambigu. — La Bouillotte. — Le Poker américain. — Le Poker français.

L'Ambigu.

Ce jeu, ainsi que son nom l'indique, est un mélange de plusieurs autres jeux. Il est très proche parent de la bouillotte et du poker, et surtout il est très récréatif, aussi pourrait-il bien redevenir à la mode un jour ou l'autre.

L'ambigu se joue avec 40 cartes, c'est-à-dire avec un jeu complet dont on a retiré les douze figures.

VALEUR DES CARTES. — La valeur de chaque carte est déterminée par le nombre de points qu'elle représente, ainsi l'as vaut 1, le deux 2, le trois 3, etc.

GÉNÉRALITÉS. — Le nombre des joueurs varie de *deux* à

six; chacun d'eux met au jeu un ou plusieurs jetons. Ces mises constituent la *poule* ou la *vade*.

On convient d'abord du temps que durera la partie, ou du nombre des coups dont elle se composera. Il est permis à celui qui perd de quitter avant le temps convenu, mais jamais à celui qui gagne, quand même un ou deux perdants auraient déjà abandonné la partie.

De la donne. — Après avoir réglé toutes ces choses, on tire la donne au sort. Le donneur, ayant battu les cartes, et fait couper le joueur de gauche, distribue à chaque joueur deux cartes, l'une après l'autre.

Lorsque chaque joueur a vu ses deux cartes, il apprécie, s'il peut, avec ces cartes, espérer un beau jeu, c'est-à-dire, ou le *point*, ou la *prime*, ou la *séquence*, ou le *tricon*, ou le *flux*, ou enfin le *fredon* ; toutes choses qui vont être expliquées ci-après,

Le joueur qui est content de ses cartes dit *basta*, mot italien qui signifie *assez*, et il met au jeu le nombre de jetons convenu; dans le cas contraire il écarte une seule ou ses deux cartes, et le donneur les lui remplace.

Ensuite le donneur mêle une seconde fois les cartes du talon ; et, après la coupe, il distribue à chaque joueur deux nouvelles cartes, de telle sorte que chacun en a quatre.

Le joueur satisfait dit : *Je m'y tiens* ; dans le cas contraire, il dit : *Je passe*. Si tous les joueurs passent, le dernier, qui est le donneur, peut changer son jeu et donner de nouveau, ou obliger les joueurs à garder leurs cartes; dans ce cas, il met deux jetons au jeu, et garde ses cartes.

De la batterie. — Le joueur qui croit avoir beau jeu peut proposer le nombre de jetons que bon lui semble, ce qui compose la *batterie*; si personne ne les tient, il lève la batterie, et le donneur, ou le dernier, doit en outre lui compter deux jetons, à moins qu'il ne fasse lui-même la *vade*.

LA VADE. — Si deux ou plusieurs des joueurs veulent tenir la *vade*, chacun d'eux écarte à son tour ce qu'il veut de cartes; ou point du tout, si bon lui semble, sans qu'il lui soit permis de *renvier*; c'est-à-dire de mettre de nouveaux jetons, avant que les joueurs qui tiennent la vade aient écarté, et qu'on leur ait distribué autant de cartes qu'ils en désirent, jusqu'à concurrence de quatre.

Les écarts terminés, chacun parle selon son rang: celui qui a, ou qui veut feindre d'avoir mauvais jeu, dit qu'il *passe*. Si tous les joueurs passent également, la *vade* reste pour le coup suivant.

Mais si l'un des joueurs a ou veut faire croire qu'il a beau jeu, il *renvie* en mettant au jeu quelques jetons de plus que ceux qui y sont; dans ce cas, les autres joueurs peuvent tenir ces jetons ou passer; chacun peut même renvier de nouveau; mais si personne n'a tenu le premier renvi, celui qui l'a fait lève tout, et se fait payer par les autres joueurs la valeur de ce qu'ils ont en *points*, *primes*, *séquences*, *tricon*, *flux* et *fredon*, qui valent chacun ce qui va être dit dans un instant.

Lorsque, au contraire, le renvi est tenu, celui qui le tient peut renvier à son tour; et les renvis continuent ainsi jusqu'à ce que l'un des renvieurs soit resté seul, après désistement des autres; alors les joueurs intéressés au coup, c'est-à-dire qui n'ont pas passé, étalent leur jeu sur la table, afin de connaître le gagnant.

QUI GAGNE? — Les chances de gain sont au nombre de six, savoir, en commençant par la plus petite :

Le *Point* est la moindre de ces chances; il consiste dans la réunion de deux ou plusieurs cartes de même espèce, comme cœur, carreau, etc... Une seule carte ne fait pas le point; c'est-à-dire qu'*un* cinq et *un* quatre d'une couleur, qui ne font que neuf, gagneraient de préférence à un dix en une seule carte. Pareillement trois cartes d'une même espèce, l'emportent sur deux, quand bien même ces deux cartes représenteraient un plus grand nombre de points que les trois autres.

Celui qui gagne par le point reçoit de chaque joueur *un* jeton, et il emporte, en outre, la poule, la vade et les renvis.

La *Prime*, seconde chance de gain, se forme par quatre cartes, dont chacune est d'une couleur particulière. Cette chance l'emportera sur le point : le joueur qu'elle fait gagner reçoit de chacun des autres *deux* jetons; et la poule ainsi que la vade et les renvis lui appartiennent. Si les points dont la prime est composée s'élèvent au-dessus de *trente*, on l'appelle la *grande prime*. En cas de concurrence, c'est-à-dire s'il y a une prime dans une autre main, celle-ci l'emporte. Dans certaines localités, elle gagne trois jetons au lieu de deux.

La *Séquence*, troisième chance, a lieu quand trois cartes d'une même couleur se suivent : ainsi un deux, un trois et un quatre de cœur, de pique, etc... font une séquence. Cette chance l'emporte sur les précédentes, et le joueur qu'elle fait gagner reçoit de chacun des autres *trois* jetons, indépendamment de la poule, de la vade et des renvis dont il s'empare. La séquence, qui représente le plus grand nombre de points, est préférée aux autres, excepté le cas où la séquence serait composée de quatre cartes : celle-ci l'emporterait, quand bien même elle représenterait moins de points que la séquence en en trois cartes.

Le *Tricon*, quatrième chance, est composé de trois cartes différentes par la couleur, mais qui représentent chacune un même point : ainsi trois as, trois deux, trois six, forment un tricon. Cette chance l'emporte sur le point, les primes et les séquences. La poule et le reste appartiennent au joueur qu'elle fait gagner, et les autres sont obligés de lui donner chacun *quatre* jetons. S'il se rencontre plusieurs tricons, le gagnant est celui qui représente le plus grand nombre de points.

Le *Flux*, cinquième chance, se forme par *quatre* cartes d'une même couleur, comme quatre cœurs, quatre trèfles, etc. Cette chance supérieure à toutes celles qui précèdent donne au joueur le droit d'exiger *cinq* jetons de chacun de ses adversaires, indépendamment de la poule et des accessoires.

Jeux doubles. — Toutes les chances dont il est parlé ci-dessus se nomment *jeux simples*. L'ambigu a ses *jeux doubles* ; on les appelle ainsi parce qu'ils renferment plusieurs jeux simples. Exemple : on a le tricon réuni avec la prime, quand, à trois dix, ou à trois autres cartes d'un même point, se trouve jointe une quatrième carte d'une couleur différente de celles des trois autres. Une telle chance l'emporte sur tous les jeux simples, et vaut à celui qu'elle fait gagner ce que chacun de ces deux jeux lui produirait en particulier.

Le flux joint à la séquence produit les mêmes effets que le tricon avec la prime, et l'emporte sur cette dernière chance.

Le *Fredon* l'emporte sur tous les autres jeux, tant simples que doubles. Il est composé de 4 cartes de même valeur, comme 4 as, 4 cinq, 4 six, etc. Le joueur qui gagne avec le fredon reçoit :

1° *Huit* jetons pour le fredon ;

2° *Deux* ou *trois* jetons pour la prime, selon que les points qu'elle représente sont au-dessous ou au-dessus de 30.

3° Enfin, il emporte la poule, la vade et les renvis.

Le fredon le plus fort est préféré au plus faible. Celui de dix est le plus fort ; et celui d'as est le moindre.

Des renvois. — Celui qui fait le second renvi, ne peut renvier ensuite au-dessus des autres, dès que les cartes sont données pour la dernière fois.

Un des joueurs peut renvier sur tous les autres quand ils ont tous passé et qu'ils s'y sont engagés; et le premier peut alors être de ce renvi, et renvier même au-dessus s'il a assez beau jeu pour cela.

On peut encore, d'un commun accord, régler les renvis afin de ne pas s'exposer à une trop grosse perte.

Quelque grand renvi que l'on fasse, chacun ne peut perdre ni gagner que ce qu'il a de jetons devant soi, ou ceux qui lui sont dus par les autres joueurs, et on ne peut l'obliger de tenir davantage, c'est-à-dire de payer au delà.

De quelques cas particuliers. — De deux ou trois jeux égaux, celui qui est le premier en cartes l'emporte, si ce n'est au point; alors deux cartes de séquence, comme quatre et cinq, ou cinq et six, l'emporteront sur deux et sept, ou sur sept et quatre à point égal, et le nombre de cartes égales.

On ne doit jamais faire de crédit, et n'accepter les renvis d'un joueur que s'il en représente le montant.

On peut demander ce que l'on a gagné, jusqu'à ce qu'on ait coupé pour le coup suivant; après quoi, on n'y est plus reçu.

Il n'est pas permis de tirer de l'argent de sa poche, ni d'en emprunter, après avoir vu la troisième carte; mais si l'on a jeu d'espérance sur les deux premières cartes, on peut le faire quand quelqu'un fait battre, et caver ce qu'on voudra, disant : *J'en suis de tant de jetons.*

Quoiqu'on n'ait rien de reste devant soi, ou que tout soit engagé au renvis, on n'en doit pas moins payer la valeur du jeu à celui qui le gagne, c'est-à-dire ce que valent les points, primes, séquences, flux ou tricons, etc., bien que l'on soit ni des vades ni des renvis.

Toutes les fois qu'on passe, il faut donner les cartes sans battre, et l'on ne bat et coupe que lorsqu'on fait la première et la seconde vade.

Quand il n'y a pas assez de cartes pour en donner à chacun après avoir distribué toutes celles qu'on a, on prend celles qui ont été écartées, on les bat, on donne à couper, et on les distribue pour achever de compléter le nombre de cartes de chaque joueur.

Si l'un de ceux qui jouent, c'est-à-dire ne passent point, prévoit que les cartes ne suffiront pas pour les autres, il lui est permis de mettre son écart en réserve, afin d'éviter que les cartes qui lui ont été inutiles la première fois, ne lui reviennent, ou qu'elles fassent beau jeu aux autres.

Quiconque accuse son jeu à faux, ne perd rien pour cette méprise, parce qu'il doit étaler son jeu sur la table.

Le joueur qui a trop ou trop peu de cartes, soit à la première donne, soit après l'écart, perd le coup et l'argent, s'il a été de la vade et des renvis. C'est pourquoi il est important de prendre garde à son jeu, et de ne point prendre plus de cartes qu'il ne faut; car ce n'est point celui qui donne qui est puni, hors le cas où il prend trop de cartes pour lui-même.

Si celui qui donne les cartes manque de les battre et de les faire couper, il sera obligé de mettre 4 jetons au jeu, et perdra son coup, sans que cela soit préjudiciable aux autres, qui achèveront leurs renvis et le coup, dont ils seront payés sur la valeur de leurs cartes.

Il n'est permis à aucun joueur de montrer son jeu ni ses écarts, sous peine de perdre le coup, et de payer au jeu quatre jetons.

La Bouillotte.

Le baccara a presque détrôné la bouillotte ; cela prouve que les joueurs ne considèrent plus aujourd'hui que des résultats, et que les combinaisons du jeu perdent de plus en plus leurs attraits.

La plus belle partie est celle qui se fait entre quatre joueurs. Elle se joue alors avec un jeu de piquet dont le nombre des cartes est réduit à vingt, car on en retire les sept, les dix et les valets.

A cinq, on retire du jeu les sept et les dix, ce qui réduit le nombre des cartes à 24.

A trois on ne conserve que les as, les rois, les neuf et les huit ; il ne reste donc que 16 cartes.

Les places sont tirées au sort : à cet effet, on prend un nombre de cartes égal à celui des joueurs, et ces cartes sont choisies de telle sorte que leur valeur soit en progression directe, comne un roi, une dame et un neuf ; on les mêle et on les présente aux joueurs, qui en prennent chacun une. Celui qui a la plus forte carte choisit la place qui lui convient, et les autres joueurs se placent après lui, en commençant par la droite, d'après la valeur de la carte qui leur est échue.

De la cave. — On nomme *cave* la somme que chaque joueur doit mettre devant soi. On commence toute partie à caves égales. Tant que la partie dure, aucun joueur ne peut rien ôter de sa cave. Il ne peut, non plus, rien y ajouter, tant qu'il lui reste quelque chose devant lui ne fût-ce qu'un seul jeton ; seulement dès qu'il est décavé, il est en droit de se *recaver* de telle somme que bon lui semble, à moins qu'une convention particulière n'ait fixé un maximum pour toute cave nouvelle.

Un joueur n'est pas décavé lorsqu'il a mis son dernier jeton à la passe. Il peut même alors couvrir le jeu ; cela s'appelle *jouer le tapis.*

Cependant, celui qui s'engage dans un coup, ayant moins que la passe, est tenu, sous peine de n'enpas profiter, de déclarer, s'il *obtient*, qu'il n'a que telle somme à jouer.

Celui qui joue le tapis ne peut prétendre qu'aux jetons de la passe. Les joueurs qui perdent contre lui n'ont rien à lui payer.

On ne peut perdre dans un coup plus qu'on n'a devant soi ; mais on double ou on triple même quelquefois sa cave, quand, l'ayant jouée en totalité contre deux ou trois adversaires, chacun est obligé de la lui payer.

Lorsqu'il lui reste moins de jetons que la passe et qu'il gagne le coup, un joueur reçoit encore plus qu'il n'a devant lui.

Le joueur décavé qui se recave étant le dernier en cartes ne donne pas, la main passe. La même chose a lieu pour le joueur qui rentre à la place de celui qui devait donner.

D'habitude, on change de cartes après deux liquidations.

Valeur des cartes. — Les vingt cartes composant le jeu sont : les as, les rois, les dames, les neuf et les huit. Elles ont la même valeur qu'au jeu de piquet.

De la donne. — La donne appartient au joueur qui a reçu le roi, quand on a tiré les placés au sort. Après avoir fait couper par le joueur de gauche, le donneur ou dernier en cartes les distribue, une à une, en commençant par la droite ; le donneur se sert le dernier. Quand chaque joueur a trois cartes, il place la treizième en évidence au talon; cette carte est la retourne. Le talon et la retourne se placent à droite du donneur.

Toute carte vue pendant la distribution par un joueur autre que celui auquel elle est destinée implique maldonne.

Quand il y a maldonne, on doit, néanmoins, continuer la distribution des cartes, car, comme on le verra, du reste, à la rubrique « *des brelans* », si quelqu'un avait un brelan, il en serait payé malgré l'annulation de la donne.

On se sert de deux jeux. Le jeu qui ne sert pas la première fois se place à la droite du joueur qui doit donner le coup suivant.

Le joueur placé vis-à-vis du donneur doit *faire le ménage*, comme on dit au whist.

La bouillotte offre les hasards du point et du brelan.

Du point. — Le point se compose des cartes d'une même couleur qui se trouvent abattues en y ajoutant la retourne. Il appartient à celui qui, s'étant engagé, possède la carte la plus forte dans cette couleur : il ne peut être supérieur à 48, ni inférieur à 27.

La carte gagnante est généralement l'as ; en l'absence de cette carte restée au talon, la même prérogative appartient au roi ou à la dame, au neuf ou au huit.

Supposons que la distribution des treize cartes ait fait sortir les cinq cœurs : le point qui est alors de 48, appartient à celui des joueurs qui, s'étant engagé dans ce coup, a entre les mains l'as de cœur.

Supposons, maintenant, que la distribution ait fait sortir seulement trois cœurs : dame, neuf et huit, le point ne sera que de 27 et appartiendra au possesseur de la dame.

Quand l'as de la couleur est la retourne ; il s'ajoute au point et compte dans le jeu de celui qui a la plus forte carte de cette couleur. A égalité de points entre deux joueurs, le premier en cartes l'emporte sur l'autre.

La couleur gagnante est celle dont se compose le point supérieur appartenant à l'un des joueurs engagés, le point le plus fort ne comptant pas lorsque celui qui le possède réellement ne joue pas le coup ou renonce dans le cours de la lutte.

Quand plus de deux joueurs sont engagés, il peut y en avoir deux qui gagnent par le même point ; il est de règle, en ce cas, que la couleur qui gagne ne peut perdre en même temps.

Exemple : Si, dans un coup, trois joueurs sont engagés, et si le premier n'a pas une cave assez forte pour suivre les deux autres dans leurs enchères, ceux-ci luttent pour un excédent d'enjeu. Si le premier réunit cinq cartes en pique, par exemple, il gagne à chacun de ses adversaires le montant de ce qu'il a joué contre eux, et le pique est la couleur gagnante. Si le deuxième joueur trouve, à son tour, cinq cartes en trèfle, il semblerait, au premier abord, qu'il doive l'emporter sur le troisième joueur qui n'a plus à espérer que trois cartes puisqu'il n'y en a que treize de distribuées ; pourtant, si le hasard voulait que ce troisième joueur ait dans la main, en compagnie des cœurs ou des carreaux supérieurs, une des cartes de la couleur gagnante, ne fût-ce que le huit, cette carte lui donnerait l'avantage sur le deuxième joueur.

Des brelans. — Le brelan *simple* se compose de trois cartes semblables : trois as, trois rois, trois dames, trois neuf, et trois huit. Le brelan l'emporte sur le point, et lorsque plusieurs brelans se présentent, c'est le plus fort qui gagne : le brelan d'as est plus fort que celui de roi ; le brelan de rois que celui de dames, et ainsi de suite.

Le brelan carré, formé de quatre cartes semblables : quatre as, quatre rois, etc., l'emporte sur tous les brelans simples. Il y a brelan carré quand un joueur a en main les trois cartes d'un brelan simple et que la quatrième carte forme la retourne.

Outre la somme que lui rapporte le coup joué, le joueur qui a brelan simple reçoit un jeton de chacun des autres joueurs, et deux jetons s'il a brelan carré.

S'il se trouve simultanément plusieurs brelans au jeu, les joueurs qui n'en ont pas payent également un jeton au possesseur d'un brelan inférieur, quoique, en raison de cette infériorité, ce possesseur ait perdu le coup.

On convient quelquefois que, lorsqu'il se trouve, dans le même coup, un brelan carré et un brelan simple, le joueur qui aura ce dernier aura le droit de découvrir la première carte du talon ; si cette carte forme, avec son brelan simple, un brelan carré, ce brelan l'emportera sur celui de l'adversaire, pourvu qu'il soit composé de cartes supérieures.

S'il y a maldonne, on doit continuer la distribution des cartes, car le brelan, quand il s'en trouve un, est payé au joueur comme si le coup était bon.

Quand il y a deux brelans sur le même coup, les deux joueurs qui les possèdent ne se payent rien réciproquement, mais les autres joueurs payent chacun les deux brelans ; quand il y a trois brelans, l'unique joueur qui n'en a pas paye les trois autres.

Le joueur qui, ayant brelan en main, perd le produit de sa cave contre un brelan supérieur, n'est pas décavé pour cela puisqu'il lui reste les jetons de son brelan.

De la passe. — Avant chaque coup, le donneur met au jeu un jeton que l'on appelle *passe*.

Marche du jeu. — Le joueur placé à la droite du donneur a le premier la parole. Après avoir examiné ses cartes, il annonce s'il *ouvre le jeu* (simplement), s'il *l'ouvre de telle somme en plus*, ou s'il *passe*. Quand on ouvre le jeu d'une somme en plus, on dit qu'on se *carre*, ce que l'on fait en mettant au jeu autant de jetons qu'il y en a plus un ; ou encore si on ouvre en proposant son *va-tout*, qui est le pari proposé aux joueurs de tout l'argent que l'on a devant soi ; enfin on peut *passer* lorsque le jeu ne paraît pas présenter des chances favorables.

Le joueur suivant peut *tenir* ou passer quand le jeu est ouvert ; il peut l'ouvrir s'il ne l'est pas encore. Les autres joueurs ont successivement les mêmes droits.

Quand tous les joueurs passent, le coup est nul. Celui qui était le premier en cartes le coup précédent devient donneur à son tour et met sa passe au jeu ; la passe est donc double ; alors pour ouvrir le jeu ou le *voir* simplement, il faudra commencer par s'engager de deux jetons. Cependant, d'après certains usages, lorsque personne n'ouvre le jeu, le même donneur recommence à donner, chaque joueur remettant un jeton.

Si un seul joueur ouvre le jeu, il prend le jeton et l'on passe à un autre coup.

Lorsqu'un joueur, ayant ouvert le jeu, un seul des autres a tenu, ce tenant peut, au deuxième tour, soit relancer, c'est-à-dire faire plus, soit *abattre* pour compter le coup.

Quand deux joueurs, le second et le troisième par exemple, ont tenu le jeu que le premier a ouvert, le deuxième peut *relancer* ou *passer parole* au troisième ; mais il n'a pas le droit d'abattre. S'il relance, le troisième peut *tenir* ou *s'en aller*. S'en aller c'est abandonner le coup en payant la somme pour laquelle on s'est engagé ; et, dans ce dernier cas, la lutte est circonscrite entre le premier et le troisième joueur.

Le premier peut également s'en aller, ou tenir la relance du deuxième, ou le relancer lui-même. Dans le cas d'une nouvelle relance de sa part, l'autre peut encore surenchérir, et tous les deux ainsi, tour à tour, jusqu'à concurrence de la plus faible de leurs caves, si elles ne sont pas d'égale valeur.

Si, au deuxième tour de parole, le troisième joueur a tenu la relance du deuxième, le premier commence le troisième tour de parole en disant qu'il s'en va ou bien qu'il tient aussi cette nouvelle relance; il ne peut plus abattre tant que le troisième engagé n'a pas usé lui-même du droit de relancer ou de passer parole, parce que c'est toujours au joueur le plus près de la droite de celui qui a fait de l'argent dans un tour de parole qu'appartient le droit de relancer ou de passer parole dans le tour suivant.

Pour donner un exemple, supposons que le premier joueur ait ouvert le jeu et qu'un seul adversaire ait tenu : ce dernier peut abattre son jeu, relancer ou faire son va-tout.

Quand deux joueurs seulement sont engagés dans un coup, l'un des deux est maître d'abattre son jeu, c'est-à-dire d'arriver à une solution immédiate en acceptant la relance de l'autre; mais s'il y a plus de deux joueurs engagés, l'on n'a le droit d'abattre qu'autant que l'on est dernier à tenir et que le joueur qui précède a renoncé à son droit de relancer, en passant la parole au suivant; si non, les enchères ne s'arrêtent que lorsque chacun a engagé le montant de sa cave.

Lorsque quatre joueurs sont engagés, pour que le dernier à tenir puisse abattre, il faut que deux joueurs aient cédé leur droit de parler dans le tour.

Dès qu'un joueur use de son droit d'abattre, les autres sont obligés d'abattre également leurs jeux; alors on compte le point.

De la carre. — Avant de commencer chaque coup, le premier en cartes jouit du droit de se *carrer*, en mettant devant lui autant de jetons qu'il y en a au jeu, et en disant : *Je me carre*. La carre procure plusieurs avantages :

1° Le jeu se trouve ouvert sans qu'on ait vu les cartes du joueur, et il n'est plus obligé de parler; c'est au deuxième à prendre la parole.

2° Quelles que soient les cartes de celui qui s'est carré, il reste maître de l'enjeu, quand les autres joueurs passent.

3° Si, au lieu de passer, les autres joueurs s'engagent, ils sont obligés de *relancer ;*

4° Enfin, celui qui s'est carré, lorsqu'il n'est pas content de son jeu, peut, en abandonnant les jetons de sa carre, se retirer du coup.

De la contre-carre. — Les avantages de celui qui s'est carré peuvent être achetés par le second joueur, qui se *contre-carre*, en doublant l'enjeu déjà doublé par le carré, et en disant : *Je rachète la carre.* Mais le premier conserve le droit de racheter sa carre en exposant une somme de jetons égale à l'enjeu quadruple; et il reprend ainsi tous les avantages que la contre-carre lui faisait perdre. Le premier joueur, quand il agit ainsi, doit dire : *Je rachète la contre-carre* et son action est appelée *sur-contre-carre.*

Dans le cas où le premier joueur n'use pas de son droit de rachat, le troisième peut aussi se contre-carrer, en doublant l'enjeu déjà doublé deux fois par les joueurs précédents, et, dans ce cas, c'est le quatrième joueur, c'est-à-dire le donneur qui prend le premier la parole.

Le carré seul a le droit de racheter la contre-carre, et le contre-carré peut seul racheter la sur-contre-carre.

La carre, la contre-carre et la sur-contre-carre servent d'ouverture au jeu et celui qui, ayant la parole, ne passe pas, doit dire : *Je vois la carre*; le suivant, s'il ne passe pas, dira : *Je tiens la carre.*

De la relance. — *Relancer*, c'est offrir de jouer telle quantité de jetons de plus que celui qui a ouvert le jeu.

Celui qui *relance* (ou fait une somme plus forte) doit spécifier si la somme qu'il propose est en sus des passes. Si elle n'est pas en sus, elle doit se composer de la somme nette annoncée.

Quand le joueur qui doit parler a dit qu'il voit la carre, il est obligé d'ajouter quelque chose aux jetons de la carre, pour permettre au carré d'user de son droit de relance.

Un joueur qui a relancé peut réitérer quand il a été lui-même relancé d'une somme supérieure ; par exemple, s'il a fait dix jetons, il faut, pour qu'il y ait relance, qu'un joueur venant après lui fasse quinze jetons.

Quand tous les joueurs ont beau jeu, ils peuvent user jusqu'au bout du droit de relance.

Le jeu de bouillotte demanderait un volume complet pour être expliqué dans tous les détails; d'ailleurs ce livre n'est point fait pour enseigner les jeux, mais seulement pour rappeler les règles, qui doivent être invoquées en cas de contestation.

SUCCESSION DES RELANCES. — Voici l'ordre successif des relances ; il ne faut jamais l'oublier.

Le 1er ouvre le jeu, au premier tour de parole;
Le 2e relance au 2e tour.
Le 3e — 3e —
Le 4e — 4e —
Le 1er — 5e —
Le 2e — 6e —
Le 3e — 7e —
Le 4e — 8e —

MANIÈRE DE BIEN JOUER LA BOUILLOTTE. — Le jeu de bouillotte paraît d'une grande simplicité; cependant il exige beaucoup d'habitude et de finesse.

Ce n'est pas dans la combinaison des cartes que consiste la science de la bouillotte; elle est tout entière dans la connaissance exacte des règles et surtout dans le tact, à l'aide duquel on arrive à deviner promptement la manière de jouer de ses adversaires, tout en leur cachant de quelle manière on joue soi même. Il faut aussi que celui qui joue la bouillotte ait le plus grand sang-froid, afin de dissimuler les émotions que le hasard des cartes lui fait éprouver.

« Il y a, dit un maître, deux manières ou méthodes de bien jouer la bouillotte : celle des probabilitées mathématiques et celle des probabilités morales.

« Avec la première méthode, on ne tient compte que des hasards, dont la présomption naît de la valeur des trois cartes qu'un joueur a dans la main, de celle qui retourne et de la position dans laquelle il se trouve relativement à la primauté !

« Avec la seconde méthode, on nie pour ainsi dire toute probabilité mathématique, et l'on ne s'occupe que de la physionomie du jeu, surtout lorsqu'on a en main un as et une carte de même couleur. C'est ce qu'on appelle *jouer le joueur*. Par exemple, un joueur est le premier en cartes, il a en main un très beau jeu, mais son adversaire s'est engagé d'une façon telle, qu'il lui fait présumer d'un brelan qui le fait filer.

Pour bien jouer, il faut surtout ne pas adopter d'une manière absolue l'une ou l'autre de ces méthodes, il faut savoir s'en servir concurremment, suivant les circonstances.

La primauté est la première chose à observer : 21 en main premier est un jeu préférable à 31 et même à 40 en main dernier, puisque, suivant les probabilités, il y a 3 à parier contre 2 que deux parieurs seront égaux en cartes.

Lorsque deux joueurs ont déjà vu leur jeu, et qu'on est le dernier en cartes, il faut ne s'engager que très prudemment et filer, eût-on 31 ou 40 en main, surtout si les deux premiers joueurs relancent avec trop d'acharnement.

Une des choses les plus importantes à la bouillotte, c'est de savoir filer à propos. Il faut savoir sonder le terrain lorsqu'on est plusieurs engagés, soit en *passant parole*, soit en ne relançant d'abord que d'une faible somme, afin de pouvoir abandonner le coup, s'il y a lieu, sans trop de sacrifices.

C'est en vertu de ce principe qu'on doit, lorsqu'on est premier en cartes, *passer* avec beau jeu au premier tour de parole, afin de pouvoir revenir et faire autant d'argent qu'on le veut au second tour, si l'un des trois autres joueurs a ouvert.

Un bon joueur ne s'engage jamais dans un coup lorsqu'il n'a qu'un *as percé* en main; s'il a une fausse carte de la couleur de la retourne; il passe avec 21, car avec, de semblables cartes, il ne pourrait défendre son argent contre un ou plusieurs beaux jeux.

Il faut être plus prudent à trois engagés qu'à deux; et lorsqu'il y en a quatre, il est dangereux de tout risquer, si l'on n'a pas brelan; quatre jeux sans brelans n'étant pas dans les circonstances ordinaires de la bouillotte.

Un fin joueur doit savoir pressentir les brelans, et dans deux cas les probabilités mathématiques viennent à son aide : 1° Lorsque, étant trois engagés, il voit trois as, c'est-à-dire qu'il en a déjà deux en mains, et que le troisième est à la retourne; 2° lorsque les quatre joueurs tiennent le jeu et se relancent successivement; alors il peut croire à la présence d'un ou plusieurs brelans. Mais, en résumé, c'est dans la physionomie de ses adversaires qu'un bon joueur lit ce qu'ils ont entre les mains.

D'ailleurs, il a été reconnu par les praticiens que la plupart des joueurs de bouillotte ne pouvaient se défendre d'une certaine émotion quand ils ont un brelan.

Mais ce qui importe surtout c'est de bien s'étudier soi-même à dissimuler ses émotions.

L'art de bien jouer les brelans peut se résumer ainsi ; s'abstenir de démonstrations, varier sa manière de s'engager, ne pas trop s'empresser de faire de l'argent, attendre les relances de ses adversaires, au risque de ne pas voir le jeu s'élever. Enfin, toujours passer premier. On a droit aux jetons d'usage quand, ayant passé premier avec brelan, personne n'ouvre le jeu, bien que le coup soit nul; mais il est d'usage d'étouffer le brelan. Quand on a fait filer ses adversaires, on doit encore étouffer le brelan, et, dans tous les cas, il ne faut laisser voir ses cartes que lorsqu'il est impossible de faire autrement.

On a tort, lorsqu'on n'a qu'un jeu faible, de vouloir profiter de la timidité de ses adversaires, en cherchant à les faire *filer* au moyen de *relances* exagérées ; il arrive souvent qu'on se fait mordre par un brelan, pour quelques jetons de filage que rapportent les actes de témérité.

Savoir bien jouer ce qu'on appelle le flux est ce qu'il y a de plus difficile à la bouillotte. On hasarde ce coup lorsque deux joueurs sont engagés et qu'on a en main trois cartes d'une couleur par le roi, c'est-à-dire un flux. Dans ce cas, on suppose que l'un des adversaires à 21 dans la couleur du flux par l'as, et l'on engage le jeu de manière à lui laisser penser qu'on a brelan, ou tout au moins beau jeu, ce qui doit le déterminer à filer. En effet, s'il abandonne le coup, on a, pour gagner contre l'autre adversaire, les deux cartes de celui qui a filé. Pour jouer ce coup avec succès il faut risquer hardiment son argent, et ne pas l'entreprendre si l'on n'a l'intention d'aller jusqu'au bout.

PETIT VOCABULAIRE DU JEU DE BOUILLOTTE

Arroser un brelan : C'est payer en jetons dus à celui qui a ce brelan.

Brelan : Jeu composé de trois cartes de même valeur : Trois rois, trois dames, trois, etc. C'est le brelan *simple* ; quand on dit brelan sans épithète, c'est toujours de brelan à trois cartes que l'on veut parler.

Brelan carré : Brelan composé de quatre cartes de la même valeur : il faut nécessairement y comprendre la retourne, puisque chaque joueur n'a que trois cartes en main.

Carre : Droit qu'à le *premier en cartes* d'acheter le jeu en mettant au tapis autant de jetons qu'il y en a déjà sur la carre avant la distribution des cartes.

Cave : Somme d'argent, ou nombre de fiches que chaque joueur met devant soi.

Charlemagne : A la bouillotte, chaque joueur se retire quand il veut, et cette idée bizarre de forcer quelqu'un à jouer n'a pu germer dans le cerveau des véritables joueurs.

Décavé : Joueur qui n'a plus rien devant lui. Ce mot a passé depuis longtemps dans la langue ordinaire, où le mot décavé est synonyme de *capitaliste in partibus.*

Engager (s') : Proposer telle ou telle somme contre un ou plusieurs joueurs.

Fausse : Se dit par abréviation de *carte fausse.* C'est la carte d'une couleur sans valeur.

Filer : Abandonner le jeu.

Flux : Trois cartes sans as se suivant ; on dit : *Flux au roi, Flux à la dame*, etc.

Jeu (ouvrir le) : Il suffit dans quelques sociétés pour ouvrir le jeu de dire *oui* ; ceux qui passent disent *non.*

Ménage : Cette expression empruntée au jeu de whist sert à désigner le fait de ramasser les cartes qui ont servi au coup qui vient d'être joué, les battre, les placer comme cela a été indiqué à la rubrique : *De la donne.* C'est le joueur placé vis-à-vis du donneur qui doit faire cette besogne.

Parole (avoir la) : C'est le droit d'exprimer ce que l'on veut faire sur le coup qui se présente.

Passe : Somme que l'on doit mettre au jeu chaque fois que l'on recommence un nouveau coup.

Passer : Se désister, se désintéresser dans le coup, ne pas ouvrir le jeu. Celui qui passe se contente souvent de dire *non*.

Passer parole : Transmettre à un des joueurs le droit qu'on avait de relancer

Point : L'ensemble des points représentés par les cartes d'une même couleur.

Primauté : Privilège qu'a le joueur, premier à parler, de gagner à jeu égal.

Rentrant : Joueur qui a pris la place d'un autre.

Relancer : Mettre une somme au-dessus de celle qui est engagée ou proposée.

Tapis (jouer le) : Jouer la passe quand on n'a plus rien devant soi.

Tapissier : Le joueur qui a mis à la passe son dernier jeton.

Le Poker.

La bouillotte est plus ou moins délaissée ; le whist est le jeu des personnes paisibles ; mais le poker est le véritable jeu des grandes émotions ; aussi a-t-il pris une extension considérable. Mais — chose curieuse — il est assez difficile de s'en procurer la règle : on ne la trouve dans aucune de ces innombrables publications décorées du titre pompeux d'*Académies des jeux* (?).

Dans les grands cercles, il y a une règle du poker tel qu'il se joue en France ; elle ne s'applique, d'ailleurs, qu'au jeu à 32 cartes ; son auteur semble ignorer le véritable poker, le plus attrayant, le plus riche en combinaisons : celui qui se joue à 52 cartes.

Il y a plusieurs variétés de poker. Nous allons d'abord donner la règle du jeu véritable, telle qu'elle est suivie en Amérique (elle nous est communiquée par l'un des croupiers les plus connus dans le monde des joueurs). Nous dirons ensuite un mot des principales manières dont le poker se joue en France.

LE POKER AMÉRICAIN A 52 CARTES.

Valeur des cartes et des combinaisons. — Au poker américain, chaque joueur ayant cinq cartes, l'ordre des combinaisons possibles, conformément à leur valeur respective, est, en commençant par la plus faible :

1° *Une paire*. On appelle ainsi deux cartes de la même valeur. La paire la plus forte est celle d'as ; la plus faible est la paire de *deux*. Si deux joueurs ont en main une paire de même valeur, c'est la plus forte carte contenue dans les trois autres qui gagne.

2° *Deux paires*. Les deux paires les plus fortes sont deux as et deux rois ; les plus faibles sont deux *deux* et deux trois. Si chaque joueur a en main deux paires, c'est la paire la plus forte qui gagne. En vertu de cette règle, deux as et deux *deux* l'emportent sur deux rois et deux dames.

3° *Le blaze*. Le blaze — prononcez blèze — est presque abandonnée par tous les joueurs. Il se compose de cinq figures ou cartes marquantes, l'as, comptant comme carte marquante. Le blaze l'emporte sur deux paires.

4° *Les brelans ou threes*. Les brelans se composent de

trois cartes de la même valeur. Entre deux brelans, le plus fort gagne. Le brelan bat deux paires et blaze.

5° *La séquence ou streight*. Une séquence se compose de cinq cartes, quelles qu'elles soient : carreau, pique, trèfle ou cœur, pourvu qu'elles se suivent. Exemple, dame de carrreau, valet de pique, dix de cœur, neuf de trèfle, huit de carreau. Dans la séquence basse, l'as compte pour un. La séquence la plus forte est celle qui est composée par un as, un roi, etc. elle bat les autres. La séquence l'emporte sur le brelan.

6° *Le flush* est formé par cinq cartes de la même couleur, sans qu'il soit nécessaire qu'elles se suivent : cinq piques, cinq cœurs, etc.

Quand plusieurs *flushes* se présentent dans le même coup, le flush qui contient la carte la plus élevée gagne. Si cette carte est égale dans l'autre main, c'est la suivante qui décide, et ainsi de suite. Le flush l'emporte sur la séquence.

7° *Le full ou main pleine* se compose d'un brelan et d'une paire. Par exemple : trois neuf et deux rois. Si plusieurs fulls se présentent dans le même coup, le full contenant le plus fort brelan l'emporte. Il résulte de là que la paire qui entre dans la composition du full n'a aucune importance et ne contribue en rien, en ce cas, à la valeur du jeu.

8° *Le brelan carré* se compose de quatre cartes de la même valeur. Le brelan carré le plus élevé bat les autres.

9° *La quinte royale ou flush royal* se compose de cinq cartes de la même couleur et formant séquence. Il y a la quinte royale majeure qui est la plus forte. C'est absolument la même que *la quinte majeure* du piquet; la plus faible se compose de *cinq*, *quatre*, *trois*, *deux* et *as*, La quinte royale bat le *carré*.

Le poker se joue de deux à sept joueurs.

RÈGLES GÉNÉRALES.

Préambule. — *On doit, avant de commencer le jeu, fixer tout d'abord la limite des relances. Une fois cette limite fixée, sous aucun prétexte, elle ne peut être changée dans le courant de la partie. Jouer le poker sans limite, c'est courir es plus grands risques.*

ARTICLE PREMIER. — Avant de commencer le jeu, on distribue à chaque joueur une carte au hasard. Celui qui a la plus faible choisit sa place. (L'as est la plus faible carte pour le tirage des places et pour la donne.) A la gauche du joueur qui s'est assis le premier, se placent successivement les autres joueurs, suivant la valeur de leur carte, en commençant par la plus faible pour finir par la plus forte.

ART. 2. — On doit retirer les places, après un laps de temps convenu à l'avance.

ART. 3. — Celui qui avait la plus faible carte au tirage des places donne le premier coup. Il a le choix du jeu de cartes. Il mêle, fait couper à sa droite et donne cinq cartes, une par une, à chaque joueur. (En Amérique, les cartes se donnent en commençant par la gauche ; l'usage contraire semble prévaloir en France.)

ART. 4. — Chaque joueur donne à son tour, en suivant par la gauche, ou par la droite, selon les usages du lieu.

ART. 5. — Celui qui donne peut mêler les cartes. Celui qui coupe a le droit de remêler avant de couper, mais le donneur peut remêler à nouveau.

ART. 6. — On est libre de toucher simplement les cartes, au lieu de couper, on est également libre de ne couper qu'une seule carte.

ART. 7. — Si, lors de la donne, il se trouve une carte

retournée, le coup doit être refait; mais si le donneur retourne accidentellement une carte en la donnant à un joueur, le joueur est obligé de recevoir cette carte. Cette règle n'est applicable qu'à la première donne, c'est-à-dire avant d'aller aux cartes.

Art. 8. — Lorsque le donneur distribue, soit à lui-même, soit à quelque autre joueur, un nombre de cartes supérieur ou inférieur à cinq, le coup est nul et il y a lieu de donner à nouveau, si le joueur à qui l'erreur s'applique s'en aperçoit avant d'avoir relevé ses cartes. Mais si les cartes ont été vues, les joueurs qui n'ont pas le compte de cartes réglementaires sont hors du coup et retirent leur mise.

Art. 9. — Lorsqu'un joueur retourne accidentellement une ou plusieurs de ses cartes, les cartes ainsi retournées doivent rester sur la table; les autres joueurs ont le droit de reprendre leur mise et de se retirer.

Art. 10. — Lorsque, avant d'aller aux cartes, un joueur qui file, jette son jeu et laisse voir une ou plusieurs cartes, les autres joueurs ont le droit de retirer leur argent.

Art. 11. — Nul n'a le droit de toucher à ses cartes avant l'achèvement complet de la distribution.

Art. 12. — Il est défendu de parler ou de jeter son jeu avant son tour.

Il est également défendu d'indiquer par gestes ou par jeux de physionomie que l'on a un jeu redoutable ou un mauvais jeu.

Art. 13. — Lorsque chacun a reçu régulièrement ses cinq cartes, le joueur qui se trouve immédiatement à la gauche du donneur a le droit d'être *blind*, mais il doit déclarer qu'il use de ce droit avant d'avoir relevé ses cartes. S'il déclare n'être pas *blind*, il regarde son jeu et déclare s'il y va ou non. S'il y va, il doit mettre au jeu une somme quelconque et, dans ce cas, il parle le premier. Si, au contraire, il déclare être *blind*, il met au jeu, avant d'avoir relevé ses cartes, une somme quelconque, ce qui lui permet de laisser le joueur placé après lui parler le premier; les autres joueurs parlent à leur tour, mais, pour y aller, ils doivent mettre à la poule, au minimum, une somme double de celle mise par le blind; ils peuvent relancer de la somme qu'ils veulent, ou bien filer, et le *blind* parle le dernier.

ART. 14. — Lorsque le joueur placé immédiatement à la gauche du donneur se porte *blind*, le joueur suivant a le droit d'être *over blind*, mais il doit le déclarer avant d'avoir relevé ses cartes. Dans ce cas, il met au jeu une somme double de celle mise par le *blind*, et il acquiert ainsi le droit de parler même après le *blind*.

ART. 15. — Le joueur placé à la gauche de l'*over blind* a également le droit, avant de relever ses cartes, de se mettre *over blind* en mettant au jeu une somme double de celle mise par son voisin de droite, et ainsi de suite. C'est le dernier *blind*, c'est-à-dire celui qui a mis la somme la plus forte, sans avoir vu son jeu, qui a le droit de parler le dernier, et par conséquent, c'est le joueur placé à sa gauche qui doit parler le premier.

ART. 15 *bis*. — Le droit de se porter *over blind* est absolument personnel au joueur placé à la gauche du *blind*. Dans le cas où il refuserait d'être *over blind*, nul autre parmi les joueurs suivants n'aurait le droit de prendre cette qualité.

ART. 16. — Le joueur qui doit parler le premier déclare, après avoir examiné ses cartes, s'il y va ou s'il passe. S'il y va, il doit verser au jeu une somme égale à celle versée par le joueur placé avant lui qui a mis le plus, et, en outre, il a le droit de relancer jusqu'au maximum fixé pour les relances (si toutefois il y a eu un maximum fixé à l'avance). Le joueur suivant, pour voir, doit mettre la même somme, y compris la relance; il a, en outre, le droit de relancer; et ainsi de suite, chacun à son tour et en suivant par la gauche.

Art. 17. — On a toujours le droit de relancer sur une relance.

Art. 18. — On n'est jamais forcé de tenir une relance, mais la somme engagée auparavant par celui qui file est perdue pour lui.

Art. 19. — Lorsque le jeu est fait, c'est-à-dire que ceux qui n'ont pas voulu voir le coup ont filé et que les autres ont tous mis la même somme à la poule, on demande des cartes.

Art. 20. — Le privilège du dernier *over blind* ne subsiste plus quand on a pris des cartes. Le véritable *blind* reprend son droit de parler le dernier. (Cette règle n'est guère suivie en France.)

Art. 21. — Quand un joueur a passé, il n'a plus le droit de revenir, il est hors du coup jusqu'à la donne suivante.

Art. 22. — Si un joueur relance et que personne ne tienne la somme engagée par lui, il ramasse la poule sans être obligé de montrer son jeu.

Art. 23. — Si la personne ne rentre au jeu, l'argent appartient à celui qui a mis le dernier sans voir.

Art. 24. — Si personne ne mise après le *blind*, ce dernier reprend sa mise, et on donne des cartes à nouveau en suivant le tour, et le coup suivant est un *pot*.

Art. 25. — Les joueurs étant engagés, en parlant chacun à son tour, ceux qui prennent part au coup conservent en main les cartes qui leur semblent bonnes pour faire la combinaison qu'ils cherchent, jettent les autres, d'*abord*; et demandent au donneur un nombre de cartes égal à celui qu'ils ont écarté.

Art. 26. — Chacun doit écarter et demander des cartes à son tour, le *blind* étant servi le premier, s'il est dans le coup; le donneur se sert le dernier.

Art. 27. — On est libre de prendre cinq cartes ou de ne pas en prendre du tout. Une carte écartée ne peut jamais être reprise.

Art. 28. — Chaque joueur doit vérifier, avant de relever ses cartes, si le donneur lui a donné exactement le nombre qu'il a demandé. S'il y a erreur, le donneur la rectifie. Si le joueur qui n'a pas reçu le nombre réglementaire de cartes, s'en aperçoit seulement après avoir relevé ses cartes, il est hors du coup, et ce qu'il a mis à la poule est perdu pour lui. La distribution continue comme si les cartes avaient été données régulièrement.

Art. 29. — Lorsqu'on va aux cartes, si le donneur retourne une ou plusieurs cartes, le joueur à qui ces cartes étaient destinées a le droit de se retirer et de reprendre la part qu'il a mise au blind ou sa mise au pot. Si ce joueur préfère rester dans le coup, les cartes retournées sont brûlées, et on complète son jeu avec un nombre de cartes égales, tirées par-dessus le talon. On continue ensuite comme si tout s'était passé régulièrement. (Cette règle a été modifiée dans certains cercles et de diverses manières.) Dans aucun cas, on ne peut accepter une carte retournée, après l'écart.

Art. 30. — Quand un joueur laisse voir ses cartes, les autres joueurs ont le droit de se retirer et de reprendre leur mise, que ce soit un *pot* ou un coup ordinaire.

Art. 31. — Quand tous les joueurs engagés ont reçu le nombre de cartes par eux demandé, la parole est au joueur placé immédiatement à gauche du *blind*. Ce joueur doit proposer une somme quelconque, ou bien passer parole, ou bien filer. Le joueur suivant fait de même : il doit déclarer s'il tient la somme engagée par le joueur précédent; il peut relancer ou bien passer parole, ou filer, et ainsi de suite, jusqu'au *blind* qui parle le dernier.

Art. 32. — On peut toujours relancer sur une relance, et si un joueur refuse de couvrir une relance faite par un autre joueur, il a le droit de se retirer du coup en faisant abandon de l'argent par lui précédemment versé à la poule.

Art. 33. — Si le *blind* passe avant d'avoir pris des cartes, le joueur placé immédiatement à sa gauche parle le premier après la prise des cartes.

Art. 34. — Si, après l'écart, un ou plusieurs joueurs engagés ont passé parole, si un joueur ouvre le jeu en mettant une somme quelconque, ceux qui avaient passé parole peuvent rentrer au jeu et même relancer. Si tout le monde passe parole, l'argent reste au jeu et devient *pot*. Mais il n'y a que les joueurs qui étaient restés au jeu et qui ont pris des cartes, qui ont droit à ce *pot*.

Si ceux qui avaient filé lors de la première distribution de cartes veulent faire partie du *pot*, ils doivent mettre une mise égale à celle des autres joueurs engagés.

Art. 35. — Lorsque les jeux sont faits, le joueur qui a relancé le dernier abat le premier son jeu sur la table, les autres joueurs qui ont tenu le coup doivent en faire autant, mais seulement à leur tour. C'est le jeu le plus fort qui gagne le coup et qui ramasse la poule.

Art. 36. — On a toujours le droit de ne pas montrer son jeu, mais alors on ne peut gagner. Le dernier des joueurs peut aussi ne montrer qu'une partie de son jeu, lorsque cette partie suffit pour le faire gagner.

Art. 37. — L'argent engagé doit être versé immédiatement. Dans le cas contraire les propositions de celui qui demanderait un sursis seraient considérées comme nulles et non avenues.

Art. 38. — Si un joueur engage une certaine somme et qu'un autre joueur relance d'une somme supérieure à ce que le premier a devant lui, le premier, s'il tient à suivre le coup, met tout ce qui lui reste d'argent. Ceci n'empêche pas les autres joueurs engagés de se relancer entre eux, tant qu'ils le jugent convenable.

Art. 39. — Mais lorsqu'on abat les jeux, si c'est le premier joueur qui a le jeu le plus fort, il ramasse la somme mise à la poule primitivement par le *blind*, il prend aussi dans la poule la somme qu'il y avait mise et autant de fois cette somme qu'il y avait d'engagés dans le coup. Le restant de la poule est ramassé par le joueur ayant le jeu le plus fort parmi les autres engagés.

Art. 40. — Lorsque, par suite du grand nombre d'engagés ou du grand de cartes demandées, il ne reste plus de carte au talon pour servir les derniers joueurs, on ramasse toutes les cartes écartées, à l'exception de l'écart de celui qui reste à servir, on les bat, on les fait couper à sa gauche, et on distribue ces cartes selon la règle ordinaire.

Art. 41. — On a toujours le droit de demander à ses adversaires le nombre de cartes qu'ils ont prises. Ceux-ci sont tenus de répondre à cette question.

Art. 42. — Lorsqu'aucun engagement n'a eu lieu sur un coup, ou lorsque, après avoir pris des cartes, tout le monde a passé parole, le coup suivant est un *pot* (on dit aussi *Jack pot*).

Art. 43. — Si le *pot* provient du défaut d'engagement avant l'écart, tous les joueurs doivent mettre à la poule une somme double du *blind*, et celui-ci complète sa mise comme les autres.

Mais si le *pot* provient de ce que les joueurs engagés ont tous passé parole après l'écart, il n'y a que les joueurs qui ont mis à la poule qui ont le droit de participer au coup. Néanmoins les autres joueurs *peuvent* entrer dans le coup en mettant chacun une mise égale à celle des autres.

Art. 44. — Lorsque les cinq cartes ont été distribuées à chaque joueur, nul ne peut ouvrir le jeu qu'avec une paire de valets au moins (pour le pot seulement).

Art. 45. — Le privilège du *blind* n'existe pas dans le *pot*, c'est le joueur placé immédiatement à gauche du donneur qui doit parler le premier.

Art. 46. — On n'est jamais forcé d'ouvrir un *pot*, quand

bien même on aurait le jeu suffisant pour cela. Mais si un joueur placé à la suite ouvre le *pot*, ceux qui ont passé ont le droit de revenir au pot, et même de relancer, ce qui n'a pas lieu dans le coup ordinaire.

Art. 47. — Le joueur qui ouvre le *pot* met au jeu une somme quelconque au moins égale au *chip*, qui est l'unité du blind.

Art. 48. — Une fois le *pot* ouvert, la relance, la prise de cartes, la parole, etc., marchent comme dans le coup ordinaire.

Art. 49. — Si tous les joueurs refusent d'ouvrir le *pot*, le coup suivant est encore un *pot*. La marche est la même que pour le premier *pot*, mais chaque joueur est obligé, avant la donne, d'arroser la poule d'une somme égale à la première mise.

(Cette règle a subi bien des modifications en France, selon les localités; il y a donc lieu pour chacun de se renseigner sur les pratiques suivies dans l'endroit où il joue.)

Art. 50. — Si personne n'ouvre le second *pot*, le coup suivant est encore un *pot*, et ainsi de suite, jusqu'à ce que quelqu'un ouvre le *pot*, mais à chaque nouveau *pot*, on arrose de la même somme.

Art. 51. — Lorsque le *pot* a été ouvert, et que les joueurs engagés ont reçu les cartes, c'est celui qui a ouvert le *pot* qui doit parler le premier. Quelle que soit l'issue du coup, l'ouvreur est toujours obligé de justifier qu'il avait au moins une paire de valets; mais il n'est pas forcé de montrer ses autres cartes.

Art. 52. — Si un joueur, a ouvert un *pot* avec une paire de valets, et s'il préfère, lors du tirage des cartes, sacrifier sa paire pour chercher une combinaison supérieure, il doit, en ce cas, mettre en évidence la carte qu'il écarte et qui faisait partie de la paire qui lui donnait le droit d'ouvrir un *pot*, et il doit en avertir en même temps les autres joueurs de façon à pouvoir justifier de son droit à l'ouverture lorsque le moment sera venu. S'il ne le fait pas et que sa carte d'écart soit mêlée, il est hors du coup.

Art. 53.— Dans quelques cercles, on fait un *pot* chaque fois qu'il y a maldonne. Dans d'autres, même après la prise de cartes, le *blind* est forcé de passer lorsque tous les autres joueurs ont passé, et le coup suivant devient un *pot*.

Art. 54. — Lorsque, par erreur, quelqu'un a ouvert un *pot* sans avoir au moins la *paire* indispensable pour pouvoir bénéficier du droit d'ouverture, le coup est bon, s'il y a d'autres joueurs qui se sont engagés par suite de l'ouverture, même s'ils ne possèdent pas le nécessaire.

Art. 55. — Lorsqu'on abat les jeux, si celui qui a ouvert le *pot* ne peut pas justifier de l'ouverture, il est mis hors du coup, et le plus fort jeu entre les autres engagés gagne le *pot*, mais le joueur qui a ouvert par erreur doit reconstituer à lui seul le *pot* tel qu'il était lorsqu'il l'a ouvert à faux. Le coup suivant est encore un *pot*, et le joueur qui a ouvert à faux le *pot* précédent est exclus de ce nouveau *pot*.

Art. 56. — Lorsque celui qui a ouvert à faux le *pot* s'aperçoit de son erreur avant qu'il y ait d'autres engagés, il le déclare et est exempt de toute pénalité; mais alors si d'autres joueurs ont ce qu'il faut pour ouvrir le *pot*, ils peuvent le faire quand est venu leur tour de parole.

Art. 57. — On a toujours le droit de ne pas faire partie d'un *pot*. Dans ce cas on ne donne pas de cartes à celui qui refuse d'y participer.

Art. 58. — Sous aucun prétexte on ne peut rentrer dans un *pot* dont on a refusé de faire partie au début.

Art. 59. — Lorsque tout le monde refuse de participer au *pot*, le coup devient un coup ordinaire.

VOCABULAIRE DES TERMES USITÉS AU POKER

Age. Nom donné au joueur qui se trouve placé immédiatement à la gauche de celui qui donne. L'avantage de cette situation consiste à parler le dernier, à moins que quelque autre joueur ait relancé. — On dirait *raiser* entre professionnels.

Ante. La somme mise au jeu par l'âge, au commencement de chaque donne.

Blind. Somme versée au jeu avant la distribution des cartes. Ce mot sert aussi à désigner celui qui met cette sommme au jeu.

Bluff. Moyen employé pour faire croire aux autres joueurs, en relançant d'une forte somme, qu'on a jeu supérieur, de façon à les faire filer. On peut *bluffer* avant et après la prise des cartes. Il est bien entendu qu'on ne pas bluffer au delà de la limite convenue.

Chip. Fiche représentant l'unité minimum de l'enjeu.

Over blind. Le joueur qui est le premier à la suite du *blind.*

Pot. L'ensemble des enjeux engagés. (Prononcez *Potte*).

Raiser. Augmenter, relancer.

Il est inutile de mentionner les autres expressions employées en Amérique; elles ont leur équivalent en français.

LE POKER FRANÇAIS A 32 CARTES

Le poker français ne se joue qu'entre quatre joueurs. S'il se trouve cinq personnes réunies ayant l'habitude de jouer ensemble, ou désireuses de faire une partie sans exclure aucune d'entre elles, la cinquième rentre au bout d'un quart d'heure. Car tel est presque toujours le temps convenu au bout duquel les places sont tirées à nouveau.

Le roulement entre les joueurs s'établit ensuite dans l'ordre déterminé par le tirage des places.

Les places sont tirées comme cela a été expliqué à l'article premier relatif au poker américain.

Les cartes se donnent conformément aux usages français, c'est-à-dire de droite à gauche.

Le droit du coupeur est le même qu'au poker à 52 cartes. En d'autres termes, on peut couper ou non, ou couper sur une seule carte.

On fixe un minimum de cave obligatoire pour les joueurs. Mais il est loisible à chacun de se caver d'une somme supérieure.

On tire les places à nouveau au bout de chaque quart d'heure.

Après chaque tirage de places, chaque joueur a le droit de retirer une partie de la cave qu'il a devant lui, mais sans pouvoir la réduire au-dessous du minimum.

Chaque joueur peut également augmenter sa cave comme il l'entend.

Celui qui remplace un joueur qui lui a cédé sa place, est tenu de satisfaire à toutes les conditions acceptées par son cédant. Il doit notamment sortir et rentrer aux heures fixées pour celui qu'il remplace.

La valeur des combinaisons au poker français diffère un peu de celle du jeu américain : ainsi la séquence est battue par le brelan, et le *full* est battu par le *flush*.

En l'absence d'un jeu quelconque, quand deux joueurs se trouvent en présence dans un engagement, c'est celui qui a la plus forte carte dans son jeu qui gagne.

Quand deux joueurs ont un jeu absolument semblable, ils se partagent la somme engagée.

Avant de commencer la partie, chaque joueur doit se

caver d'une somme convenue, laquelle ne peut être inférieure à vingt fois la valeur du *blind*.

Lorsque, dans le courant de la partie, un joueur nouveau entre au jeu, les autres joueurs peuvent se décaver ou se recaver à nouveau, comme cela a déjà été dit ; mais la cave ne doit jamais être inférieure à vingt fois la valeur du *blind*.

Lorsqu'un joueur est décavé complètement, il doit céder sa place, et s'il n'y a pas de rentrant, il doit se recaver d'une somme au moins égale au minimum convenu.

La partie se jouant au quart d'heure, un joueur ne peut, pendant ce laps de temps retirer une partie de sa cave quelque considérable qu'elle puisse être.

Il n'est pas permis d'*enfler* sa cave avec de l'argent sorti de sa poche ; il n'est pas permis davantage d'en emprunter sur la masse des autres joueurs.

Aucun joueur, ayant commencé à jouer ne peut quitter la partie avant d'être complètement décavé, ou avant qu'il ne soit procédé à un nouveau tirage des places. c'est-à-dire avant que l'heure convenue ne soit arrivée.

Lorsqu'un joueur engagé est relancé, avant une prise de cartes, de plus qu'il n'a devant lui, il peut voir le coup en mettant simplement son reste. Mais il peut dire : *Je verrai si je complète, me recaverai de....* Ceci n'empêche pas les autres joueurs de se relancer d'une somme plus élevée, si la situation de leur cave le leur permet.

Aussitôt la prise des cartes et avant qu'aucun joueur n'ait parlé, celui qui doit se compléter doit dire : *Je me complète* ou *je ne me complète pas*. Et le coup continue.

Après la prise de cartes, il n'y a plus lieu de se compléter.

Un joueur a toujours le droit de participer à un coup quand il met au jeu tout ce qui reste devant lui.

Après la prise de cartes, c'est toujours le dernier *over blind* qui parle le dernier. On comprend qu'il n'est pas nécessaire de limiter les relances au *poker à la cave* ;

elles se trouvent naturellement limitées par la cave.

Tout ce qui a été dit relativement au *blind*, au *raisé*, à la *recave*, au *pot* est applicable au poker à 32 cartes.

Il est d'usage, dans quelques cercles, de jouer le poker à cinq ou à six, alors on ajoute au jeu de piquet les *cinq* et même les *six*.

DE QUELQUES CONSEILS PRATIQUES

Il est inutile de s'asseoir à une table de poker si l'on n'est pas à même de deviner promptement la manière de jouer de ses adversaires, et, surtout, si l'on ne se sent pas capable de cacher la sienne, dans la limite du possible.

Il faut être un PSYCHOLOGUE pour parler le docte charabias de la PÉDANTOCRATIE moderne.

Les joueurs, bien rares, qui ont encore le temps de réfléchir, auront sans doute remarqué que le *poker* n'est qu'une *bouillotte* un peu modifiée et un peu plus compliquée. — Je suis porté à croire qu'un maître au jeu français n'aurait pas besoin d'un long apprentissage pour jouer d'une façon supérieure le jeu américain. On pourrait même dire que le poker n'est que notre vieille bouillote qui nous revient d'Amérique, habillée à la mode de ce pays.

C'est pourquoi on peut placer ici certains conseils pratiques d'un vieux joueur de bouillotte ; il n'y a qu'à les entremêler de quelques mots anglais.

D'abord il faut savoir *jouer le joueur* aussi bien que savoir jouer le jeu.

Il faut savoir *bluffer* et filer à propos.

Beaucoup de bons joueurs n'ouvrent jamais un *pot* lorsqu'ils sont les premiers à parler, afin de pouvoir *raiser* ou relancer avantageusement avant la prise de cartes en cas de beau jeu, si l'un des autres joueurs a ouvert.

Savoir *bluffer* est très important, mais ce n'est pas là —

tant s'en faut — le point important du poker. Le bluffer a beaucoup plus de chances de succomber que de réussir.

Il y a une expression bien suggestive à ce jeu, c'est celle-ci : *jouer le cadavre*. Ce qui veut dire qu'un joueur quelque peu physionomiste sait distinguer l'adversaire aux abois et tenter contre lui les coups les plus audacieux.

Contrairement à ce qui a lieu dans la stratégie militaire, le joueur habile est celui qui attaque le moins possible et se réserve toujours pour la défensive. Les oseurs et les téméraires ont souvent des journées glorieuses, mais, à la fin, ce sont les temporisateurs et les reculards qui finissent par rester maîtres du champ de bataille.

Il est dangereux de s'engager troisième ou quatrième avec un petit jeu.

Tout joueur de poker qui ne sait pas composer son visage, maîtriser ses émotions, est condamné d'avance à la dèche la plus noire.

Les Américains, gens pratiques, ne consultent au jeu que la règle des probabilités. Ils n'ont pas, comme nous, la cervelle bourrée de vieilles turlutaines : la Chance, la Déveine, la Guigne, etc. Ils laissent aux vieux peuples ces vieilles idées, ces superstitions des hommes-enfants.

Voici, à titre de curiosité, quelques chiffres de cette table :

Une quinte royale a d'être bonne	65.000	chances contre		1
Un brelan carré	—	4.000	—	1
Un full	—	690	—	1
Un Flush	—	500	—	1
Une paire	—	13	—	10

Il est bien évident que ce qui est relatif à la paire, varie selon la qualité de la paire, et surtout, selon les relances ; quand un joueur qui n'est pas connu pour *bluffer* à tout propos, fait son va-tout, la chance d'une paire est bien au-dessous de zéro.

CHAPITRE QUATRIÈME

JEUX DE HASARD

Le Baccara. — Le Trente et Quarante. — Le Lansquenet. Le Pharaon. — Le Florentini. —La Banque italienne. — Le Hoc. — Le Bog. — La Guimbarde. — Le Commerce. — Ma commère, accommodez-moi. — La Loterie. — La Ferme. — Le Nain jaune. — Le Vingt et un. — Le Macao.

Le Baccara.

Le baccara est par excellence le jeu des joueurs d'argent. Les moralistes le disent extrêmement dangereux; mais quand l'humanité sera gouvernée par les moralistes, la vie n'aura plus guère de charmes. Le baccara est prompt dans ses résultats, il ne demande pas de grandes combinaisons de la part des *pontes*, mais le banquier doit avoir beaucoup de sang-froid, il doit avoir surtout le coup d'œil rapide et sondeur.

Le baccara se joue de deux manières différentes : 1° *à deux tableaux*, c'est le baccara proprement dit; 2° *au chemin de fer*. C'est le baccara tournant. Il en sera parlé sous une rubrique spéciale.

BACCARA A DEUX TABLEAUX

Dans le baccara à deux tableaux, il y a un joueur appelé *banquier*, qui joue seul contre la société, en d'autres termes contre les *pontes*.

Du banquier. — Le baccara à deux tableaux se joue sur une grande table au milieu de laquelle prend place le banquier. Ordinairement, la banque se met aux enchères, et celui-là est promu à la dignité de banquier, qui offre de mettre la plus grosse somme *en banque*, c'est-à-dire au jeu.

C'est avec *deux* ou *trois* jeux complets de cartes que se fait la *taille*. On appelle ainsi l'ensemble des donnes que fait le banquier sans remêler les cartes et sans les faire couper à nouveau.

Le banquier, après avoir mêlé les cartes, les fait circuler autour de la table, et chaque ponte les mêle à son tour, si cela peut lui convenir. Le banquier fait couper par telle personne de la galerie qu'il lui plait de désigner. Il peut *brûler*, avant de commencer la taille, le nombre de cartes qui lui convient, mais il doit prévenir les joueurs de son intention avant la coupe.

Des pontes et de la banque. — Les *pontes* ou parieurs sont divisés en deux *tableaux* ou compartiments : l'un à droite, l'autre à gauche du banquier.

Chacun des pontes pose devant lui la somme qu'il veut engager sur l'un ou l'autre de ces compartiments; le banquier double provisoirement chacune de ces mises, sauf à savoir quel est celui qui, plus tard, retirera le tout.

Supposons maintenant que le banquier ait mis un louis en banque et qu'il y ait 25 pontes autour de la table. (Ils peuvent être inégalement répartis sur les deux tableaux, car chaque joueur se place où il veut, et encore, s'il est assis du côté droit, il peut néanmoins ponter sur le tableau de gauche et même sur les deux tableaux à la fois.) On voit que si le premier joueur fait un, deux ou trois francs, il n'y aura pas assez d'argent en banque pour payer toute la clientèle, c'est-à-dire les pontes. Voici alors comment les choses se passeront : la banque sera partagée en deux parties égales, une moitié sera attribuée au tableau de droite et l'autre moitié au tableau de gauche, sans qu'il y ait à se préoccuper s'il y a plus ou moins de pontes sur tel ou tel tableau. Alors le banquier payera le premier joueur de droite et ensuite le premier joueur de gauche si les deux tableaux gagnent. Mais il ne les payera jamais que jusqu'à concurrence de ce qu'il y a en banque, c'est-à-dire au delà de dix francs par chaque tableau. De même si les pontes avaient parié au delà, la banque ne pourrait leur prendre, si elle venait à gagner, que jusqu'à concurrence de ce qu'elle pouvait payer, et elle rendrait le surplus des mises.

Mais les choses ne sont pas toujours aussi simples : un, deux, trois, quatre, etc., pontes peuvent être *couverts* (on est couvert quand il y a assez d'argent en banque pour être payé à son tour), et les autres ne pas l'être ; dans n'importe quel cas, on commence toujours par couvrir les pontes à droite et à gauche, en commençant par celui qui est assis le plus près du banquier, et, tant qu'il y a de l'argent pour le faire, les *autres ne vont pas, leur argent n'est pas engagé.*

Banco. — Un droit encore incontesté, du moins dans les grands cercles du Sud-Ouest de la France, à Bordeaux notamment, — est celui de faire *banco*, en d'autres termes de faire tout ce qu'il y a en banque sur les deux tableaux. Ce droit appartient à un seul joueur, et fait qu'en ce cas, il prime tous les autres pontes. Si la banque gagne. son capital est doublé; mais le ponte perdant a encore le droit de faire un nouveau banco; et, à son défaut, tout autre ponte a le droit de faire également banco. La banque, si elle gagne encore, a donc quadruplé son capital au second coup; c'est-à-dire qu'elle a quatre louis au lieu du louis primitif.

Après le second banco, chaque tableau reprend son droit, et il n'est plus permis à un seul joueur de faire le banco. Cette règle est peu suivie à Paris; c'est cependant un excellent moyen pour *engraisser* les petites banques, ou pour s'en débarrasser.

De la donne. — Les jeux étant faits, et les cartes coupées (au premier coup seulement), par telle personne que le banquier désigne selon son bon plaisir.

Le banquier distribue les cartes *une* à *une* de la manière suivante :

1° Une carte pour la droite, une pour la gauche, une pour lui-même.

2° Une autre carte pour la droite, une pour la gauche, une pour lui-même.

Manière de compter les points. — Au baccara les points de 9, 19, 29 sont les meilleurs ; viennent après ceux de 8, 18, 28 ; 7, 17, 27. Ainsi les points qui se rapprochent le plus de 9, 19, 29, c'est-à-dire des points qui ont pour final 9, gagnent sur ceux qui sont au-dessous, ou pour mieux dire, la valeur des cartes se compte par le nombre des points qu'elles expriment. Les figures comptent pour dix.

De l'abatage. — Celui des joueurs — ponte ou banquier — qui, dans les deux premières cartes, se trouve avoir d'emblée 9 ou 19 ou 29; et 8, 18 ou 28 abat immédiatement son jeu.

Si le banquier a 9 ou 19 et que les pontes n'aient pas un point semblable, il ramasse tout l'argent qui était engagé.

Si le banquier n'a d'emblée que 8 ou 18, il abat également, et il gagne, à moins que les pontes n'abattent 9 ou 19. S'ils abattent 8 ou 18, il n'y a rien de fait, et le coup est comme non avenu.

Mais le banquier peut rencontrer égalité d'un côté et un point inférieur de l'autre; c'est ici le lieu de dire que le jeu de chaque tableau est absolument indépendant. Je suis à gauche, je suppose; j'abats 9, le banquier me payera à moins qu'il n'abatte également 9; si j'abats 8 il ramassera mon argent s'il abat 9; le coup sera non avenu s'il n'abat que 8. Je n'ai pas à m'occuper de l'autre tableau; et le ponte qui tiendra les cartes de l'autre côté n'aura pas non plus à s'occuper de moi.

Bac. — Les points de 10, 20, 30 se nomment *Baccara*, c'est-à-dire que quand on a ces points, on ne compte rien du tout et que l'on a perdu, à moins que l'adversaire n'ait également baccara. Dans la langue des professionnels on dit simplement *bac*.

Quand on demande des cartes. — Les buches. — Si nul des joueurs — banquier ou ponte — n'a l'un des points de 8 ou 9, — et c'est le cas de dire ici que, pour tout simplifier, les dizaines ne comptent pas, c'est-à-dire que l'on ait 9 ou 19, ces deux points valent; si j'ai un 9 dans l'une de mes deux cartes, et que l'autre soit un dix ou une figure, ce qui me donnerait 19, je dis néanmoins que je n'ai que 9, l'autre carte est une *bûche* c'est-à-dire ne compte pas.

Si donc, pour continuer l'exposition du jeu, nul des joueurs — banquier ou ponte — n'a l'un des points de 8 ou 9, le banquier demande au ponte de droite s'il veut une troisième carte. On n'en donne jamais une quatrième au même joueur.

Le banquier fait la même question au ponte de gauche, et lui donne une troisième carte, si ce dernier le désire. Il en prend ensuite une pour lui-même, s'il le juge à propos. — La troisième carte se donne découverte.

Quant on prend des cartes soit comme banquier soit comme ponte, cela s'appelle *tirer*.

On dit qu'on *s'y tient* ou *que l'on est content* si l'on ne demande pas une troisième carte.

Dès que le banquier a tiré ou qu'il a déclaré être content, chacun abat son jeu.

Alors, le banquier ou celui des pontes dont le point se rapproche le plus de 9, gagne sur l'adversaire dont le point s'en éloigne d'avantage.

Par exemple, si le banquier se trouve avoir 6, l'un des pontes 5, l'autre 7, le banquier gagne avec le premier ponte, et perd avec le second.

Si l'un et l'autre ponte avaient 8 et 7, le banquier n'ayant que 6, celui-ci payerait tout le monde; mais s'ils n'avaient que 5, le banquier prendrait la totalité de l'argent engagé sur les deux tableaux.

Si les pontes avaient 6, le banquier ayant le même point, il y aura égalité partout; le coup serait nul.

De la main. — Le premier coup est terminé, banquier et pontes ont ramassé ou vu ramasser les mises, on recommence un nouveau coup.

Si le ponte de droite a gagné, il garde la *main*, s'il a perdu, il perd non seulement sa mise, mais encore *la main*, c'est-à-dire que le droit d'abattre, de demander une troisième carte, ou de se déclarer satisfait, passe au ponte suivant. Les choses se passent exactement de la même manière sur le tableau de gauche.

On voit donc que le ponte qui a la main a la direction

des intérêts communs de tous les pontes, qui jouent sur le même tableau que lui. Et maintenant, bien que le baccara soit considéré comme un jeu de hasard (ce qui n'est vrai que pour les pontes, et encore pas d'une manière absolue), il y a des cas où la question se pose de savoir si on demandera des cartes ou si l'on se déclarera content. C'est au ponte qui a la main ou qui tient les cartes qu'il appartient de décider ce qu'il convient de faire. — S'il a moins de 5, il demandera une carte, s'il a 5 il s'y tiendra. Mieux vaut s'y tenir, mais cependant pas toujours, il faut demander une carte quelquefois pour dépister le banquier. Quand on aura pratiqué le baccara pendant quelque temps, on comprendra encore mieux pourquoi ; il serait trop long de l'expliquer ici.

Tant qu'un ponte continue à *passer*, il garde la main. Celui qui a la main n'a pas seulement l'avantage de diriger les intérêts du tableau, ce qui est peu de chose, son devoir est tout tracé dans les quelques lignes ci-dessus, mais encore il est le *premier* a être payé. Celui qui vient après lui est le second a être payé, et ainsi de suite ; de de telle sorte que le ponte le plus rapproché du banquier qui était le premier est maintenant le dernier si le deuxième ponte du tableau a la main.

Des pontes debout. — Les pontes qui n'ont pas trouvé place pour s'asseoir autour de la table, soit à droite, soit à gauche, sont dits *pontes de bout*, leur mise ne va qu'après celle des pontes assis.

De même si un ponte, assis d'un côté, fait une mise sur le tableau opposé, il n'est payé qu'après les pontes assis du côté de ce tableau ; mais il est payé avant les pontes debout qui sont toujours payés les derniers. Souvent même il est assez difficile de régler l'ordre du payement entre les pontes debout, car souvent ils changent continuellement de place.

Du tirage. — Nous ne parlons pas ici du tirage des pontes qui doivent tirer lorsqu'ils ont moins de 5, se contenter à ce point (pas toujours cependant); et qui, sous aucun prétexte ne doivent tirer au-dessus de 5, sans s'exposer à *payer* le *tableau*, c'est-à-dire à être responsables vis-à-vis des joueurs qui pontaient sur leur main. Le tirage dont il va être question est celui du banquier, qui lui ne joue pas un jeu de hasard, et qui doit suivre un calcul de probabilités dès longtemps consacrées par l'expérience. Pour cela, il est nécessaire d'examiner les cas particuliers qui peuvent se présenter.

1° Lorsque le ponte ne demande point de carte, le banquier doit en tirer une, quand bien même il aurait *cinq* ; car il est probable que le ponte a tout au moins un point semblable, et qu'il peut avoir en outre, ou 6 ou 7. Il ne peut pas avoir davantage ; s'il avait 8 ou 9, il abattrait.

2° Si le ponte demandant carte reçoit une figure ou un dix, c'est-à-dire une *bûche*, le banquier se contentera de trois.

3° Si le ponte demandant carte a reçu un as, le banquier se contentera du point de 4.

4° Si le ponte demandant carte reçoit un deux, le banquier se contentera du point de 5.

5° Si le ponte demandant carte, reçoit un trois, le banquier doit se contenter à 5. Pour mieux dire, les chances sont à peu près égales. Tout dépendra donc de l'argent engagé sur l'autre tableau, et nous dirons quelques mots à ce sujet ci-après.

6° Le banquier donnant le point de 4 à un ponte doit tirer pour lui-même une carte, quoiqu'il ait déjà *cinq*.

7° Si le ponte a reçu un *cinq*, le banquier ne peut pas se contenter à 5; il y en a même qui ne se contentent pas à *six*. Cependant il est plus probable que la carte que l'on va tirer diminuera plutôt le point primitif qu'elle ne l'augmentera.

8° Lorsqu'on donne au ponte le point de 6, le banquier doit tirer, quoique possédant aussi le même point, car il ne lui reste qu'une chance pour gagner, une pour égaliser, et toutes les autres le font perdre.

9° Lorsque le ponte reçoit un sept, le banquier tire sur 5 et même sur 6.

10° Enfin lorsque le banquier donne au ponte un huit ou un neuf, il doit lui-même se contenter du point de *cinq*, même de *quatre* et de *trois* disent les professeurs. En effet, le ponte recevant un *huit* se trouve en main 8 ou 9, selon qu'il a tiré sur *baccara* ou sur un. Mais il a pu tirer également sur 2, sur 3 ou sur 4, et dans ces cas il aurait 10, 11 ou 12. Il y a donc avec les points de 5, 4, ou 3, plus de probabilités de succès que de chance de perte.

Le même raisonnement s'appliquera mieux encore à l'hypothèse où le ponte aurait reçu un neuf. Car alors cette carte ne pourra que diminuer le point qu'il avait précédemment à l'exception d'un seul cas : celui où il aurait tiré à *baccara*.

Pour simplifier la démonstration, nous avons raisonné jusqu'ici comme si le banquier n'avait affaire qu'à un seul ponte. Mais les règles que nous exposons maintenant sont relatives au baccara à deux tableaux; elles ne sont donc pas absolues, et le banquier doit souvent sacrifier sa chance sur l'un de ces tableaux pour sauver l'autre. Voici un exemple qui va rendre la pensée plus facile à saisir.

Le ponte de droite demande une carte et le banquier lui donne une *bûche*, c'est-à-dire une figure ou un dix, il est bien évident que si le banquier a le point de *cinq* dans ses deux premières cartes, il y a une grande probabilité qu'il gagnera; et encore si le ponte a tiré à 5, il y aura égalité, on se payera en cartes; mais le banquier a donné sur le même coup un *sept* au ponte de gauche; d'après la règle, il devrait tirer à 5, il s'en gardera néanmoins, car il compromettrait sa chance sur le tableau de droite, en courant après un point supérieur, et alors, il courrait le risque de perdre sur les deux tableaux. Mais ce sont là des questions d'expérience, et le cadre de ce livre est trop restreint pour y faire entrer une théorie complète du baccara.

Le tableau suivant montre assez bien les cas où le banquier doit rester ou tirer selon les points qu'il a et selon la carte qu'il donne aux pontes. Mais il est bien entendu que plusieurs cas restent douteux, et qu'un banquier expérimenté doit savoir si tel ponte a l'habitude de tirer à 5 ou de s'y tenir. Le banquier doit surtout examiner la position des deux tableaux, se rendre compte de l'argent engagé sur chacun, et décider ensuite s'il ne doit pas sacrifier un côté pour sauver l'autre.

	BANQUIER			
PONTE CONTENT.	Ayant	3	donne *bûche*, 1	Reste
	—	3	— 2. 3, 4, 5, 6,	Tire
	—	3	— 7, 8, 9	Reste
	—	4	— *bûche*, 1	Reste
	—	4	— 2, 3, 4, 5, 6, 7,	Tire
	—	5	— 1, 2, 3,	Reste
	—	5	— 4, 5. 6. 7,	Tire
	—	6	— 1, 2, 3, 4,	Reste
	—	6	— 5, 6, 7,	Tire
	—	7	— 1, 2, 3, 4, 5, 6,	Reste
	—	7	— 7, 8, 9,	Tire

Une ou deux indications de ce tableau sont douteuses ; la pratique les indiquera aux joueurs.

BACCARA DIT CHEMIN DE FER

Le chemin de fer a la prétention d'être un perfectionnement du baccara à deux tableaux. Il est d'invention récente. Son nom lui vient de la rapidité de sa marche. Il se joue surtout lorsqu'il ne se présente pas de Nabab chargé d'or, pour exciter la convoitise des pontes, en exhibant devant eux le Pactole de ses poches.

Le chemin de fer est un baccara où chacun prend la main à son tour, de gauche à droite. Celui qui a la main est le banquier, tous les autres joueurs peuvent être pontes, à moins que le premier ne fasse *banco*, c'est-à-dire ne tienne le tout.

Il n'existe qu'un seul tableau et c'est toujours le premier joueur à droite du banquier qui a la main, c'est-à-dire la direction du tableau; il est payé le premier et enfin il décide s'il y a lieu de demander une carte ou de se tenir aux deux premières.

Si le banco n'est pas fait par le premier joueur, il peut l'être par l'un de ceux qui viennent après lui, la préférence suivant toujours l'ordre dans lequel les joueurs sont *assis*. (Ici, comme au baccara à deux tableaux, les *pontes debout* sont toujours les derniers.) Le banquier garde la main jusqu'à ce qu'il ait perdu le coup, et son jeu se double, à chaque coup qu'il gagne ; toutefois il peut, s'il le juge à propos, passer la main à son voisin de droite; ou, à son défaut, au suivant s'il veut la prendre; mais celui qui prend la main doit mettre au jeu une somme égale à celle que retire le banquier qui s'en va, la mise première comprise.

Aussitôt que le banquier perd un coup, la main passe, quand bien même il lui resterait une somme plus ou moins considérable en banque — c'est ce qui arrive quand le tout n'a pas été couvert chaque fois.

Si le banquier passe volontairement la main, aussitôt que celui qui l'a prise a perdu un coup, elle reste au joueur qui aurait dû l'avoir, si elle avait été transmise par suite de la perte du banquier.

Le baccara chemin de fer se joue avec six jeux entiers.

Les règles du baccara à deux tableaux lui sont presque toutes applicables.

OBSERVATIONS GÉNÉRALES ET COMMUNES A L'UN ET A L'AUTRE BACCARA

Au baccara, les grecs ou philosophes ont beau jeu pour mettre à profit leur savoir faire; il est donc bon de se reporter à ce qui a été dit au commencement de ce livre.

Les règles de ce jeu sont très sévères et il n'en saurait être autrement, ne serait-ce que pour la raison exprimée ci-dessus.

Il est bien évident qu'un ponte qui aurait 5 et qui demanderait à son voisin s'il doit tirer ou s'y tenir, indiquerait suffisamment son point au banquier, quelque discrète qu'ait été sa question. Il a un point douteux, se dira ce dernier, et le chiffre 5 lui viendra aussitôt à l'esprit. N'en serait-il pas de même d'un ponte qui, ayant une bûche, recevrait un 9, un 8 ou une belle carte, et dont le visage s'éclairerait d'un sourire heureux? Et le joueur qui ayant deux *cinq*, ou un *quatre* avec un *six*, c'est-à-dire *baccara* ferait le mouvement, bien vite réprimé d'abattre son jeu, croyant avoir 9, n'indiquerait-il pas au banquier qu'il a baccara? C'est ce qu'on appelle *tiquer*.

Si le banquier, en donnant les cartes, en laisse tomber une à terre il fait *baccara*, c'est-à-dire qu'il perd sur les deux tableaux. Si c'est un ponte qui laisse tomber une carte, il y a également baccara.

Lorsqu'une carte est retournée par le banquier, il n'y a point faute, mais il en serait autrement, si les deux cartes du même tableau venaient à l'être il y aurait *baccara*.

Si le banquier a retourné une des cartes des pontes, il doit en retourner une des siennes.

S'il y a une carte donnée en plus ou en moins, on rétablit le coup si cela est possible, sans quoi il y a baccara.

Le trente et quarante ou rouge et noir.

Aucun jeu n'est plus simple que celui-ci; c'est cependant le jeu pour lequel on se passionne le plus follement; il met chaque jour en mouvement des sommes invraisemblables. C'est un jeu de pur hasard, rapide et équitable, où deux chances simples, la rouge et la noire, sont à chaque coup opposées l'une à l'autre, sans qu'il soit possible par le calcul d'accorder la plus légère préférence à l'une plutôt qu'à l'autre.

Le trente et quarante exige l'emploi de 312 cartes, c'est-à-dire de six jeux entiers. On pourrait à la rigueur se contenter de quatre jeux.

La partie s'engage entre « un contre tous », c'est-à-dire entre un banquier et des pontes. Le banquier est ordinairement assisté d'un croupier, lequel prend place en face de lui. Le rôle de cet auxiliaire consiste à vérifier les mises, à veiller à ce qu'elles ne dépassent pas le taux de la banque, à les ramasser ou à les doubler selon les caprices du hasard.

La somme mise en banque est annoncée à haute voix et mise sur la table. Pour faciliter les payements, on la convertit immédiatement en jetons de différentes formes et de différentes couleurs auxquels on attribue une valeur de convention.

Dans les maisons ou établissements où le jeu est une industrie, il y a une ou des tables spécialement aménagées pour le trente et quarante : ailleurs, on met sur la table deux cartons, un noir et un rouge.

Chaque ponte choisit le carton qui lui convient, et y place la somme qu'il veut. Ensuite, le banquier mêle les cartes, les distribue ensuite par paquets entre les différents pontes, en les priant de les battre ou les mêler. Puis ils les bat finalement, et les fait couper par l'un des joueurs, ou par une personne de la galerie, à son choix.

Alors il demande aux pontes : *Votre jeu est-il fait?* Et, aussitôt, il découvre une carte qu'il met à plat au milieu de la table, en disant : *Noir*.

Tenant le jeu toujours dans sa main gauche, il continue de la main droite à découvrir les cartes, et à les placer l'une à côté de l'autre jusqu'à ce que les points qu'elles présentent réunis aient dépassé le nombre trente et un sans dépasser celui de quarante.

Il continue avec la suite des cartes à distribuer pour la rouge et,de la même manière que ci-dessus.

Ces deux rangées de cartes constituent ce qu'on appelle un *coup*.

Quand le même nombre de points est amené pour la rouge et la noire, le banquier dit : *Après*, ce qui constitue un *refait* ou *doublet*.

Valeur des cartes. — Les figures valent *dix* points, et les autres cartes autant de points qu'elles en présentent : Ainsi l'as compte pour *un* point, ou pour *onze*, les deux pour 2 points, etc., etc.

Marche du jeu. — Le banquier, en distribuant les cartes, appelle les points de la manière suivante : par exemple, il tire une dame, il dit *dix* ; un as, il dit *un* ou *onze* ; un huit, il dit *huit*, etc.

Si le point amené par la couleur noire approche plus

de *trente et un* que celui qui est amené par la couleur rouge, les pontes gagnent une somme égale à celle qu'ils ont mise sur le carton noir, et le banquier l'annonce en disant : *la rouge perd.* Il ramasse alors tout ce qui a été mis sur le carton rouge, et paye les pontes du carton noir, tirant de sa caisse la différence s'il y a lieu, et l'encaissant dans le cas contraire.

La couleur. — Dans les maisons de jeu, notamment à Monte-Carlo, il y a sur le tableau un espace spécialement réservé pour les pontes qui jouent la *couleur*, et ceux qui se rendront à cet établissement seront peut-être satisfaits de trouver ici quelques notions qui leur seront utiles là-bas ; car il arrive le plus souvent que les nouveaux venus ne comprennent absolument rien à ce qui se dit et se fait dans la salle réservée du *trente et-quarante*, lorsqu'ils y sont poussés par la curiosité, ou par quelque autre mobile peut-être moins innocent.

La *couleur* est déterminée par celle de la première carte qui sert pour la confection du coup. Si cette carte est noire, la couleur est noire, et si cette carte est rouge la couleur est rouge.

Aussi, le banquier, en annonçant le résultat du coup, dit-il :

Rouge gagne et couleur, si, la rouge gagnant, la couleur de la première carte est rouge ;

Rouge gagne et couleur perd, si, la rouge gagnant, la couleur de la première carte est noire ;

Rouge perd et couleur, si, la rouge perdant, la couleur de la première carte du coup est rouge ;

Rouge perd et couleur gagne, si, la rouge perdant, la couleur de la première carte est noire.

On dit aussi *jouer l'inverse* pour désigner le jeu de la couleur.

Du refait ou doublet. — Quand les points amenés par la couleur rouge égalent ceux de la noire, il y a *refait* ou *doublet*, et le coup est nul.

Il y a cependant un cas où le coup n'est pas nul : si c'est le point de *trente et un* que le banquier amène deux fois de suite, il tire à lui la moitié de l'argent exposé sur chacun des cartons.

Cet avantage peut être évalué à environ cinq pour cent.

Les conditions du refait sont plus ou moins onéreuses pour les pontes selon les établissements.

Le Lansquenet.

La baccara a presque partout détrôné le lansquenet.

Le lansquenet est un jeu simple et rapide ; il suffit de l'avoir vu jouer pendant quelques minutes pour en comprendre la marche et les combinaisons.

On se sert pour le jouer de *cinq* ou *six* jeux de 52 cartes ; plus il y a de jeux, plus la partie est intéressante. Ces jeux doivent être mélangés et battus ensemble à plusieurs reprises ; pour cela, on se partage la masse des cartes entre plusieurs joueurs ; chacun, après avoir battu la part qu'il a reçue, la fait passer à son voisin de droite, qui l'entremêle parmi les cartes que lui-même vient de battre, puis il repasse les deux paquets ainsi mélangés à son voisin de droite, lequel fait de même, etc. Quand tous ces mélanges sont faits, les cartes étant mises devant le banquier, il leur donne un dernier coup très sommaire, et fait couper par une personne de la société, dont la main passe pour être heureuse.

Au lansquenet, le nombre des joueurs est illimité. Le sort désigne le *banquier*, dont le rôle consiste à tenir les cartes, à les donner et surtout à jouer gros jeu, ainsi qu'on va le voir. Les autres joueurs prennent le nom de *pontes*.

Le banquier ayant fait couper, comme cela vient d'être dit, annonce la somme qu'il veut jouer.

Le joueur placé à sa droite a la parole; il peut tenir toute la somme proposée par le banquier, ou n'en tenir qu'une partie, ou passer. Quand il déclare tenir tout, on dit que le jeu *est fait*. Quand il déclare n'en tenir qu'une partie, le second joueur peut *renvier*, c'est-à-dire l'évincer, en tenant tout; et tant que le tout n'est pas fait, chaque joueur peut, suivant son tour de parole, faire le tout, s'il n'a pas encore été fait quand on arrive à lui, et cela par un seul joueur. Si nul ne tenait le coup, le premier joueur, en d'autres termes, celui qui avait le premier la parole et qui est placé immédiatement à droite du banquier, dit : *Je fais un, deux, trois louis, ou francs, ou sous*. Puis le second joueur parfait la différence, ou fait la mise qu'il veut; de même du troisième jusqu'à ce que l'enjeu du banquier soit couvert; les autres pontes *ne vont pas*, ou *vont*, selon que la somme a été complétée par les premiers joueurs ou qu'il a fallu recourir à tous.

Quand les jeux sont faits, le banquier retourne une carte, qu'il place à sa droite : c'est la sienne; puis il en retourne une seconde, qu'il place à sa gauche : c'est celle des pontes. Pour bien fixer les idées, supposons que la carte à droite, celle du banquier, soit un roi, et que la carte à gauche, celle des pontes, soit un neuf. La valeur et la couleur de ces deux cartes sont choses absolument indifférentes. Entre ces deux cartes, on abattra une 3e, une 4e, une 5e, etc., carte qu'on retournera jusqu'à ce qu'il sorte un roi ou un neuf; si c'est le roi qui sort, le banquier ramasse les mises; si c'est le neuf, les pontes ont gagné, et ils se partagent l'argent du banquier proportionnellement à la somme engagée par chacun d'eux.

Tant que le banquier gagne, il conserve la main; mais dès qu'il a perdu un coup, la banque passe au voisin de droite du banquier précédent; celui-ci, met en banque la somme qu'il veut.

Du refait ou doublet. — On pourrait croire, d'après cet aperçu sommaire, que le banquier n'a aucun avantage : ce serait une grave erreur, et voici en quoi consiste cet avantage : si la carte des pontes avait été un roi, le banquier eût gagné, sans avoir besoin de tirer une troisième carte, De telle sorte qu'à chaque commencement de coup, si deux cartes pareilles se suivent, il y a *refait* ou *doublet* et le banquier gagne. Cette chance paraît minime ici, sur le papier, mais que l'on prenne des cartes en main et l'on verra combien de fois le refait se présente dans une taille. Si les deux cartes sont dissemblables, le banquier, après avoir couru la chance du refait, a encore chance égale contre les pontes jusqu'à la décision de la carte du milieu, qui finira par être un roi ou un neuf, car il tirera des cartes jusqu'à ce qu'il sorte l'une ou l'autre de ces deux cartes.

Après le premier coup, s'il est gagné par le banquier, celui-ci est tenu de laisser au jeu, pour le second coup, l'argent qu'il avait mis au premier coup, avec celui qu'il a gagné; de sorte que, pour ce second coup, l'enjeu se trouve doublé; pour le troisième coup, il se trouve quadruplé et ainsi de suite jusqu'à ce que le banquier perde.

Quand la banque s'est ainsi enflée, le joueur qui a tenu un coup entier, fût-il troisième ou dernier, a toujours le droit de suivre son argent et de couvrir seul les coups suivants; mais s'il n'en couvre qu'une partie, la parole revient au premier joueur, à celui *qui est assis* à la droite du banquier, qui fait ce qu'il veut; et il appartient aux joueurs suivants de parfaire le reste, selon leur tour de parole. Les joueurs *debout* sont toujours les derniers.

Tant que le banquier *passe* (gagne), il peut tenir les cartes, mais rien ne l'y oblige ; il peut passer la banque à son voisin de droite, quand il le veut, même après le premier coup.

Lorsque le banquier a perdu ce qu'il a mis et ce qu'il avait gagné dans les coups qu'il a joués, la banque passe à son voisin de droite, sans que les autres joueurs puissent s'y opposer; mais si le banquier la quitte volontairement, les autres joueurs peuvent offrir de l'acheter. Ainsi, par exemple, le banquier a fait un louis en prenant les cartes, s'il passe deux coups, la banque se trouve être de quatre louis. Que le banquier quitte alors la banque volontairement, son voisin de droite la prend, et il ne met en banque que la somme qu'il veut jouer; mais si un autre joueur offre de prendre la main, c'est-à-dire d'acheter la banque, il met en banque les quatre louis, et il prend les cartes de préférence au joueur placé à la droite du banquier.

La préférence pour l'achat de la banque est toujours déterminée par le rang qu'occupe le joueur à la droite du banquier. Si cet acheteur est décavé, la banque revient à celui des joueurs qui y avait droit lorsqu'elle a été achetée; mais si l'acheteur la quitte volontairement, elle peut de nouveau être achetée, et elle ne revient à l'ayant droit que lorsqu'elle *claque*, ou qu'il ne se présente pas d'acheteur.

Néanmoins, lorsque la banque a été achetée trois fois de suite, elle ne peut plus l'être une quatrième, et elle revient de droit au joueur qui devait l'avoir lorsqu'elle a été achetée la première fois.

Le Pharaon.

Le pharaon est une variété du lansquenet, en voici la marche :

Il se joue avec un jeu de 52 cartes, un *banquier* et un nombre illimité de *pontes.*

Après que les cartes ont été mêlées et que le banquier a fait couper, treize cartes sont offertes au choix des pontes qui mettent sur une ou plusieurs de ces cartes la somme qu'ils veulent risquer ; puis le banquier tire une carte qu'il met à sa droite et une autre qu'il met à sa gauche : cette dernière carte se nomme la *carte anglaise.*

De ces deux cartes, quand elles ne forment pas un *doublet*, la première fait gagner au banquier la mise que les pontes ont placée sur cette carte, et la seconde oblige le banquier à doubler, au profit des pontes, l'argent dont ils l'ont couverte.

L'avantage du banquier consiste dans les doublets ou refaits, et dans la dernière carte ; quand il arrive un doublet, le banquier gagne la moitié de l'argent que les pontes ont risqué sur la carte arrivée au doublet.

L'avantage du banquier, quant à la dernière carte, consiste en ce qu'il est dispensé de doubler l'argent que les pontes y ont joué, quoiqu'il ait tiré celui qu'ils avaient mis sur l'avant-dernière.

Un jeu ne peut se changer, ni se transformer qu'avec le consentement du banquier, qui, lorsqu'il n'a plus en main que huit cartes environ, doit l'annoncer aux pontes.

Le banquier règle la mise des pontes et nul ne peut le forcer à jouer plus qu'il ne veut.

Le banquier fait une *fausse taille* quand il met deux cartes de suite sur un même tas, soit à droite, soit à gauche. Il en est de même s'il remet sur le talon une carte qui en a été détachée. Mais il n'en est pas ainsi lorsque, sans le vouloir, il tire à la fois deux cartes qui tiennent ensemble. Il suffit de les séparer à la vue des pontes et de les placer suivant la règle du jeu.

Quand on s'aperçoit qu'un banquier a fait fausse taille, on lui fait payer toutes les mises qui sont sur les cartes des pontes, comme s'ils avaient gagné.

Une carte de plus ou de moins dans le jeu ne donne pas lieu à la fausse taille, mais le banquier perd, par ce fait, l'avantage que pouvait lui offrir la dernière carte.

Le Florentini.

Le florentini est, comme le pharaon, une variété de lansquenet. Les gens bien informés nous apprennent qu'il est appelé *florentini* par ce qu'il nous vient de Naples. Mais il faut ne s'étonner de rien de la part des gens bien informés. Comment s'appellerait-il donc s'il nous venait de Florence ?

Le florentini se joue avec un jeu entier de 52 cartes. On pourrait sans inconvénient se servir d'un jeu de

32 cartes, mais les chances seraient moins variées et les surprises se présenteraient plus rarement.

Le *banquier*, que le sort désigne, après avoir bien mêlé les cartes, les fait circuler devant les *pontes*, afin que chacun puisse les mêler, s'il le juge à propos. Lorsqu'elles sont revenues au banquier, il les mêle de nouveau et fait couper par le ponte qu'il lui plaît de choisir, ou par telle personne de la galerie qu'il désigne. Il retourne ensuite la première carte et la met devant lui ; on la nomme *la carte du banquier*.

Supposons que cette carte soit un *roi ;* c'est de l'arrivée plus prompte ou plus tardive d'un autre roi que dépendra la perte ou le gain des joueurs.

Après cette carte, le banquier en retourne une seconde qu'il met sur la table : ce sera, par exemple, un *as*. Les pontes qui espèrent qu'il sortira un as avant un roi, placent alors leurs mises sur l'as. Le banquier retourne ensuite une troisième carte, qui est, par exemple, un *valet;* on joue alors sur ce valet comme on a joué sur l'as, et l'on continue d'en user de même relativement aux nouvelles cartes que le banquier vient à retourner, quand elles ne sont pas semblables à celles qui sont déjà sur le tapis.

Lorsque, enfin, il arrive une carte pareille aux cartes qui ont déjà été retournées, comme un as, le banquier gagne tout ce que les pontes ont mis sur l'as. S'il vient à retourner un valet, il gagne tout ce qui est sur le valet. Mais si le banquier retourne un roi avant ces cartes, il perd alors tout ce qu'il a joué contre les pontes, parce qu'il retourne sa propre carte. Dans ce cas la partie est finie.

S'il arrivait que le banquier retournât, dans le cours de la partie, douze cartes différentes de la sienne, et qu'ensuite il retournât successivement douze cartes semblables à celles-là, il ferait ce qu'on appelle *main-pleine* ou *opéra*, et toutes les mises lui appartiendraient, mais si, après avoir retourné les douze cartes qui diffèrent de la sienne, il en retournait une semblable à cette dernière, il serait obligé de doubler toutes les mises des pontes sur ces douze cartes, il serait tombé dans ce qu'on appelle le *coupe-gorge.*

Il peut arriver que les deux premières cartes retournées soient deux cartes semblables, comme deux rois, deux dames, deux valets, etc., etc. Dans ce cas ces deux cartes sont pour le banquier dont la *carte est doublée.* Il s'en suit qu'avant que les pontes puissent jouer, il faut qu'il y ait sur le tapis deux cartes de la même espèce et différentes de celles du banquier, autrement ils joueraient avec désavantage.

Par la même raison, lorsqu'il arrive que les trois premières cartes retournées sont trois cartes semblables, comme 3 cinq, 3 huit, etc., les trois cartes sont également pour le banquier, et alors sa *carte est dite triplée.* Aussi, faut-il, avant que les pontes puissent jouer, qu'il y ait sur le tapis des cartes triplées, pour établir l'égalité des risques.

Dans le cas où les quatre premières sont semblables, comme 4 as, 4 dames, etc., on refait.

Le Florentini est donc, comme on le voit, une sorte de lansquenet renversé. Certains joueurs prétendent qu'à ce jeu il y a désavantage pour le banquier, et que ce désavantage est d'autant plus grand que la main ne change point; tandis qu'au lansquenet chacun la tient à son tour. C'est pourquoi le banquier est réputé faire *la dupe,* Mais qu'on ne s'y trompe point, les chances sont égales et, pour cette cause, il est assez difficile de trouver des banquiers, si ce n'est dans le *monde philosophique.*

La Banque italienne,

ou jeu des voyageurs.

Ce jeu est très répandu; mais on le connaît sous des appellations tellement diverses que, quand quelqu'un le propose, ceux mêmes qui l'ont maintes fois joué, ne l'ayant jamais entendu désigner par le nom que lui donne le proposant, croient toujours qu'il s'agit d'un jeu qu'ils ne connaissent point. C'est ainsi qu'il s'appelle, selon les localités, et même selon les gens: *Banque italienne, Banque portugaise, Banco, Fauvette,* etc., etc.

La banque italienne est très amusante et surtout très rapide. Mais elle demande beaucoup d'*estomac*, comme disent les joueurs; c'est-à-dire que ce jeu, étant basé sur un calcul très simple de probabilités, le résultat déconcerte souvent ceux qui n'ont point appris, par une longue expérience, que les choses les moins probables arrivent souvent plusieurs fois de suite. Les vrais joueurs savent que, sur un grand nombre de coups, lorsqu'on a la probabilité pour soi, on finit toujours par triompher, quels que soient les caprices de la Fortune.

Aussi faut-il ne jamais risquer son va-tout, même sur le plus beau des jeux, car il n'y a pas de coup sûr à la banque italienne.

Disons encore que les philosophes y seraient très redoutables, et qu'il faut se servir de cartes très propres; car si une ou plusieurs cartes pouvaient être reconnues, les banquiers seraient des dupes certaines.

Ce jeu n'est intéressant que si l'on peut réunir plusieurs

joueurs ; la plus belle partie est celle qui a lieu entre cinq, six ou sept. Au delà de huit, elle n'est pas possible : on verra bientôt pourquoi.

Le banquier a un certain avantage, mais cet avantage est bien mince, quand il a affaire à des pontes qui ne *s'emballent* pas.

Le banquier est accepté d'un commun accord, ou il est désigné par le sort. D'ailleurs, il est d'usage que chaque ponte prenne la banque à son tour.

Le banquier met en banque la somme qu'il veut. Cette somme est ordinairement représentée par des jetons et des fiches de différentes valeurs. Les pontes prennent également des jetons et des fiches pour la somme qu'ils veulent exposer. L'argent de ces jetons et des fiches est mis à part, et chacun, à la fin de la partie, est payé des jetons qu'il a. Si l'on vient à être décavé avant la fin du jeu, et que l'on veuille continuer à jouer, on achète des fiches et des jetons à ceux qui en ont à revendre.

La banque étant faite et mise au milieu de la table, le banquier, qui est le donneur pendant tout le temps qu'il a la main, distribue trois cartes aux pontes, *une à une*, et en commençant par la droite, puis il pose le talon devant lui.

Le premier ponte a la parole. Supposons qu'il ait trois as, c'est-à-dire le plus beau jeu qui puisse se présenter, il dira : *Je fais Banco*, c'est-à-dire je risque une somme égale à celle qui est en banque. Voyons maintenant la probabilité qu'il a de gagner, elle est énorme. Le banquier retournera la carte supérieure du talon, si elle appartient à l'une des trois couleurs dont le ponte a les as, le ponte gagne le tout, il fait sauter la banque. D'ailleurs, il avait bien des chances d'arriver à ce résultat, et le banquier n'avait pour lui que la quatrième couleur. Le sept de cette quatrième couleur eût été suffisant pour faire perdre le ponte.

On voit maintenant que, pour gagner, le ponte doi avoir dans ses trois cartes une carte de la couleur qui sortira au tirage du talon; et qu'en outre, cette carte doit être supérieure à celle amenée par le banquier.

La valeur des cartes est la même qu'au piquet : As, roi, dame, valet, dix, neuf, huit et sept.

Supposons maintenant que le ponte ait eu les trois cartes suivantes : as de cœur, roi de trèfle et dame de pique; si le banquier retourne un carreau, ne serait-ce que le sept, il a gagné, et le ponte, qui a fait *banco*, sera obligé de payer une somme égale à celle qui est en banque. Mais il peut sortir l'as de trèfle, et le banquier aura encore gagné. Le ponte a des trèfles il est vrai, mais ils sont inférieurs. De même il peut sortir l'as ou le roi de pique, et le ponte aura encore perdu. Néanmoins, il avait la probabilité pour lui; car le banquier ne pouvait gagner qu'avec l'un des huit carreaux, ou l'as de trèfle, ou l'as et le roi de pique, soit 11 cartes, tandis que le ponte avait pour lui, les 7 cœurs inférieurs à l'as, les 6 trèfles inférieurs au roi, et les 5 piques inférieurs à la dame, soit 19 cartes, il y avait donc 18 chances en faveur du ponte et 11 chances en faveur du banquier.

Ces règles semblent bien abstruses; mais si l'on prend des cartes en mains et que l'on fasse les coups tels qu'ils sont indiqués, on verra que ces explications sont accessibles à toutes les intelligences.

Nous avions donc raison de dire en commençant que ce jeu reposait simplement sur un petit calcul de probabilités.

Suivons maintenant la marche de la partie. Si le ponte a fait sauter le banque, — serait-ce au premier coup, — le banquier change; il passe la main au ponte placé immédiatement à sa droite; celui-ci à son tour, met en banque telle somme qu'il lui plaît. Mais il peut refuser la main. Néanmoins, il n'est pas d'usage de le faire, car la partie pourrait finir faute de banquiers; il prendra donc la main et n'exposera qu'une somme minime, s'il n'aime pas les gros risques ou les fortes émotions.

Après avoir battu les cartes, il les fera passer aux pontes qui pourront les rebattre; mais c'est toujours au banquier qu'appartient le droit de mêler le dernier; après quoi, il fera couper le ponte placé à sa gauche, et commencera la distribution par la droite, ainsi que cela a déjà été dit.

Chaque banquier, s'il ne saute pas, doit faire au moins trois tours, avant de pouvoir retirer ce qu'il a mis en banque. S'il y a 6 pontes, il devra donc subir 18 demandes, mais il est rare qu'il s'en présente plus de 2 ou 3 par tournée.

Le ponte qui a mauvais jeu se contente de répondre : *Je ne fais rien*, lorsque vient son tous de parole.

Celui qui a un jeu moyen, comme deux as, dit : *Je fais tant de jetons* ou *tant* de *fiches* et il les met en avant. Si le banquier perd, il double la mise du ponte, sinon il la ramasse.

Deux as, c'est un jeu moyen, avons-nous dit, surtout si la troisième carte est de la même couleur que l'un de ces as; mais ce jeu devient un excellent jeu si la troisième car teest d'une troisième couleur, ne serait-ce qu'un dix; car les deux as donnent déjà chacun 7 cartes, soit 14 cartes inférieures de leur couleur, de plus le dix donne encore 3 cartes de sa couleur, soit 17 cartes ensemble; le banquier n'a donc pas chance égale.

Inutile de pousser plus loin ces exemples, chacun pouvant faire maintenant les calculs pour les autres coups.

Quand le banquier sert une carte à un ponte, cette carte reste sur le tapis, à la vue de chacun; et cette vue est souvent très utile aux pontes suivants, car ils savent alors qu'ils ont une chance de plus ou une chance de moins selon la carte sortie. Exemple : Le banquier tire du talon l'as de trèfle, il est évident que mon roi de trèfle — si je l'ai — devient beaucoup meilleur. Si, au contraire, j'ai deux ou trois couleurs, il va de soi que mes chances de gain diminuront sensiblement dans le cas où il sortirait beaucoup de cartes inférieures dans ces couleurs. Le dernier à parler est celui des pontes qui a le plus d'avantages car il a vu toutes les cartes sorties.

Le ponte qui gagne ne doit montrer qu'une de ses trois cartes, celle avec laquelle il prend.

Tout joueur qui montre son jeu n'a plus le droit de demander dans le tour, et ceux qui viennent après lui, ayant vu son jeu, peuvent se voir refuser des cartes par le banquier. Dans ce cas, ils peuvent néanmoins faire une demande et, s'ils gagnent, ils ont le droit de se faire payer par le ponte qui a fait voir son jeu.

An delà de huit joueurs la partie ne serait pas possible, car, recevant chacun trois cartes, il faut qu'il en reste au moins huit au talon pour pouvoir faire face à toutes les demandes qui pourraient se présenter.

Tous les pontes ayant passé ou proposé un enjeu, la première tournée est finie; le banquier remêle les cartes, les fait passer de nouveau aux pontes; les bat après eux, s'il y a lieu, et les fait couper comme pour le premier tour.

Les choses se passent exactement au deuxième et au troisième tour comme au premier.

Remarquons qu'il est interdit aux pontes de s'associer entre eux pour faire sauter la banque, à moins que le banquier n'y consente, ce qui arrive souvent, Mais, dans ce cas, *le banco* ne pourra avoir lieu que si celui qui le demande n'a vu aucun des jeux des autres pontes.

S'il y a des cartes vues en donnant, on recommence la donne.

Tout ponte qui fait banco doit avoir devant lui somme suffisante pour payer en cas de perte.

Faut-il dire encore que le banquier peut gagner avec un sept, si le ponte n'a pas de la couleur? Qu'un as amené par le banquier est une certitude de gain, tandis que le ponte n'est pas sûr avec trois as et ne peut jamais gagner avec un sept? Que lorsque le banquier tombe sur une forte séquence, une tierce majeure de la même couleur, il a trois certitudes de gain? Que si une tierce majeure panachée est un beau jeu pour le ponte qui la possède, une tierce majeure de la même couleur est un très mauvais jeu pour lui?

Tant qu'il n'a pas sauté, le banquier peut recharger la banque, mais il lui est absolument défendu de rien retirer; il faut que les pontes puissent prendre leur revanche jusqu'à la fin, et l'argent qui est sur le tapis est considéré comme la propriété de tous les joueurs; le banquier n'en devient le propriétaire absolu et définitif que quand il a fait ses trois tours de carte.

Si la tournée a été fructueuse et que le banquier soit gras, on peut l'autoriser à faire un quatrième tour, s'il le demande; à la condition cependant qu'il ne retirera rien de ce qu'il a en banque, et qu'aucun ponte ne s'opposera à ce tour de faveur. Il suffit d'un opposant pour que la faveur ne puisse être accordée; ici le *droit* est le *droit*, et il n'est jamais sacrifié aux caprices et à l'arbitraire d'une majorité. — La tyrannie du nombre a été inventée par les politiciens.

Il a été dit, à titre d'exemple, qu'un ponte ayant trois as, demande le banco, mais il est bien évident que rien ne l'oblige à jouer une forte somme, et qu'avec ce jeu superbe il peut faire ce qu'il voudra, c'est-à-dire un seul jeton, si cela lui convient. Ce n'est pas là un des moindres charmes de la banque italienne; chacun y participe selon ses moyens, et un ponte modeste peut se contenter de petits risques, à côté de gros joueurs qui exposent à chaque coup de grosses sommes pour faire sauter la banque.

Le Hoc.

Ce jeu est encore beaucoup joué dans une certaine partie de la France centrale. Il se joue à deux ou trois personnes, avec un jeu de 52 cartes, qui conservent leur valeur habituelle, c'est-à-dire que le roi l'emporte sur la dame, celle-ci sur le valet, et ainsi de suite jusqu'à l'as qui est le dernier.

A deux, chaque joueur reçoit 15 cartes ; à trois, chaque joueur n'en reçoit que 12.

La donne se tire au sort.

Il y a à ce jeu six cartes privilégiées qui font ce qu'on appelle *Hoc*. Le privilège de ces six cartes consiste en ce que celui qui les joue peut leur attribuer la valeur qu'il lui convient. Ces cartes sont les quatre rois, la dame de pique et le valet de carreau. Chacune de ces cartes vaut un jeton à qui la jette.

Avant de commencer la partie, chacun des joueurs doit avoir reçu un certain nombre de jetons dont la valeur est déterminée à l'avance. Ils en mettent chacun trois au jeu, savoir :

Un pour le *point*, un pour la *séquence*, et un pour le *tricon*, aussi appelé *fredon* et *triolet*.

On peut mettre deux ou trois jetons au jeu pour chacune de ces trois chances : dans ce cas, la partie est dite double ou triple.

La donne se tire au sort. Celui qui est désigné, mêle les cartes, les fait couper à sa gauche, et les distribue en commençant par la droite et en donnant à chacun le nombre ci-haut indiqué.

Le premier en cartes, c'est-à-dire celui qui est assis à la droite du donneur, commence par accuser son point, ou bien il peut dire : *Je passe*, s'il voit que ce point est faible. Si, au contraire, son point est assez élevé, il peut *renvier*. S'il passe et que les autres renvient en disant deux, trois ou quatre au point, il y peut revenir. On peut renvier sur celui qui renvie jusqu'à 25 jetons au-dessus et ainsi de ceux qui suivent, en montant toujours de 25 ; mais l'on peut renvier de moins si l'on veut ; celui qui gagne le point enlève tous les renvis et la mise.

On compte, à ce jeu, quatre chances différentes, et qui peuvent rapporter un bénéfice plus ou moins important.

Ces chances sont :

1° Le *point*, qui consiste dans la réunion de plusieurs cartes de la même couleur, dont on réunit la valeur pour faire le point.

Il faut maintenant indiquer la valeur des cartes.

Les figures valent dix, les autres cartes pour le nombre de points qu'elles portent ; l'as ne vaut qu'un point.

Chaque joueur fait connaître son point lors que les *renvis* sont finis et c'est le plus haut point qui l'emporte. Ce plus haut point est déterminé d'abord par le nombre des cartes, et, à nombre égal, par la haute haute carte de ce point.

Lorsqu'il y a égalité complète, c'est le joueur qui est le plus près de la droite du donneur qui gagne.

Lorsqu'un joueur a annoncé un point inférieur à celui qu'il a effectivement, il n'est pas admis à rectifier sa déclaration.

Quand tous les joueurs passent, la mise est double au coup suivant.

2° *La séquence*. On arrive à la séquence quand le point est joué. Trois, quatre ou cinq cartes de la même couleur, se suivant sans interruption, forment une séquence. Ce mot désigne donc tout à la fois, les tierces, les quatriômes et les quintes. Les enjeux de la séquence sont d'un jeton par joueur, comme pour le point.

On peut, à la séquence, *passer*, *proposer* et *renvier*, comme on veut. Quand les renvis sont finis, on accuse les séquences. Celle de cinq cartes l'emporte sur celle de quatre, et celle-ci sur celle de trois. Quand deux séquences sont formées par le même nombre de cartes, celle qui l'emporte est celle qui commence par le roi, ensuite celle qui commence par la dame, et ainsi de suite.

Des séquences peuvent, dans des couleurs différentes, se rencontrer égales entre plusieurs joueurs ; dans ce cas c'est celui qui est le plus près de la droite du donneur qui gagne.

Une séquence supérieure fait valoir une séquence inférieure dans la même main.

Le joueur qui gagne par la séquence emporte non seulement les enjeux et les renvis qui peuvent avoir été faits, lorsque le jeu et la séquence sont simples, mais deux jetons si le jeu et les séquences sont doubles. Il y a jeu double, lorsque tous les joueurs ayant passé, la séquence est restée pour le coup suivant.

La séquence simple se compose de trois cartes ; mais lorsque ces trois cartes sont un roi, une dame et un valet, le joueur qu'elle fait gagner reçoit de chacun des autres deux jetons, quant le jeu est simple, et quatre dans le cas où il est double.

Si la séquence avec laquelle on gagne se compose de quatre cartes, savoir : roi, dame, valet et dix, celui qui gagne avec reçoit de chaque joueur trois jetons, si le jeu est simple, et six si le jeu est double.

Si l'on gagne avec une séquence composée de cinq cartes : un roi, une dame, un valet, un dix et un neuf, on reçoit de chaque joueur quatre jetons, si le jeu est simple, et huit s'il est double.

Les séquences de six sept ou huit cartes ne produisent pas davantage que celle qui n'a que cinq cartes.

3° *Le tricon.* La troisième chance de gain à ce jeu, est le tricon. Il consiste dans la réunion de trois ou quatre cartes de même point ou de même figure, comme trois neuf, quatre valets, etc.

Le tricon se joue comme le point et la séquence. Chaque joueur, quand vient son tour de parole, peut passer ou renvier.

On n'annonce les tricons que lorsque les renvis sont finis. Le tricon composé de quatre cartes l'emporte sur celui de trois. Si plusieurs tricons sont formés d'un même nombre de cartes, c'est le supérieur qui l'emporte.

Le plus fort tricon est celui du roi ; le plus faible, celui de l'as.

Tous les joueurs sont obligés de payer les tricons inférieurs qui accompagnent un tricon supérieur.

Celui qui gagne le tricon reçoit, outre les enjeux, deux jetons de chaque joueur, quand le jeu est simple ; quatre jetons, si le jeu est double, et cela dans le cas où le tricon n'est composé que de trois cartes.

Lorsque le tricon se compose de trois rois, chaque joueur paye au gagnant quatre jetons quand le jeu est simple, et huit jetons si le jeu est double.

Chaque joueur paye huit jetons à celui qui a un tricon formé de quatre rois, lorsque le jeu est simple. Si le jeu est double, le gagnant reçoit seize jetons de chacun des joueurs.

Tous les tricons composés de quatre autres cartes valent à celui qui les a, quatre jetons si le jeu est simple, et huit s'il est double.

Enfin, il y a encore au hoc une quatrième chance, celle de gagner les cartes.

C'est le premier qui parvient à se défaire de toutes ses cartes qui gagne.

On commence, quand on est premier, par jouer les plus

faibles cartes; mais pour que l'on puisse en jeter plusieurs de suite, il faut qu'elles se suivent progressivement dans leur valeur, en remontant des plus faibles aux plus fortes.

Supposons maintenant que le premier joueur ait en main as, deux, trois, quatre, etc., quand même elles ne seraient pas de la même couleur, la dernière carte qu'il a jetée lui est *hoc* et lui vaut un jeton de chaque joueur, et il recommence par les plus basses, parce qu'il a plus de chances de rentrer par les hautes; et si, par exemple, il joue l'as, il dira: *Un*, et s'il n'a pas le deux, il dira: *Sans deux*; celui qui le suit et qui aura un deux le jettera et dira: *Deux*, *trois*, *quatre* et ainsi des autres jusqu'à ce qu'il manque de la carte suivante; il dira, par exemple: *Sept sans huit*, et ainsi des autres; et lorsque les joueurs n'ont pas la carte qui manque à celui qui joue, la dernière carte qu'il a jetée lui est *hoc* et lui vaut un jeton de chaque joueur.

Lorsque le joueur suivant, celui qui dit, par exemple: *Quatre sans cinq*, n'ayant point de cinq, a un *hoc*, il peut l'employer pour le cinq, comme cela a été dit (les *hocs* valant ce que l'on veut); alors il commence à jouer par telle carte qu'il juge avantageuse à son jeu, et il gagne un jeton de chaque joueur pour le *hoc* qu'il a joué.

Il y a donc deux sortes de *hocs*: les *hocs* accidentels qui proviennent de ce qu'aucun joueur n'a une carte supérieure à la dernière carte jouée, et les *hocs principaux*, qu'on obtient en jouant pour faire suite aux autres cartes.

Celui qui a cartes blanches, c'est-à-dire qui n'a point de figures dans son jeu, reçoit pour cela dix jetons de chaque joueur.

S'il se trouvait que deux joueurs eussent cartes blanches, le troisième ne payerait rien ni à l'un ni à l'autre.

Celui qui, par mégarde, en jetant, par exemple, un quatre, dirait: *Quatre sans cinq*, et qui cependant aurait un cinq dans son jeu, payerait, à cause de cette méprise, cinq jetons à chaque joueur.

Celui qui accuse moins de cartes qu'il n'en a et perd le point par ce fait, ne peut revenir de son erreur.

Quand un joueur s'est débarrassé de toutes ses cartes, chacun des autres lui paye par chaque carte, savoir :

S'il a de trois à dix cartes, un jeton ; plus de dix cartes, deux jetons ; une seule carte, six jetons ; deux cartes, quatre jetons.

Le Bog.

Ce jeu mérite de reconquérir la vogue dont il a joui longtemps.

Pour le jouer, on prend un carton sur lequel on figure six compartiments distincts. Sur l'un de ces compartiments est écrit le mot Bog ; les cinq autres portent, en commençant par la droite : le *roi de carreau*, le *dix de cœur*, le *valet de trèfle*, l'*as de carreau* et la *dame de pique*.

Il est bien évident que les cartes dont on se sert pour garnir le carton, sont prises dans un vieux jeu, et non dans celui dont on doit se servir pour faire la partie.

On place ce carton au milieu de la table.

Habituellement le bog se joue à cinq ; cependant on peut être moins ou plus, sans cependant dépasser dix.

Quand il y a de trois à six joueurs, on se sert d'un jeu

de piquet; au delà de ce nombre on prend un jeu de 52 cartes.

Si l'on joue avec un jeu de piquet : à trois joueurs, on retire les 4 sept et 2 huit, pour donner 8 cartes à chacun; à quatre joueurs, on retire les 4 sept et 2 huit et l'on donne 6 cartes à chacun; à cinq joueurs, on retire les 4 sept et 1 huit pour donner 5 cartes à chacun; à six joueurs, on ne retire rien, et on distribue 5 cartes à chacun. Dans tous les cas, il doit rester 2 cartes au talon.

Quand il y a plus de six joueurs, on n'enlève aucune cartes des 52, et l'on distribue à chacun 7, 6 ou 5 cartes, suivant que les joueurs sont au nombre de 7, de 8, de 9, ou de 10. Le talon se compose alors de 3, de 4, de 7 ou de 2 cartes.

Des hasards. — 1° La réunion, dans la même main, de deux cartes de même couleur, de deux as, de deux rois, de deux dix, s'appelle *bog*.

2° Le valet de trèfle, joint à deux cartes de même valeur s'appelle *misti*.

3° Trois cartes de même valeur, 3 dames 3 valets, 3 neuf, etc., forment le *brelan*;

4° Quatre cartes de même valeur forment le *brelan carré*;

Le bog est la chance la moins forte; il est annulé par le misti, qui l'emporte même sur deux bogs réunis dans la même main; le brelan simple l'emporte sur le misti, et le brelan carré sur le brelan simple.

S'il y a, pour le même coup, deux ou plusieurs bogs, deux ou plusieurs brelans, c'est le bog ou le brelan composé de cartes supérieures qui l'emporte sur le bog ou le brelan compose de cartes inférieures.

Quand deux joueurs ont chacun un bog de la même

valeur, comme deux rois, deux dames, etc., l'avantage est au premier en cartes.

MARCHE DU JEU.—Au début de la partie, chaque joueur est muni d'un certain nombre de jetons, ordinairement 15 ou 20.

Celui qui est désigné par le sort pour donner le premier, mêle le jeu, fait couper à sa gauche et distribue les cartes, une par une, deux par deux, ou trois par trois, en commençant par la droite.

Lorsqu'on joue à cinq ou six, avant la donne, chaque joueur fournit une mise de deux jetons à une case du tableau dont il est parlé en tête de ce chapitre ; en outre, celui qui donne met deux jetons sur la case du bog.

Quand le nombre des joueurs est supérieur ou inférieur à cinq, c'est le donneur qui doit couvrir tous les tableaux du carton.

La distribution des cartes faite, le donneur dépose sur la table celles qui forment le talon, en retournant la première ; il a le droit d'échanger cette retourne contre l'une de ses cartes. Si cette carte est l'une de celles qui sont figurées sur la tableau, il prend, de plus, l'enjeu qui est est déposé sur le compartiment de cette carte.

La distribution des cartes terminée, le premier en cartes, après avoir examiné son jeu, et chaque joueur successivement après lui, annonce à haute voix s'il veut *boguer* ou s'il *s'en va*.

Boguer, c'est concourir au coup, en faisant immédiatement un enjeu quelconque, mais qui doit être plus fort au moins d'un jeton que la première mise.

Donc, le premier joueur qui bogue fait son enjeu ; les autres qui veulent boguer parlent à leur tour et tiennent cet enjeu ou font davantage. S'il y en a qui soient effrayés de l'élévation des renvis ou qui craignent de rencontrer un bog plus fort que le leur, ils peuvent *s'en aller*, c'est-à-dire renoncer à la lutte en abandonnant leur enjeu. Les joueurs qui ont refusé de boguer paient deux jetons à la case du bog.

Quand chacun a parlé à son tour et fait son enjeu, ceux qui ont bogué montrent leurs cartes, et celui qui a la plus forte combinaison gagne le bog et prend tous les enjeux.

Les bogs ainsi réglés, le premier en cartes joue une carte à son choix et continue tant qu'il a des cartes qui se suivent dans la même couleur. Quand il est forcé de s'arrêter par suite d'une interruption dans la suite de ses cartes, la main passe à celui des joueurs qui a la carte supérieure à celle qui vient d'être jouée. Au cas où personne ne posséderait cette carte, le premier joueur continue de jouer, soit dans la même couleur, soit dans une autre, à sa volonté. Ce droit appartient à chaque joueur quand il a la main.

Le joueur qui a abattu un roi peut contiuner dans la couleur de ce roi ou dans toute autre s'il le préfère.

Chaque fois qu'un joueur abat l'une des cartes figurées sur le carton, il prend l'enjeu déposé sur cette figure du tableau; mais il doit le prendre en jetant sa carte, sinon il perd son droit.

Le joueur qui a la main peut examiner le talon, pour s'assurer s'il ne s'y trouve pas une carte capable de couvrir l'une de celles qu'il veut jouer.

Celui qui réussit à jeter le premier sa dernière carte est le vainqueur; il reçoit des joueurs autant de jetons qu'il leur reste de cartes dans les mains. De plus, si parmi ces cartes, il s'en trouve de celles qui sont sur le tableau, le joueur ou les joueurs qui n'ont pu s'en débarrasser, mettent dans le compartiment de ces cartes autant de jetons qu'il y en a déjà.

Comme, on le voit, l'important à ce jeu est non seulement de chercher à se débarrasser promptement de toutes ses cartes, mais d'empêcher les autres joueurs d'abattre une de celles qui sont sur le tableau.

La Guimbarde ou la Mariée.

Ce jeu est peu répandu, mais comme il se joue encore dans certaines localités; il peut même redevenir à la mode d'un moment à l'autre; il ne saurait donc être passé sous silence dans ce livre. D'ailleurs il est si facile à comprendre, et offre des chances si variées, qu'il mériterait de reprendre faveur dans les salons où l'on joue en famille.

Exposé du jeu. — On y joue depuis cinq jusqu'à huit ou neuf personnes, et, dans ce cas, le jeu de cartes doit être entier c'est-à-dire composé de 52 cartes; mais si l'on n'est que cinq ou six, on en ôte toutes les petites cartes jusqu'au six ou au sept, pourvu qu'il en reste assez pour faire un talon raisonnable.

Chacun des joueurs prend un certain nombre de jetons, auxquels on donne une valeur déterminée.

On doit mettre sur le tapis cinq petites boîtes ou corbeilles dont l'une sert pour la *guimbarde,* la seconde pour le *roi,* la troisième pour le *fou,* la quatrième pour le *mariage.* et la dernière pour le *point.* Ces boîtes sont rangées sur la table comme ci-dessous.

Le point **Le mariage** **Le fou**

Le roi **La guimbarde**

Chacun des joueurs met un jeton dans chaque corbeille, ensuite on tire à qui fera.

Le donneur, ayant battu les cartes, fait couper à sa gauche, et donne à chaque joueur 5 cartes, par *trois* et *deux;* après quoi il fait la retourne qui indique l'atout.

Voici maintenant les termes du jeu :

Le *point.* Il faut, 3, 4, ou 5 cartes d'une même couleur pour faire le point; le plus haut point emporte le plus bas, et lorsqu'il se rencontre égal, celui qui est le premier à parler, ou qui a la main, gagne le point.

Le *grand mariage* est le roi et la dame de cœur en main : c'est un très grand avantage.

Le *fou* est le valet de carreau, qui est toujours le troisième atout.

Le *roi*, c'est le roi de cœur nommé ainsi sans épithète, parce qu'il a l'honneur d'être l'époux de la guimbarde (dame de cœur). Le roi est le second atout du jeu.

La *guimbarde*, c'est la dame de cœur. Elle est le principal atout, quelle que soit la retourne.

Les autres cartes ont chacune leur valeur ordinaire, c'est-à-dire que le roi est la plus forte, l'as venant entre le valet et le dix. Viennent ensuite, comme à tous les autres jeux où l'on retourne, les atouts ou triomphes, c'est-à-dire les cartes de la couleur de la retourne.

Les joueurs ayant reçu chacun 5 cartes, et la retourne étant faite, chacun regarde s'il n'y a point dans son jeu, une ou plusieurs des cartes ci-dessus, comme le roi, la guimbarde ou le fou. Ces cartes peuvent arriver toutes d'un seul coup à un joueur : s'il avait le roi de cœur, la dame de cœur, le valet de carreau, et un ou deux autres cœurs pour faire le point; il tirerait pour ses cœurs, en supposant que le point fût bon, la corbeille du point; pour le valet de carreau, la corbeille du fou ; pour le roi de cœur, celle du roi; et pour la dame, celle de la guimbarde ; et enfin pour ces deux dernières, ensemble, celle du mariage. Le joueur qui a l'un de ces trois avantages isolés, tire la corbeille qui y répond, en observant toutefois qu'il faut préalablement annoncer cet avantage, et l'étaler sur la table. Ensuite chacun accuse son point, et le plus haut point l'emporte.

Quand le point est levé, chacun met un jeton dans la boîte du point, pour le joueur qui gagnera le plus de mains.

Il faut faire au moins deux mains pour l'emporter ; car si chacun des joueurs n'en fait qu'une, ce fonds restera dans la corbeille pour servir au point le coup suivant ; si deux joueurs avaient fait deux mains chacun, celui qui les aurait faites le premier gagnerait.

Le premier à jouer commence à jeter de son jeu la carte qu'il veut, et le jeu se continue chacun pour soi, en tâchant de faire autant que possible deux mains et même d'avantage, afin de pouvoir emporter le fonds de mise.

Outre le mariage de la guimbarde, il s'en fait encore d'autres; par exemple, lorsqu'on joue un roi de carreau, de trèfle ou de pique, et que la dame de l'une de ces couleurs tombe sur son roi; c'est un mariage; il en est ainsi lorsque le roi et la dame d'une même couleur se trouvent tous deux dans la même main.

Règles. — 1° S'il arrive un mariage en jouant, celui qui le gagne tire un jeton de chaque joueur, excepté de celui qui a jeté la dame : si on a ce mariage en main, personne n'est dispensé de payer ce jeton.

2° Celui qui gagne la levée en coupant un mariage, reçoit seulement un jeton de ceux qui ont jeté le roi et la dame.

3° Il n'est pas permis de couper un mariage, ni avec le roi de cœur, ni avec la dame, ni avec le fou ou valet de carreau.

4° Celui qui a le grand mariage en main, c'est-à-dire le roi et la dame de cœur, reçoit deux jetons de chaque joueur, en jouant les cartes, outre les corbeilles qu'il a gagnées. Quand on fait le grand mariage sur la table, c'est-à-dire lorsque le roi de cœur est levé par la guimbarde, chaque joueur ne doit qu'un jeton à celui qui a la guimbarde. Mais le joueur qui a le roi de cœur est exempt de payer.

5° On paye un jeton pour le fou, mais si, indirectement, le fou est pris par le roi ou la dame de cœur, il ne gagne rien ; au contraire, il paye un jeton à celui qui l'emporte.

6° Pour faire un mariage de rencontre, il faut que le roi et la dame de la même couleur soient joués immédiatement l'un après l'autre.

7° Celui qui a la dame d'un roi qui vient d'être joué, et qui doit jouer immédiatement après, est obligé de la mettre pour faire le mariage, autrement il payerait un jeton à chacun des joueurs pour avoir rompu le mariage.

8° Quiconque renonce paye un jeton à chaque joueur.

9° Celui qui, pouvant forcer ou couper sur une carte jouée, ne le fait pas, paye un jeton à chaque joueur.

10° Celui qui fait maldonne paye un jeton à chaque joueur, et donne de nouveau.

11° Lorsque le jeu de cartes est faux, le coup où l'on s'en aperçoit est nul, à moins qu'on ait achevé de le jouer ; dans ce cas, le coup est bon, comme les précédents. En général, tout coup consommé est bon.

12° On ne doit pas jouer avant son tour, et celui qui enfreint cette règle est tenu de payer un jeton à chacun des joueurs. Dans ce cas, le coup se continue.

Le commerce.

Le commerce se joue avec un jeu de 52 cartes.

L'as vaut 11 points et lève le roi qui est supérieur à la dame : celle-ci l'emporte sur le valet, qui prime le dix. Les figures comptent pour 10 points, ainsi que le dix ; les autres cartes valent les points dont elles sont marquées.

Le donneur prend le nom de *banquier* ; les autres joueurs sont des *commerçants*, et le talon se nomme la *banque*.

Chaque joueur dispose d'un certain nombre de jetons dont la valeur est convenue à l'avance, et en met un à la *poule* en entrant au jeu.

Quand la main est tirée, le donneur bat les cartes et les fait couper par le joueur placé à sa gauche ; ensuite, il en donne trois à chaque joueur, en commençant par la droite. Il est libre de les donner toutes les trois ensemble, ou une à une.

Le but des joueurs doit être d'avoir le point, une séquence ou un tricon.

Le *point* se compose de deux ou trois cartes de même couleur ; le plus fort emporte le plus faible, une seule carte ne fait pas le point.

La *séquence* est ce qu'on appelle une tierce au piquet.

Le *tricon*, c'est trois as, trois rois, trois dames, trois valets, etc. ; le plus fort gagne.

N'ayant qu'une de ces trois chances qui puisse gagner, celui qui a le *point* le plus fort gagne, lorsqu'il n'y a point de séquence dans le jeu, ni de tricon ; de même pour celui qui a la plus forte séquence, s'il n'y a point de tricon ; car le tricon gagne, de préférence à la séquence, et la séquence, de préférence au point.

Il n'y a pas de retourne, donc pas d'atout au jeu de commerce.

Quand les cartes sont données, le banquier met le talon devant lui et dit : *Qui veut commercer ?* Le premier en cartes, après avoir consulté son jeu, dit : *Pour argent* ou *Troc pour troc.*

Commercer pour argent, c'est demander au banquier une carte du talon à la place d'une autre carte qu'on lui donne, et qui est mise sous le talon ; on donne au banquier un jeton pour cette carte.

Commercer troc pour troc, c'est changer une carte avec le joueur placé à sa droite, et il n'en coûte rien. Ainsi, chacun des joueurs l'un après l'autre, et suivant l'ordre, commerce jusqu'à ce qu'il ait trouvé, ou que quelque autre ait trouvé ce qu'il cherche.

Celui qui, le premier, a rencontré le point, la séquence ou le tricon, montre son jeu et fait cesser le commerce ; celui qui, dès le début, a un certain point auquel il veut se tenir, étale son jeu avant de commencer ; ceux qui viennent après lui ne peuvent commercer, et sont obligés de s'en tenir à leur jeu ; et si celui qui se déclare content est le premier, il n'y a pas de commerce dans le coup.

Lorsque l'un des joueurs a arrêté le jeu, celui de tous les joueurs qui a le plus fort point, la plus haute séquence, enfin le plus fort tricon, gagne ; et l'on recommence un autre coup, le joueur placé à la droite du banquier devenant banquier à son tour.

Voici quels sont les privilèges du banquier, et quel est l'avantage de faire :

1° Il retire de ceux qui commercent pour argent un jeton pour chaque carte qu'il donne du talon ;

2° Le banquier ne donne rien à personne quoi qu'il commerce à la banque ;

3° S'il arrive, entre le banquier et plusieurs joueurs, que le point ou la séquence soient égaux, le banquier gagne la poule de préférence aux autres.

4° Le banquier peut, comme tous les autres joueurs, commercer au troc. Il doit alors fournir au joueur de sa gauche, qui veut commercer au troc avec lui, une carte de son jeu, sans argent.

Voici maintenant les désavantages qui résultent de la situation du banquier :

1° Le banquier, quelque jeu qu'il puisse avoir en main est obligé, lorsqu'il ne gagne pas la poule, de donner un jeton à celui qui la gagne.

2° Le banquier qui se trouve avoir point, séquence ou tricon, et qui avec cela ne gagne pas la poule, donne un jeton à chacun des joueurs.

On convient souvent que le banquier ne changera pas à chaque tournée, mais que chacun restera banquier pendant un certain nombre de tours.

Ma commère, accommodez-moi.

On peut jouer ce jeu à sept ou huit, avec un jeu entier c'est-à-dire de 52 cartes, en prenant un enjeu d'un certain nombre de jetons dont on détermine la valeur.

La donne se tire au sort ; celui qui distribue les cartes,

en donne trois à chaque joueur, en une, deux ou trois fois. Puis il met le talon sur la table sans retourner.

Lorsque les cartes sont distribuées, on s'occupe de tirer au *point*, à la *séquence* ou au *tricon*. Ces coups l'emportent les uns sur les autres, comme au jeu de commerce, le point étant le plus petit, la séquence venant ensuite, et le tricon étant le plus fort.

Toutes les cartes, dans ce jeu, conservent leur valeur habituelle, à l'exception de l'as qui vaut onze points.

Pour faire le point, il faut avoir trois cartes de la même couleur. Avec cela, on peut gagner la poule.

On a la séquence lorsqu'on a trois cartes de la même couleur, et dans leur ordre naturel. Ainsi, un as, un roi et une dame forment une séquence ; sept, six et cinq également. Celui qui gagne avec la séquence enlève non seulement la poule, mais reçoit un jeton de chaque joueur.

La séquence la plus forte, celle qui commence au roi, par exemple, l'emporte sur une séquence de moindre importance.

Pour avoir le tricon, il faut réunir trois as, trois rois, trois dames, etc. Le tricon fait gagner la poule et deux jetons de chaque joueur.

Afin d'avoir les avantages qui lui manquent, et pour tâcher de s'accommoder, chaque joueur arrange ses cartes ; et, pour se défaire de celle qui lui est inutile, il la présente à son voisin de droite en lui disant : *Ma commère, accommodez-moi*. Alors, son voisin lui rend, à la place, une carte de son jeu qui lui est aussi inutile. Le voisin suivant en fait autant, ainsi que les autres joueurs, jusqu'à ce que l'un d'eux puisse faire le point, la séquence ou le tricon. Lorsqu'on a l'un ou l'autre de ces coups, on étale son jeu sur la table, alors tous les accommodements sont arrêtés.

Il arrive parfois qu'après avoir bien promené leurs cartes, les joueurs ne trouvent pas à s'accommoder, alors ils conviennent que chacun écartera une carte, et en prendra une autre au talon. Dans ce cas, on recommence à jouer comme auparavant en s'accommodant l'un l'autre jusqu'à la fin de la partie.

La loterie.

Souvent, on joue ce jeu pour amuser les enfants; alors la corbeille est faite par les parents, et les lots sont de jolis objets, des bonbons, des surprises comiques, etc... Mais on peut également le jouer en société, et il est, sans contredit, le plus amusant de tous les jeux, surtout si l'on est au moins dix ou douze joueurs et pas moins de quatre ou cinq.

On emploie, pour la loterie, deux jeux de cartes complets, c'est-à-dire de 52 cartes chacun, si les joueurs sont nombreux, ou deux piquets dans le cas contraire; l'un des jeux sert pour faire les *lots*, et l'autre les *billets*.

Chacun des joueurs prend un certain nombre de jetons d'une valeur déterminée.

Les conventions faites, les jetons de tous les joueurs sont réunis dans une boîte, ou une bourse placée au milieu de la table; ces jetons servent à composer les fonds de la loterie.

Les joueurs étant rangés autour de la table, deux d'entre eux, — n'importe lesquels — prennent chacun un jeu de cartes, et, après les avoir bien battues, ils les font couper par les joueurs placés à leur gauche.

Le premier jeu de cartes sert à faire les lots; on range sur la table un certain nombre de ces cartes, sans les tourner, et l'on pose sur chacune d'elles un lot, c'est-à-dire 1, 2, 3, 4, 7, 10, 20 jetons ou tels autres nombres qu'il convient. Cela fait, on distribue *une*, ou *deux*, ou *trois* cartes du deuxième jeu à chaque joueur. Alors il ne reste plus qu'à connaître les gagnants.

Pour connaître les gagnants, on retourne les *cartes-lots*, et le joueur qui a une carte pareille à l'une de ces cartes, enlève le lot qu'elle désigne.

Pour égayer le jeu, non seulement les lots doivent être très dissemblables, c'est-à-dire les uns gros et les autres très petits, mais encore on y ajoute des lots ridicules : une cocotte en papier, une vieille boîte d'allumettes, etc.. comme aussi certaines friandises, dragées, pralines, macarons, petits fours et autres sucreries.

On recommence, après avoir mêlé de nouveau, à distribuer les cartes comme auparavant; on étale les lots de la même manière, et on les tire avec les billets.

Si une ou plusieurs des cartes des lots ne sont pas sorties dans la distribution des cartes-billets, on les laisse pour la seconde fois et la mise s'en trouve ainsi augmentée. On peut aussi recommencer sans faire une nouvelle mise, jusqu'à ce que les lots soient tous gagnés.

Selon que l'on veut faire durer ou abréger la partie, on donne à chaque joueur *une*, *deux* ou *trois* cartes en plus, ou en moins.

Loterie-Commerce. — Le jeu qui vient d'être expliqué est plus vif et plus piquant lorsqu'on y ajoute le perfectionnement ci-après.

Chacun ayant reçu ses billets, avant de les retourner, on propose à son voisin de *faire le commerce*, c'est-à-dire de lui *vendre* ou de lui acheter telle carte. On peut même acheter les *cartes-billets* de plusieurs joueurs. Le marché se débat, se conclut à un ou plusieurs jetons, soit entre deux ou plusieurs joueurs simultanément. Le commerce achevé, on retourne *lots* et *billets*, et les cartes des billets gagnent quand elles sont semblables aux cartes des lots. Souvent le possesseur d'une carte gagnante l'a vendue, ou en a acheté une mauvaise a sa place; ou bien encore il a acheté pour un jeton la carte qui lui fait gagner le gros lot.

La ferme.

La ferme est un vieux jeu de famille; on peut y jouer jusqu'à dix ou douze.

On se sert d'un jeu de whist dont on enlève les *huit*. On supprime également les *six* à l'exception du six de cœur, qui prend le nom de *brillant*.

Les cartes ont la valeur des points qu'elles portent : l'as compte pour un, et chaque figure pour dix.

Les joueurs reçoivent chacun un certain nombre de jetons auxquels on assigne une certaine valeur.

On met la *ferme* aux enchères et elle est adjugée à celui qui en offre le prix le plus élevé.

Le *fermier* dépose dans une corbeille, soit en argent, soit en jetons, la somme pour laquelle la ferme lui a été adjugée: Ce sera l'enjeu que gagnera celui qui dépossédera le fermier. De plus, chaque joueur verse un jeton à la ferme.

Le fermier, après avoir mêlé les cartes, fait couper à sa gauche ; donne, en commençant par la droite, une carte à chacun des joueurs, mais il n'en prend point pour lui-même.

Après cela, il s'adresse au premier joueur placé à sa droite et lui demande s'il veut prendre une carte. Sur sa réponse, toujours affirmative, il lui en donne une qu'il prend *sous* le talon. Si ce joueur n'est pas encore satisfait, il peut en demander successivement *une à une* autant qu'il veut ; et il est servi par le fermier, qui toujours doit prendre les cartes sous le talon.

Quand le joueur est satisfait, il dit : *Je m'y tiens*, alors le fermier passe au joueur suivant, qu'il satisfait de la même manière, et ainsi de suite à la ronde.

Quand la distribution est terminée, tout le monde abat son jeu et l'on compte les points qui se trouvent dans le jeu de chacun.

Ceux qui ont plus de 16 points payent au fermier autant de jetons qu'ils ont de points au-dessus de seize.

Celui qui a moins de points ne perd rien.

Celui qui fait exactement 16 points gagne et s'empare de la ferme entière, y compris les jetons que les joueurs y ont mis, mais non les bénéfices du fermier.

Celui qui fait 16, par le moyen du six de cœur, ou le *brillant*, gagne de préférence à tout autre, à cartes égales. Celui qui gagnerait en deux cartes, l'emporterait sur celui qui gagnerait avec trois ; mais lorsque toutes choses sont égales, celui qui aurait la primauté, serait le joueur le plus rapproché de la droite du fermier ou banquier.

Le joueur qui a décavé le fermier prend sa place ; cependant l'on peut convenir que le banquier sera toujours le même, ou que chacun prendra la ferme à son tour.

Il y a un gagnant à chaque tournée quand bien même

personne ne possède exactement le point de 16; en ce cas, c'est celui qui se rapproche le plus de ce nombre, mais en lui étant inférieur bien entendu, qui gagne les enjeux. Mais il ne gagne pas le prix de la ferme et ne dépossède pas le fermier.

Le fermier sans dot. — On joue aussi la ferme d'une manière différente.

Dans le *fermier sans dot*, le sort désigne le fermier qui, au lieu de payer la ferme, verse un jeton dans la corbeille; chaque joueur en verse un pareillement.

Le fermier mêle les cartes, fait couper et distribue comme cela a été dit ci-dessus, mais il prend une carte pour lui.

Après avoir servi les joueurs, comme cela a été également expliqué, il se sert lui-même.

Les cartes sont toujours prises *sous* le talon.

Quand on abat les jeux, ceux qui ont plus de 16 points, versent l'excédent à la corbeille, au lieu de le donner au fermier, et celui qui fait exactement 16 points prend tout ce qui se trouve dans la corbeille.

A ce jeu le fermier n'a donc aucun avantage; aussi doit-on l'être chacun son tour.

Quand personne ne compte exactement le point de 16, les choses se passent comme dans le jeu de la ferme ordinaire.

Le nain jaune ou Lindor.

Le nain jaune est peu compliqué et très amusant.

Les règles en sont simples et faciles.

Pour le jouer, on place en carré, sur le tapis, au milieu de la table, un sept de carreau et quatre autres cartes, de la manière indiquée ci-dessous.

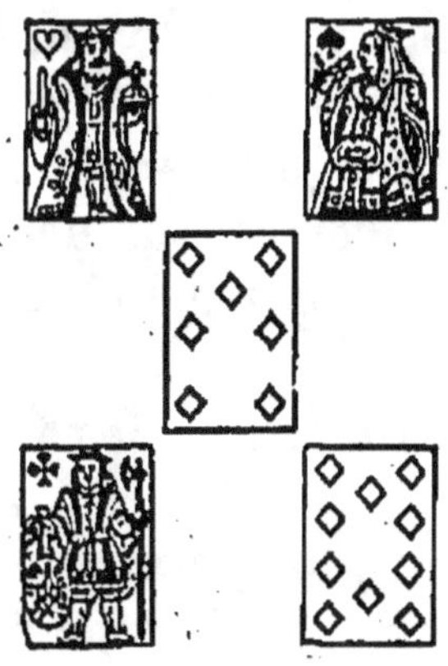

Ces cinq cartes doivent être prises dans un jeu à part, et le jeu de 52 cartes, avec lequel se joue le nain jaune, doit rester complet.

Les joueurs doivent être au nombre de trois au moins, et de huit au plus. On donne à chacun un certain nombre de jetons qui ont une valeur convenue. Le sort désignera celui qui fera.

La quantité des cartes à donner et de celles qui doivent rester au talon varie selon le nombre des joueurs. Le tableau suivant fait connaître le nombre de ces cartes.

NOMBRE DES JOUEURS	NOMBRE DES CARTES A DONNER	NOMBRE DES CARTES RESTANT AU TALON
3	15	7
4	12	4
5	9	7
6	8	4
7	7	3
8	6	4

A chaque coup, avant que les cartes soient distribuées, on procède à la garniture du tableau, c'est là la mise au jeu.

Chaque joueur met un jeton sur le dix de carreau, deux sur le valet de trèfle, trois sur la dame de pique, quatre sur le roi de cœur, et cinq sur le nain jaune, qui est le sept de carreau.

La plus haute carte du jeu est le roi ; la plus basse est l'as.

Chaque carte est comptée pour autant de points qu'elle en représente, et les figures chacune pour dix points.

Quand la donne est achevée, le premier en cartes commence le jeu par telle carte qu'il juge à propos, afin de se défaire de toutes les siennes avant les autres joueurs qui, de leur côté, visent au même but.

Il est avantageux de jouer d'abord les plus basses cartes qui se suivent ; ainsi par exemple, le premier en cartes, c'est-à-dire celui qui est placé à la droite du donneur, ayant dans son jeu un as, un deux, un trois, un quatre et point de cinq, il jouera et nommera ses cartes dans l'ordre ci-dessus puis il dira : *Sans cinq*.

Si le joueur qui est à la droite du premier a un cinq, il

le met, et joue les autres cartes qu'il peut avoir en séquence jusqu'au roi.

Il peut arriver que la carte qui manque à celui qui joue soit restée au talon. Alors il continue à jouer, personne ne pouvant l'interrompre.

Le joueur qui a son jeu disposé de manière à pouvoir se défaire de toutes ses cartes de suite, quand vient son tour à jouer le premier, fait *opéra* ou *main pleine.* Dans ce cas, il enlève toute la garniture du tableau et les jetons que chaque joueur doit donner pour le nombre de points qui lui restent en main. Mais ce coup se présente rarement. Selon les conventions, on donne un jeton par chaque carte ou par chaque point.

La levée appartient à celui qui a joué en dernier lieu la carte supérieure aux autres cartes jouées.

Le joueur qui fait la levée joue de nouveau, et ne s'arrête qu'à la carte dont il n'a pas la suivante. Cette marche continue jusqu'à ce qu'un des joueurs se soit défait de toutes ses cartes, et ait, par ce moyen, gagné le coup.

Alors les autres joueurs étalent leurs cartes, et payent chacun au gagnant un jeton pour chaque point que présentent les cartes non jouées. Cela dépend, néanmoins, de la convention faite préalablement; si rien n'avait été stipulé à cet égard, les perdants ne devraient qu'un jeton par carte.

Le jeu du nain jaune n'a ni atout ni renonce. On peut donc jeter sur la carte d'une couleur, la carte suivante d'une autre couleur. Par exemple, on peut jeter le huit de pique sur le sept de carreau, etc.

Celui qui, dans le coup, ayant le sept de carreau, est parvenu à le jouer, gagne tous les jetons déposés sur le sept de carreau de la figure représentée ci-dessus; il en est de même de ceux qui ont le roi de cœur, la dame de pique, le valet de trèfle et le dix de carreau; chacune de ces cartes, qu'on nomme *belles cartes,* étant jouée, fait gagner à qui la joue, l'enjeu déposé sur la carte pareille du tableau.

Les belles cartes sont donc d'un grand avantage; mais pas toujours, tant s'en faut, car elles deviennent onéreuses lorsqu'elles vous restent dans la main, parce qu'alors vous faites une bête égale au nombre de jetons qui se trouvent sur les cartes figurées au tableau du nain jaune.

Le coup fini, c'est-à-dire la partie gagnée par le joueur qui s'est défait de ses cartes le premier, on garnit de nouveau le tableau, et la donne passe au joueur de droite.

Le Vingt-et-un.

Bien que le vingt-et-un soit aujourd'hui rélégué parmi les jeux innocents, tels que le loto et le jeu de l'oie, il convient néanmoins de ne pas le passer sous silence, car il se prête très bien aux amusements de famille; et, quand on l'intéresse un peu en donnant une valeur aux jetons, il est loin d'être dépourvu de charmes.

On se sert ordinairement d'un jeu complet de 52 cartes; on peut aussi employer deux ou trois jeux quand les joueurs sont très nombreux.

Le donneur reçoit le titre de banquier; et comme la donne est un avantage et qu'en outre elle peut continuer longtemps à rester dans la même main, le sort en décide, au commençant de la partie, à la plus forte carte; c'est-à-dire qu'on donne une carte à chaque joueur et qu'en cas d'égalité entre les cartes supérieures on en donne de nouvelles à ceux qui les ont, et l'on continue jusqu'à ce qu'un joueur ait seul une carte plus haute que les autres; ceux qui ont des cartes inférieures sont éliminés à chaque tour.

Souvent le banquier est accepté d'un commun accord; il garde alors la main jusqu'au saut de la banque; en d'autres termes jusqu'à ce qu'il ait perdu la somme par lui mise au jeu. D'autres fois on convient que le banquier fera deux, trois ou quatre tours seulement, c'est-à-dire qu'il épuisera deux, trois ou quatre fois le ou les jeux avec lesquels on joue.

Chaque joueur prend le nombre de jetons qu'il veut, et les paye d'avance selon la valeur convenue.

Chaque joueur reçoit deux cartes qui sont données une par une, c'est-à-dire que le banquier donne d'abord une carte à chacun, et qu'il recommence la tournée pour donner la seconde carte. Quand la donne est terminée, le banquier s'adresse au joueur placé à sa droite et lui dit : *Voulez-vous des cartes?* Celui-ci, après avoir examiné son jeu, dit : *Je m'y tiens*, si son point se rapproche sensiblement de 21; mais s'il n'est pas satisfait de son jeu, il demande *carte*.

Le banquier lui donne une carte à découvert; et le joueur peut encore s'y tenir ou demander *carte*, une ou plusieurs fois de suite. Quand il lui arrive de dépasser le nombre 21, il *crève*, et donne au banquier l'enjeu qu'il a fait, qui est devant lui et qui consiste en un, deux, trois jetons, ou plus; car le moyen de défense à ce jeu consiste dans la faculté de varier ses mises.

Les figures comptent pour dix, l'as pour un ou pour onze, et les autres cartes pour les points qu'elles marquent.

Quand un joueur s'y tient ou a crevé, le joueur suivant a la parole. Après que tous les pontes ont parlé, le banquier a le choix, comme les autres joueurs, de s'y tenir ou de se servir une ou plusieurs cartes successivement. S'il lui arrive de crever, il paie à chaque ponte qui n'a pas crevé un nombre de jetons égal à celui de l'enjeu placé devant ce ponte.

Quand le banquier déclare s'y tenir, il abat son jeu ainsi que tous les pontes qui n'ont pas crevé; et alors il double la mise de ceux dont le point est supérieur au sien et s'empare des enjeux de ceux dont le point est inférieur.

Pour ceux qui ont un point égal à celui du banquier, le coup est nul.

S'il arrive qu'un ponte fasse 21 d'emblée, c'est-à-dire sans prendre de cartes, il abat aussitôt son jeu et reçoit du banquier le double de la mise placée devant lui.

Si le banquier fait 21 d'emblée, tous les pontes qui n'ont pas comme lui 21 en deux cartes seulement lui doivent le double de la mise qu'ils ont faite.

Comme au baccara, le banquier a des avantages : avec 21 d'emblée il ramasse le double de la mise de chaque ponte; et, tandis que le ponte ne fait que recevoir le double de la sienne, le banquier peut la tripler, la quadrupler et la quintupler même. Mais son principale avantage consiste à voir les cartes qu'il a servies découvertes, car il peut se faire une idée approximative des points qui se trouvent dans la main des pontes, et agir en conséquence.

A partir de 15, le ponte qui demande des cartes a plus de chances de crever que d'améliorer son sort.

Et quiconque a plus de 21 crève.

On joue aussi le 21 *en poste*, c'est-à-dire que le tapis compte dix et qu'on ne donne qu'une carte, sauf à en demander ensuite une ou plusieurs.

Le vingt-et-un se prête à de nombreuses intercalations et modifications. C'est un peu comme le cotillon à la fin du bal.

Le Macao.

Le macao est une variété de vingt-et-un.

Le banquier ne donne qu'une carte à chaque joueur.

Les figures et les dix ne comptent pas; l'as ne compte qu'un point.

Pour gagner il faut avoir 9 points, oú en approcher plus que le banquier.

On demande une carte ou on s'y tient, suivant ce que l'on a en main; et quand on passe neuf on crève.

Quand un joueur a 9 d'emblée, il reçoit du banquier trois fois sa mise; celui qui a 8 d'emblée reçoit deux fois sa mise; celui qui a 7 d'emblée gagne une fois sa mise.

Quand il y a égalité de points entre le ponte et le banquier, le coup est nul.

Quand le banquier compte d'emblée 9, 8 ou 7 points, il reçoit une mise triple, double ou simple de tous les pontes qui n'ont pas des points égaux ou supérieurs.

Comme le vingt-et-un, le macao se joue avec un jeu de 52 cartes.

CHAPITRE CINQUIÈME

RÈGLES GÉNÉRALES APPLICABLES A TOUS LES JEUX DE CARTES

Article premier. — Lorsqu'on joue avec des dames ou avec des personnes âgées, il faut toujours accepter le jeu qu'elles préfèrent, quand bien même il ne serait pas le plus amusant.

Art. 2. — Il y a encore certaines maisons où il est d'usage de jouer avec des gants, il faut se conformer à cet usage, quelque bizarre qu'il puisse paraître.

Art. 3. — Il faut s'abtenir de s'asseoir à une table de jeu, si l'on n'a pas reçu beaucoup *d'éducation* (1); si l'on ne sait pas garder une certaine réserve dans le gain comme dans la perte, en évitant de manifester de la joie ou de l'humeur.

Art. 4 — Quand on quitte une société où l'on joue, il faut passer devant les tables sans distraire les joueurs, et sans chercher à attirer leur attention sur soi.

1. Il est dit éducation et non instruction; il ne faut pas confondre les gens gavés par les méthodes perfectionnées avec les gens bien élevés.

Art. 5. — Quand on coupe les cartes pour savoir qui fera, si l'on retourne deux cartes, on est réputé avoir coupé la plus petite.

Art. 6. — Lorsqu'on coupe pour jouer, on doit couper franchement, sans tâtonner, sans avoir l'air de viser telle ou telle carte. A certains jeux, au poker notamment, la coupe n'est pas obligatoire.

Art. 7. — Celui qui a mêlé les cartes, doit les présenter à son adversaire en le priant de les remêler; s'il use de son droit, le donneur les remêlera à son tour. Il devra les mettre sur la table régulièrement posées les unes sur les autres (1).

Art. 8. — Le droit de l'adversaire de mêler les cartes est absolu. On entend souvent dire que cela n'est pas convenable. Comme si un *droit* pouvait *ne pas être convenable*; il y a là logomachie, c'est-à-dire combat de termes. D'ailleurs la superstition fait partie du bagage intellectuel de la plupart des joueurs, et c'est faire preuve de mauvaise éducation que de heurter les idées — même les manies — de quelqu'un. Défiez-vous des gens qui n'aiment pas que l'on remue leurs *paquets*.

Art. 9. — Quand, en donnant, on laisse tomber une carte, il faut consulter le ou les adversaires pour savoir s'ils veulent que la donne soit recommencée.

Art. 10. — Il est bon de se servir de deux jeux. De cette façon l'on va plus vite; celui à qui appartient la donne prend le second jeu pour le mêler et le faire couper, pendant que le dernier joueur ramasse les cartes du jeu qui vient de servir et les met en ordre.

Art. 11. — Lorsqu'on se sert de deux jeux de cartes, les revers de l'un et l'autre jeu doivent être de couleur différente.

1. On trouvera à la page 71 les renseignements les plus explicites relatifs à la coupe; ils sont applicables à tous les jeux.

Art. 12. — On doit vérifier les jeux avant de commencer une partie.

Art. 13. — Si, cependant, on avait tiré la main sans avoir égard à ce qui est dit en l'article 12, elle serait quand même bien tirée.

Art. 14. — Tous les coups terminés avant qu'on ait reconnu qu'un jeu est faux, sont bons et valent comme si le jeu avait été régulièrement composé.

Art. 15. — Il est de règle générale, que toute réclamation, quelle qu'elle soit, n'est plus recevable quand le coup suivant est commencé, et il est commencé dès que les cartes sont coupées pour jouer.

Art. 16. — Quand il y a maldonne, le donneur doit recommencer la donne, mais dans le cas seulement où la donne n'est pas un avantage.

Art 17. — Dans le cas de l'article précédent, l'adversaire a le droit de tenir le coup comme bon ou de faire refaire.

Art. 18. — Le droit de faire refaire, n'est plus recevable quand l'adversaire a vu son jeu. (Il y a, néanmoins, exception pour certains jeux.)

Art. 19. — Lorsqu'on joue de l'argent, la partie est terminée dès que l'un des joueurs ne peut plus *miser avant d'engager le jeu.*

Art. 20. — Lorsque certaines erreurs — telles que celle de marque, règlement de jetons, etc., — sont admises comme pouvant être rectifiées, toute réclamation serait tardive, si elle n'était faite avant la coupe pour le coup suivant.

Art. 21. — Toute partie de cartes se compose de deux phases distinctes et essentielles : 1° Une convention préalable sur les conditions de la partie ; 2° La partie proprement dite.

Art. 22. — En l'absence de toute convention préalable, la partie doit être faite conformément à l'usage des lieux.

Exemple : Si, pour une partie de piquet, on n'a pas fixé le nombre des points dont se composera la partie, il faudra consulter l'usage, ou suivre les précédents.

Art. 23. — Dans une partie d'argent, la convention préalable de l'article 21 n'est parfaite que par la mise effective des enjeux.

Art. 24. — Si les enjeux ne sont pas faits, il n'y a point de partie à proprement parler. « La mise au jeu est un acte *substantiel* des conventions du jeu d'argent ».

Art. 25. — Non seulement la mise au jeu est un acte substantiel dans une partie d'argent, mais encore il y a *indélicatesse* de jouer avec quelqu'un qui ne mise pas.

Art. 26. — Celui qui, ne pouvant plus faire sa mise, veut jouer encore, doit être considéré comme incapable de résister à l'entraînement, à l'obsession du jeu, c'est un homme dont la volonté ou la force de résistance est anéantie, tout joueur qui se respecte s'abstient de jouer avec quelqu'un qui se trouve en de telles conditions.

Art. 27. — L'expression *faire Charlemagne* sert à qualifier, avec une intention blessante, celui qui se retire après avoir gagné au jeu. Chacun est libre de se retirer quand il le juge à propos, il n'a pas à en exposer les motifs, et personne n'a le droit de les scruter.

Art. 28. — Qu'un joueur perde ou gagne, c'est un mal élevé s'il affecte de compter son argent à chaque instant, où s'il cherche à dissimuler son gain en faisant des mises successives et discrètes dans ses poches.

Art. 29. — Quand il y a une galerie, on doit se soumettre à sa décision lorsqu'il se présente un cas contestable — mais, pour la *question de fait* seulement; — s'il y a contestation sur le *droit*, on choisit un ou deux arbitres, et, à défaut, on consulte la règle, qui peut fort bien avoir prévu le cas. (V. ce qui a été dit à la page 18.)

CHAPITRE SIXIÈME

PATIENCES OU RÉUSSITES

Le treize. — Les six paquets. — La blocade. — Le carré. — La patience de Sainte-Hélène. — La brune et la blonde. — La patience. — La Mazas. — La réussite du piquet. — Chaine des dames. — Les seize paquets. — Le tercet. — La mère Michel. — La consolation. — L'impériale. — La crépinette.

Patiences, réussites, jeux du solitaire, etc., tous ces vocables servent à désigner la même chose, c'est-à-dire une série de combinaisons plus ou moins compliquées auxquelles se livrent certaines personnes pour se distraire sans se fatiguer l'esprit. Par suite d'un peu d'habitude, les combinaisons ne demandent plus aucun effort de l'intelligence, et les réussites demeurent d'agréables passe-temps.

Les diverses patiences n'ont pas de noms bien arrêtés; nous leur donnerons ceux qu'on leur donne quelquefois.

Pour l'intelligence des explications qui vont suivre, il est absolument indispensable d'avoir les cartes en main et de suivre pas à pas ces explications, au fur et à mesure qu'elles sont présentées.

Le Treize.

Le treize est souvent pratiqué comme jeu ordinaire, alors un *banquier* parie contre des *pontes* ; néanmoins il doit être relégué au rang des simples patiences ou réussites, d'abord parce que, comme jeu, il présente peu de charmes, et ensuite parce qu'il peut fort bien être joué par une personne seule et lui servir de passe-temps.

Prenez un jeu de 52 cartes, battez-les bien, coupez et appelez les cartes les unes après les autres dans l'ordre de leur valeur, en commençant par la moindre qui est l'as. Alors, dites : 1, 2, 3, 4, 5, 6, 7, 8, 9, 10, valet, dame et roi ; et, à chaque coup, vous retournez une carte. Si, lorsque disant 4 avant d'avoir retourné, vous amenez un quatre en même temps ; vous avez réussi ; de même si, disant valet, vous amenez valet. Mais vous n'avez pas le droit d'intervertir les appels, il faut les toujours faire en allant de la plus petite carte à la plus forte.

Il est bien évident qu'en disant 4, que ce soit un quatre de carreau, de pique, de cœur ou de trèfle que vous ameniez, vous avez réussi ; de même si vous dites valet, dame, ou roi, la couleur est indifférente.

On voit combien cela est simple et facile. Si on joue contre des pontes, on ramassera leur mise en cas de réussite ; ou on la doublera dans le cas contraire. Chacun pourrait devenir banquier à son tour, parce qu'il y a plus de chances *pour* que *contre* la réussite.

Les six Paquets.

Prenez un jeu de piquet; mélangez bien les cartes, puis coupez — de la main gauche si vous êtes superstitieux.

Après quoi, faites quatre paquets de cinq cartes et deux paquets de six cartes.

Quand vos six paquets sont bien alignés devant vous, vous retournez la carte supérieure de chacun d'eux. Vous avez alors six cartes découvertes; si, dans ces six cartes, il s'en trouve deux de même valeur, soit deux as, deux huit, deux valets etc., vous les enlevez et les placez de côté; s'il s'en trouve quatre pareilles, vous les enlevez toutes les quatre, mais s'il s'en trouve trois, vous ne pouvez en enlever que deux.

Les deux ou quatre cartes étant enlevées, vous retournez la suivante de chaque paquet; puis vous enlevez encore les cartes pareilles, par deux ou par quatre, et vous continuez ainsi jusqu'à la fin. Si, sur les six cartes que vous aurez toujours devant vous après chaque retourne, il s'en trouve toujours deux semblables, vous arriverez ainsi jusqu'à la fin de vos paquets; et les deux dernières cartes dans les paquets de six seront semblables entre elles.

On voit de suite par quel contretemps fâcheux on peut être arrêté dans la marche de cette réussite, il suffit que les six cartes retournées soient six cartes différentes, pour que l'on ne puisse pas épuiser le jeu, alors on n'a pas réussi.

Prenez un jeu en main, faites les choses à mesure

qu'elles viennent d'être indiquées ; vous verrez combien tout cela est simple.

La Blocade.

Cette patience exige l'emploi de deux jeux de cartes entiers. Dans la blocade, on assemble les cartes de même couleur.

On établit d'abord une première ligne transversale de 10 cartes, et s'il se présente un roi ou un as, on les place, le premier à la droite, le second à la gauche de cette ligne; puis on retire les cartes qui, par hasard, ont un point favorable, c'est-à-dire immédiatement ascendant ou descendant, et qui, pour cette raison, peuvent être réunies au roi et à l'as. Les vides causés dans cette première ligne par ces enlèvements, une fois comblés par d'autres cartes tirées du talon, on établit au dessous une seconde ligne, en ayant soin de placer toujours à droite et à gauche les rois et les as de qualités différentes qui se présentent, et enlevant les cartes qui peuvent s'ôter, c'est-à-dire qui sont dans les conditions indiquées ci-dessus. Les vides produits dans cette seconde ligne une fois remplis, on en établit au-dessous d'elle une troisième.

La seconde ligne se trouve alors *bloquée*, ce qui veut dire que l'on ne peut plus utiliser les cartes qui la composent que par une brèche faites soit à ligne supérieure, soit à la ligne inférieure ; et encore faut-il que cette brèche soit vis-à-vis la carte dont on aurait besoin pour la réunir à celles de sa couleur, ou plus exactement de sa famille.

n continue à établir ainsi des lignes parallèles jusqu'à l'entier épuisement des cartes, la deuxième ligne bloquant toujours celle qui précède. Il résulte donc de la disposition des cartes dans cette réussite qu'il n'y a que deux rangées qui soient constamment libres : la première et la dernière.

Alors on doit examiner si parmi les cartes restées libres, il n'en est aucune qui puisse rejoindre sa famille, et si, surtout en enlevant telle carte plutôt que telle autre de la même valeur, on n'établirait pas une brèche par où plusieurs cartes pourraient sortir. Si, après cet examen, on reconnait une impossibilité absolue, on doit, pour faire naître des circonstances favorables, avoir recours à ce qu'on appelle une *carte de miséricorde*. On peut déplacer dans une des rangées la carte qui rend à la liberté le plus grand nombre de cartes captives dont il a besoin pour accomplir les séries. C'est du choix de cette carte de miséricorde que dépend surtout la réussite de cette patience.

Le Carré.

Pour faire cette patience, il est nécessaire d'avoir deux jeux entiers.

On place quatre cartes devant soi, et, au-dessous d'elles, en ligne transversale, quatre à leur droite et quatre à leur gauche, de manière que les douze cartes forment les trois côtés égaux d'un carré, au centre duquel un espace se trouve ménagé pour y placer sur deux lignes les *deux* à mesure qu'ils sortiront du jeu.

Sur les douze cartes on doit placer en ligne descendante les cartes de même famille qui se présentent, et en ligne ascendante toutes celles qui peuvent contribuer à former les souches placées au centre.

Les cartes qui, en sortant du jeu, ne se trouvent pas appelées à l'une ou l'autre de ces destinations, vont former le talon.

Dès que l'on aperçoit sur les trois côtés du carré des cartes qui, par la succession de leurs points, par les rapports de famille peuvent se placer les unes sur les autres, il faut s'empresser de le faire, afin de former des séries appelées à compléter les huit souches de l'intérieur; après cela, on remplit, à l'aide des cartes du talon, de préférence à celles du jeu, les vides que les déplacements que l'on vient de faire ont dû laisser sur les côtés.

On doit suivre avec attention les cartes que l'on extrait du talon ou du jeu, pour former les séries et les souches, car pour mener à bonne fin cette patience, dont la marche est assez simple, on n'a pas le secours d'un second tirage de cartes.

La patience de Sainte-Hélène.

Prenez deux jeux complets de 52 cartes. Sur deux lignes parallèles établissez, dans la première quatre rois, et au-dessous quatre as, chacun de qualités différentes. Les as doivent être placés sous les rois de leur couleur.

On forme ensuite sous la rangée des as une nouvelle ligne de quatre cartes; et si parmi ces cartes il en sort une que son point soit favorable (un deux ou une dame par exemple) permet de placer immédiatement, on la réunit à l'as ou au roi *qui la réclame*. Le but de cette patience est de recomposer chaque famille.

Les trois lignes parallèles établies, on ajoute à la droite de la ligne des as, comme à celle des rois, une carte à chaque rangée; puis — au dessus des rois (une nouvelle ligne de quatre cartes, et enfin on complète la figure de la patience en établissant à la gauche deux ailes, comme on a fait pour la droite.

Avant de commencer la distribution des cartes, il faut remarquer que, pendant cette distribution, le joueur ne peut réunir aux familles des as que les cartes du point nécessaire sorties dans la rangée placée sous eux, de même que les cartes d'une valeur immédiate ne peuvent se réunir aux rois que lorsqu'elles se présentent dans la ligne qui est au-dessus d'eux. Si, par exemple, une dame se présente dans la rangée placée sous les as, sa réunion ne saurait être opérée; pour qu'elle soit possible, il faut qu'elle se présente au moment où la distribution des cartes s'opère sur les paquets établis au-dessus des rois. Il en est de même pour les petites cartes qui, venues dans cette dernière rangée, ne peuvent ainsi répondre à l'as qui les réclame. Cette restriction sévère n'existe pas pour le cartes qui composent les ailes; elles jouissent de toute leur indépendance, et pourvu qu'elles soient réclamées comme étant d'un point nécessaire à leur famille, elles peuvent indistinctement être placées dans la hiérarchie des rois comme dans celle des as.

Lorsque les cartes qui composent le jeu ont toutes été distribuées, dès ce moment la consigne est levée, et le joueur peut prendre dans les deux lignes parallèles, comme sur les ailes, les cartes que leur valeur appelle à une réunion immédiate avec leur famille.

Par l'effet de casement général, une carte enlevée d'un paquet offre la ressource de placer celle sur laquelle elle s'appuyait. Le joueur a de plus la faculté de faire des mariages, c'est-à-dire de déposer momentanément sur un paquet la carte d'un point inférieur ou supérieur qui se trouve sur une autre, par exemple : un neuf sur un dix, une dame sur un valet, etc. Lorsqu'on fait un mariage, il faut avoir soin de ne jamais placer les cartes dans le rang inverse à celui où elles doivent être appelées. Ainsi, il serait imprudent de placer un dix sur un neuf, puisque le neuf sera appelé dans la hiérarchie avant le dix qui lui succède.

Le casement général épuisé, la ressource des mariages tarie, le joueur relève les paquets, en commençant de droite à gauche par celui placé sous le premier as. Il les entasse les uns sur les autres et sans opérer aucune fusion, soit en mêlant ou en coupant; puis il recommence à les développer dans l'ordre et d'après les conditions qui viennent d'être décrits. Trois fois, il peut user de toutes les chances pour accomplir cette patience, qui doit présenter pour tableau final la famille des quatre rois terminée par les quatre as et réciproquement.

Le grand mérite du joueur, c'est d'arriver à ce résultat en n'usant que des chances de distribution seulement.

La Brune et la Blonde.

On prend deux jeux entiers.

On commence par placer huit cartes sur une même ligne. S'il paraît un as, on le place au-dessus des huit cartes ; on fait de même pour tous ceux qui viennent à sortir dans le courant du jeu.

On met sur les huit premières cartes toutes celles qui, en sortant du jeu, y sont appelées en ligne descendante, en alternant les couleurs, par exemple une dame de cœur sur un roi de trèfle.

Lorsque le placement qui se fait sur les 8 premières cartes est terminé, on poursuit le jeu. Dès qu'il se trouve une ou plusieurs cartes, soit du talon s'il est déjà formé, soit des 8 cartes ou séries commencées, qui puissent être admises en ligne ascendante sur la souche des as, on les enlève pour les y déposer. On remplit les vides qui existent dans cette première ligne par les cartes du talon, et ensuite par celles du jeu jusqu'à ce qu'il soit épuisé.

On recommence une deuxième distribution en relevant le talon. L'on procède comme la première fois à la formation de séries sur la première ligne et sur les as et, enfin, comme cette patience est assez difficile, on a encore un troisième recours au talon pour la faire.

Il faut examiner avec une très grande attention les couleurs qui sortent, afin d'en opérer le mélange. C'est de ce mélange que dépend la réussite. La patience serait manquée s'il se trouvait à la fin 2 cartes de même couleur ; elle est parfaite lorsqu'elle présente le tableau des 8 familles des as terminé par les 8 rois.

La patience Patience.

La patience patience se fait avec un seul jeu de piquet. Elle consiste à placer quatre cartes les unes à côté des autres; s'il arrive un roi avant qu'elles soient toutes les quatre à leur rang, on le pose au-dessus et l'on remet une carte à la place qu'il aurait occupé.

L'on recommence à placer d'autres cartes sur les premières, jusqu'à ce qu'il arrive un autre roi, que l'on place aussi à son rang.

Lorsque les quatre rois sont sortis et placés les uns à côté des autres, et lorsque que les dames paraissent ainsi que les valets, dix, neuf, huit et sept de la même famille, on place ces cartes les unes sur les autres jusqu'à l'as qui termine chaque paquet. Pour y arriver, il faut que la carte favorable se présente sur le paquet que domine le roi de sa couleur, car l'on ne peut prendre des cartes dans les paquets voisins.

Si les cartes reviennent plusieurs fois sur les mêmes lignes sans pouvoir être placées, la patience est manquée; car, pour le succès, il faut que les quatres paquets commencés par les as finissent par les rois.

La Mazas.

Elle est simple, elle ne demande qu'un seul jeu de piquet, mais elle réussit assez rarement. Qu'importe ? A Mazas le temps n'est pas précieux.

Les cartes étant bien mêlées, on en étale seize non retournées sur le tapis et on les recouvre avec les seize autres. Ces dernières sont retournées. La réussite consiste à réunir les quatre familles ensemble et par valeur ascendante, en commençant par l'as qui est la carte la plus faible et en finissant par le roi.

Si les cartes se présentent bien, il doit se trouver des as dans les cartes retournées; et selon qu'il en sortira plus ou moins, la patience aura plus ou moins de chances à réussir.

On enlèvera donc les as qui seront sortis, on les placera par côté, ou au-dessus du tableau; on enlèvera ensuite les *sept* qui appartiennent à la même famille que les as enlevés, et on les placera sur ces as; puis, s'il y a des huit qui puissent être placés sur les sept, on les y placera; de même des neuf, des dix, etc.

Mais les choses ne vont pas toujours aussi facilement, tant s'en faut ; lorsqu'on n'a pas ou que l'on n'a plus de cartes à enlever, on retourne les cartes qui ont été découvertes par suite de l'enlèvement des as, des sept, des huit, etc. Ces nouvelles cartes peuvent donner lieu à de nouveaux enlèvements et servir d'intermédiaires entre des cartes retournées la première fois et d'autres cartes déjà enlevées.

Quand on est arrêté, c'est-à-dire quand on ne voit plus de cartes à enlever, on *charge*.

La *charge* consiste à mettre sur la carte d'une famille, toutes les cartes de cette famille, de manière qu'elles soient dans l'ordre où elles doivent être enlevées. Exemple : si le roi de trèfle est retourné, ainsi que la dame, le valet, le dix, on mettra la dame de trèfle sur le roi, puis le valet sur la dame, puis le dix sur le valet.

De cette manière, si l'on vient à avoir plus tard le neuf, le huit, le sept et l'as, on pourra prendre le dix et la suite jusqu'au roi pour compléter la famille des trèfles, qui, alors, seront tous enlevés. Si on mettait, au contraire, le roi sur la dame, il serait un obstacle insurmontable à l'enlèvement ultérieur de la dame.

Les cases vides restent vides ; il n'y a qu'un but à atteindre dans cette patience, c'est de faire passer toutes les cartes sur les as, depuis les sept jusqu'aux rois. Lorsqu'une carte est chargée, il faudra que toutes celles qui la chargent passent aux paquets, on n'a plus le droit de les faire mouvoir dans les cases vides.

Quelquefois on arrive jusqu'à la dernière carte et l'on a grand espoir de réussir ; mais il suffit, par exemple, que ce soit le roi de carreau qui soit retourné et que sa dame soit dessous, on ne pourra avoir cette dame, car le roi est indéplaçable, et la réussite sera manquée.

Lorsqu'on a fait, ou essayé de faire cette réussite plusieurs fois de suite, les cartes restent en ordre, et on a beau les mêler, elles se retrouvent encore comme si elles avaient été préparées. Il faut donc faire alternativement des réussites différentes, si l'on veut que les cartes soient bien mélangées.

Réussite de Piquet.

La réussite du piquet est une manière de jouer seul à ce jeu.

Les cartes étant battues et coupées, il s'agit de faire *quatre-vingt-dix* avec douze cartes qui doivent être prises ainsi qu'il suit.

On retourne trois cartes ; si parmi elles il s'en trouve deux de la même famille, soit deux cœurs, deux carreaux, deux trèfles ou deux piques, on a le droit de prendre l'une de ces cartes à son choix, et de la placer à part. C'est avec les cartes que l'on place ainsi à part que l'on forme son jeu. Il est bien évident que si, au lieu de deux cartes de la même famille, il s'en trouvait trois, le joueur aurait toujours le droit d'en choisir une, mais jamais deux.

Cette première donne ou retourne de trois cartes étant faite, on retourne trois autres cartes, et s'il y a encore deux ou trois cartes de la même famille, on en met une dans son jeu.

Remarque essentielle : la carte que l'on prend pour la mettre dans son jeu doit toujours appartenir à l'une des quatre quintes majeures, c'est-à-dire qu'on laisse les neuf, les huit et les sept. Mais, lorsque dans les cartes retournées, une dame se trouve avec un neuf ou un huit ou un sept, on peut mettre cette dame dans son jeu ; de même pour toute autre carte de la quinte ; s'il ne se trouve pas de cartes semblables, on passe à trois autres cartes jusqu'à ce que le jeu soit épuisé. Tout joueur de piquet voit immédiatement que 32 n'étant pas divisible par 3, le dernier coup de la première donne, qui sera nécessairement le onzième, ne comprendra de deux cartes : ces deux cartes sont brûlées ou, en d autres termes, elles ne comptent pas.

Dans les dix coups il peut être sorti plus ou moins de cartes doubles ou triples ; mais le nombre sorti importe peu, car l'on recommence à mêler, à battre et à retourner des cartes, jusqu'à ce qu'on ait complété son jeu. En d'autres termes, jusqu'à ce qu'il y ait 12 cartes étalées. Il arrive même que l'on retourne cinq ou six fois trois cartes sans en avoir une à enlever : le nombre des donnes n'est pas limité, et l'on poursuit jusqu'à ce qu'on ait obtenu douze cartes.

Les douze cartes qui composent le jeu d'un joueur de piquet, étant sorties, on compte le jeu comme au piquet ordinaire ; si l'on a *quatre-vingt-dix*, la réussite est faite ; si on ne l'a pas, elle est manquée. Bien que n'étant composé que de trois, cartes le point de 31, lorsqu'il forme une tierce majeure, compte *quatre* ; avec la tierce cela fait donc sept.

On doit surtout chercher les *quatorze*, contrairement à ce qui doit être fait au piquet ordinaire.

Cette démonstration vous paraît peut-être aussi impénétrable que l'*Hermétique*. Je prends un jeu de piquet, faites de même, et détachons trois cartes au hasard :

Voici sept et neuf de trèfle, as de cœur ; il n'y a rien à mettre de côté. Deuxième donnée : huit de trèfle, sept et dix de de pique ; je suis obligé de prendre le dix de pique. Troisième donnée : roi de carreau, roi et valet de trèfle ; j'ai le choix entre le roi et le valet, je prends le valet. Quatrième donnée : sept de pique, as et dame de trèfle, je prends la dame, parce qu'elle pourra me faire plus tard une tierce avec le valet. — Vous me direz qu'il en est de même du roi ; cela est vrai, mais comme j'ai déjà un dix de pique, si j'ai à opter dans la suite entre le dix de trèfle ou une autre carte de la quinte, je prendrai le dix parce que j'ai déjà un autre dix. Cinquième donnée: as de carreau, roi et valet de pique. Je prends le valet non seulement parce que j'ai déjà un valet, mais encore parce qu'avec mon dix de la même couleur, il me donne espoir d'une tierce, si la dame me rentre.

Continuez ainsi jusqu'à ce que vous ayez douze cartes, (non pas douze donnes) et comptez le jeu comme au piquet. Si vous ne savez pas jouer au piquet, il est inutile d'essayer cette réussite.

Chaîne des Dames.

Cette patience, aussi peu compliquée que possible, convient à ceux qui n'aiment pas les casse-tête chinois.

Prenez un jeu de cinquante-deux cartes; placez les quatre dames sur une ligne horizontale et au milieu du tapis, de manière à vous ménager un espace libre suffisant en haut et en bas de ce tapis.

Les quarante-huit cartes qui vous restent en main étant bien mêlées, vous les retournez une à une. S'il vous sort un six; soit celui de cœur, par exemple, vous les placez immédiatement *au-dessus* de votre dame de cœur. Si c'est un sept, vous les placez *au-dessous* de cette dame.

Les sept serviront de souches à des hiérarchies ascendantes se terminant au roi et les six à des hiérarchies descendantes se terminant à l'as.

Quand le talon est épuisé et que l'on a monté toutes les

cartes qui pouvaient prendre place dans l'une des séquences ou hiérarchies, on recommence l'opération. On a trois coups pour arriver à constituer les quatre hiérarchies de pique, trèfle, carreau et cœur. La patience est réussie lorsqu'on parvient à ce résultat.

Il est bien évident qu'après le valet de la hiérarchie ascendante viendra le roi, puisque la dame a été placée au centre de la figure.

Les seize Paquets.

Si vous êtes deux joueurs, prenez chacun un jeu de trente-deux cartes et, après les avoir bien mêlées, formez huit paquets avec chacun des deux jeux, ce qui fera en tout seize paquets de quatre cartes.

La dernière carte de tous ces paquets, en d'autres termes celle du dessus, sera retournée, puis toutes les cartes de même valeur seront enlevées deux par deux : soit deux neuf, deux dix, deux valets, etc. Il n'est pas nécessaire que ces deux cartes de même valeur appartiennent à la même famille, de telle manière que s'il se trouve le dix de trèfle dans un jeu et le dix de cœur dans un autre, on peut enlever ces deux cartes.

S'il se trouvait quatre cartes de même valeur dans les deux jeux, on les enlèverait toutes ; mais s'il s'en trouvait un nombre impair, soit 3 ou 5, on ne pourrait en enlever que 2 ou 4.

A mesure que l'on enlève des cartes sur les paquets, on retourne celles qui viennent immédiatement après, de telle sorte qu'il y ait toujours 16 cartes visibles tant qu'il reste 16 paquets.

Il faut, pour que la réussite soit parfaite, que les deux jeux soient complètement épuisés, et qu'il ne reste plus que deux cartes semblables, toutes les autres ayant été enlevées.

Cette patience n'exige pas nécessairement la coopération de deux joueurs et une seule personne peut très bien la conduire.

Le Tercet.

Après avoir bien mêlé un jeu de trente-deux cartes, on les dispose par petits paquets composés de trois cartes chacun. On a ainsi dix paquets de trois cartes, plus un onzième qui n'en contient que deux.

De ces onze paquets dont les cartes sont toutes retournées, on retire les as qui ne sont point *engagés*, c'est-à dire qui sont au-dessus de chaque paquet. Ces as alignés à côté du jeu seront les souches de séquences ou hiérarchies à constituer. Ces hiérarchies ascendantes commençant à l'as finiront au roi. Il y a réussite lorsqu'on arrive à ce résultat.

Les as que l'on a pu mettre de côté étant en place, on cherche s'il se trouve dans les onze paquets des sept non engagés, et l'on pose sur les as de leur famille ceux que l'on peut rencontrer.. Après les sept, on enlève les huit, les neuf et ainsi de suite.

Les quatres hiérarchies étant complètes, la réussite est faite.

Mais on est bientôt arrêté, car la plupart des cartes dont on a besoin sont *engagées*, c'est-à-dire se trouvent être deuxièmes ou troisièmes dans un paquet. Il faut alors avoir recours aux *combinaisons* pour essayer de dégager ces cartes.

Les combinaisons consistent à transposer certaines cartes d'un paquetà un autre dans certaines conditions, et ces conditions varient selon les joueurs, car une règle s'imposant uniforme à tous n'a point encore été établie en cette matière.

Quelques Sibylles prétendent que le droit de transposition consiste uniquement à mettre un pique sur un pique, un carreau sur un carreau, etc., de valeur plus grande ou moindre mais immédiate, c'est-à-dire un neuf sur un dix ou sur un huit de sa famille.

Certains amateurs ont recours à la séquence panachée et descendante. Exemple : Vous avez un roi de carreau ou de cœur, en d'autres termes un roi rouge, vous pouvez le *charger* d'une dame noire; à son tour, cette dame noire pourra recevoir un valet rouge, lequel recevra un dix noir, etc., et cela jusqu'à ce que vous soyez arrivé à découvrir la carte dont vous avez besoin.

Lorsque les combinaisons sont épuisées, c'est-à-dire lorsqu'on a enlevé toutes les cartes auxquelles on a pu accéder au moyen de l'un *ou* de l'autre mode de combinaisons, mais sans pouvoir cumuler l'un et l'autre, on remêle et l'on recommence l'opération avec les cartes qui n'ont pu être montées. On procède alors comme la première fois, et, lorsqu'on est arrêté à nouveau, on bat les cartes restantes une troisième et dernière fois; et si l'on ne peut toutes les faire sortir pour compléter les séquences, la réussite est manquée.

En faisant l'application de ces données sur un jeu de cartes, on verra combien les explications deviendront plus nettes; mais il n'en faudra pas conclure que la patience réussisse aussi souvent qu'on pourrait le croire au premier abord.

Il est bien entendu aussi que nous n'avons fait qu'indiquer l'idée même des combinaisons, et que chacun peut les modifier et les perfectionner après des essais et des expériences de *patience*.

La mère Michel.

JEU OU PATIENCE A DEUX

Deux joueurs exécutent cette patience avec deux jeux de cinquante-deux cartes.

Chacun prend un jeu; le premier place un as sur le tapis, ensuite les joueurs tirent alternativement de leur jeu une carte; quand c'est un as qui vient à sortir on le place à côté du premier as, et l'on continue ainsi, chaque joueur tirant une carte à son tour. Lorsque les huit as sont sortis, ils forment les souches de huit séquences qui, allant en progressant et en se continuant par le deux, le trois, etc., aboutiront au roi.

Si, en faisant le tirage, un joueur rencontre une carte

qu'il puisse *monter*, soit un deux de pique, si l'as de pique est sur le tapis, il placera immédiatement ce deux sur cet as de pique, de même s'il rencontre ensuite le trois de pique il le placera sur le deux, etc...

Les cartes qui ne pourront être montées seront mises au talon de chaque joueur.

Lorsque le premier joueur a épuisé son jeu, il doit attendre que son partenaire ait également épuisé le sien, et l'on recommence avec les deux talons.

Le premier joueur qui a épuisé toutes les cartes de son jeu, et a par conséquent constitué quatre séquences ou *treizièmes*, a réussi la patience ou gagné la partie.

La Consolation.

PATIENCE A DEUX

Chaque joueur prend un jeu complet et étale devant soi ces 52 cartes en 17 tas de 3 cartes chacun. On remarquera de suite que 3 fois 17 ne font que 51, il reste donc une carte de chaque côté.

Elle prend le nom de CONSOLATION, et est mise à part sans être vue. On verra ci-après quel rôle lui est réservé.

Le premier joueur, amiablement accepté, ou désigné par le sort, retourne toutes les premières cartes de ses 17 paquets, puis la parole passe à son partenaire. Celui-ci, en commençant par la gauche, retourne, à son tour, la première carte de son premier paquet et, la nommant, il dit à son partenaire : « Avez-vous telle carte ? » Si la réponse est affirmative, ces deux cartes semblables, soit 2 neuf de carreau, ou 2 quatre de pique, sont enlevées.

Chaque joueur se trouve alors avoir devant soi un paquet qui n'est plus composé que de deux cartes couvertes. Le joueur qui a la parole (en notre cas, toujours le deuxième) retourne la carte qui suit celle qu'il vient d'enlever et demande comme précédemment : « Avez-vous telle carte. » Si oui, on enlève encore les deux cartes, de telle sorte que le joueur parlant a son paquet réduit à une seule carte, tandis que son partenaire reste avec deux paquets sans cartes retournées. Le joueur qui a la parole, retournant alors la troisième carte de son premier paquet, fait une troisième fois la même question que précédemment.

Sur la réponse négative de son partenaire, il laisse la carte qu'il vient de retourner, et passe au paquet suivant, toujours en procédant de gauche à droite, et en adressant les mêmes questions à l'autre joueur.

Après les demandes et les réponses, après l'enlèvement de toutes les cartes semblables de part et d'autre, il s'est produit ce fait, c'est que le joueur qui avait la parole et qui cesse de l'avoir a devant lui 17 cartes découvertes (à moins qu'il n'y ait eu des paquets complètement épuisés) tandis que son partenaire a un nombre plus ou moins grand de paquets qui ne sont composés que de deux cartes recouvertes. Ce joueur prend la parole à son tour et, commençant par le premier tas de gauche recouvert, il en retourne la première carte en disant à son partenaire : « Avez-vous telle carte ? » et les choses se passent absolument comme la première fois. Mais ce n'est qu'en retournant la carte de chaque paquet couvert que les questions se posent et que les cartes s'enlèvent. Dans le jeu du premier joueur parlant, toutes les cartes étant couvertes, il devait suivre les 17 paquets ; dans le jeu de l'autre joueur, il n'y avait de cartes couvertes que sur les paquets où il s'était fait un enlèvement.

Arrivé au dernier paquet, si le joueur parlant le second se trouve à son tour n'avoir plus que des tas recouverts de cartes retournées, la parole revient alors à son partenaire, et les choses se continuent ainsi tant que l'opération peut se continuer sans obstacle.

Mais il arrive un moment où les deux jeux ne présentent plus que des cartes découvertes : alors le joueur dernier parlant prend la *carte de consolation* dont nous avons parlé et, la retournant, il dit à son partenaire : « Avez-vous telle carte ? » Si oui, les choses se passent comme à l'ordinaire, c'est-à-dire que l'on enlève la consolation et la carte semblable qui se trouve dans le jeu du joueur non parlant.

Celui-ci ayant alors un paquet sur lequel se trouve une carte recouverte, acquiert le droit de parole, il retourne cette carte et pose la question toujours comme précédemment. Lorsque les paquets se trouvent à nouveau tous recouverts, le joueur auquel reste la seconde carte de consolation, la retourne en demandant toujours : « Avez-vous telle carte ? » Si oui, il se trouvera une carte recouverte dans le jeu de son partenaire, à moins cependant que la carte demandée et enlevée ne soit la dernière carte du paquet, cas auquel les deux jeux resteraient tous les deux entièrement composés de paquets découverts, il n'y aurait plus moyen d'aller au delà et la patience serait manquée.

On a deviné déjà que, pour qu'il y ait *réussite*, il faut avoir pu enlever toutes les cartes des deux jeux.

Ces explications paraîtront longues, mais elles doivent être très explicites sans quoi le lecteur n'arriverait jamais à comprendre le mécanisme de la patience et serait bientôt embarrassé. En faisant l'application des détails ci-dessus au moyen des cartes, on verra combien tout est clair et comment tous les détails ont été prévus.

L'Impériale

Cette patience se fait avec deux jeux de cinquante-deux cartes.

On commence par en extraire quatre rois et quatre as de chaque famille, et on les place comme l'indique la figure ci-contre. On a ainsi deux colonnes dont l'une, celle de gauche, est composée de quatre as différents, et dont l'autre, celle de droite, renferme un roi de chaque famille de cartes.

Ce tableau composé de huit cases est ensuite entouré de cartes venues au hasard du talon, lequel a été bien mêlé avant de commencer l'opération. De telle sorte que l'ensemble de la figure comprend vingt cases. Les huit cases du milieu serviront de souches à des hiérarchies descendantes sur la colonne des rois, c'est-à-dire qu'après le roi viendra la dame, le valet, etc. jusqu'à l'as. Les as, au contraire, serviront de souches à des hiérarchies ascendantes qui se continueront par les deux, les trois, etc., pour aboutir aux rois. On aura donc ainsi les deux jeux de cartes séparés, et les familles de chacun d'eux seront réunies dans un ordre hiérarchique et inverse.

Les cartes sont distribuées en commençant par l'angle gauche, et l'on continue en descendant; puis on contourne par le bas et l'on remonte par la colonne des as jusqu'à ce

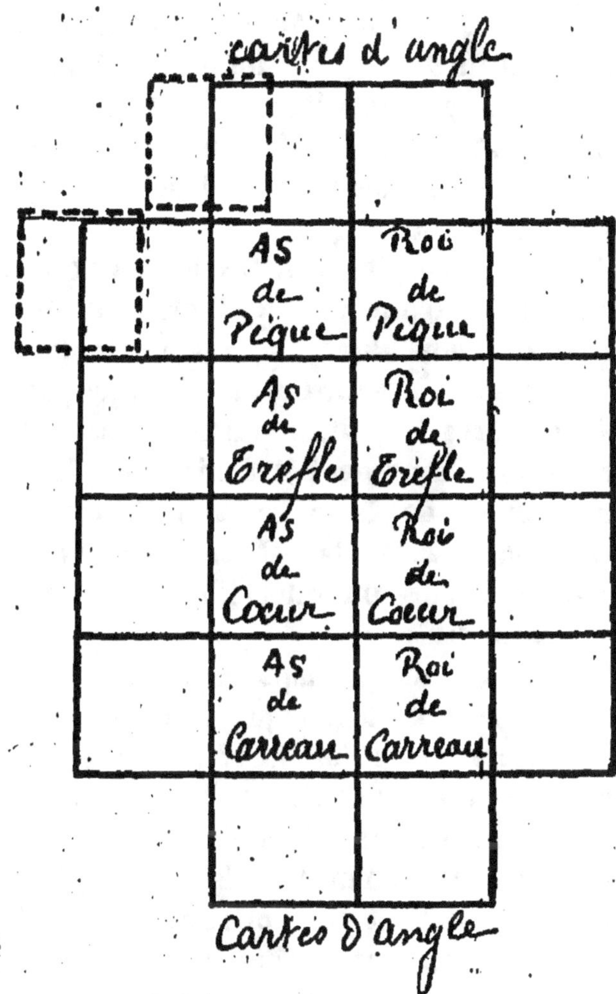

que l'encadrement soit complet. A mesure que les cartes sortent, on doit examiner si l'une d'elles peut se placer sur la colonne immédiatement proche. S'il sort, par exemple, un deux dans la bordure de gauche, on le place immédiatement sur l'as de sa famille, et l'on continue l'encadrement sans laisser de vides. Il est bien entendu aussi que si le trois de l'as *monté* se présente à son tour, on le *montera* également, et ainsi de suite.

Par privilège spécial, les cartes qui forment la partie supérieure et inférieure de l'encadrement peuvent être indistinctement placées sur l'une ou l'autre colonne : c'est-à-dire que si un *deux* quelconque se présente dans le haut ou le bas de la colonne des rois, il pourra être transféré sur l'as de sa famille, et réciproquement.

Lorsque toutes les cartes sont épuisées, le régime des combinaisons commence.

Les combinaisons consistent à prendre à volonté, une carte à gauche ou à droite pour la mettre sur une autre carte de sa famille dans l'une ou l'autre colonne en bordure. Cette manœuvre a pour but de dégager une autre carte que l'on pourra ensuite monter. Il reste d'ailleurs bien entendu que cela ne peut être fait que si la carte que l'on fait mouvoir est de la même famille que celle sur laquelle on la place, et si elle est, en outre, de valeur immédiatement supérieure ou inférieure, soit un sept sur un huit ou sur un six.

Lorsqu'on ne peut plus transposer ni monter une seule carte, on ramasse tous les paquets en suivant l'ordre adopté la première fois. Puis on refait la bordure à nouveau en usant des mêmes droits, et le régime des combinaisons recommence comme précédemment.

Si, après avoir recommencé trois fois l'opération, les familles de cartes ne sont pas constituées en hiérarchies descendantes et ascendantes, ainsi que cela a été indiqué au commencement, la patience n'a pas réussi.

La Crapette.

JEU OU PATIENCE A DEUX

La crapette est un jeu ou une patience d'importation anglaise.

Elle se joue à deux.

Chacun des joueurs ou adversaires prend un jeu com-

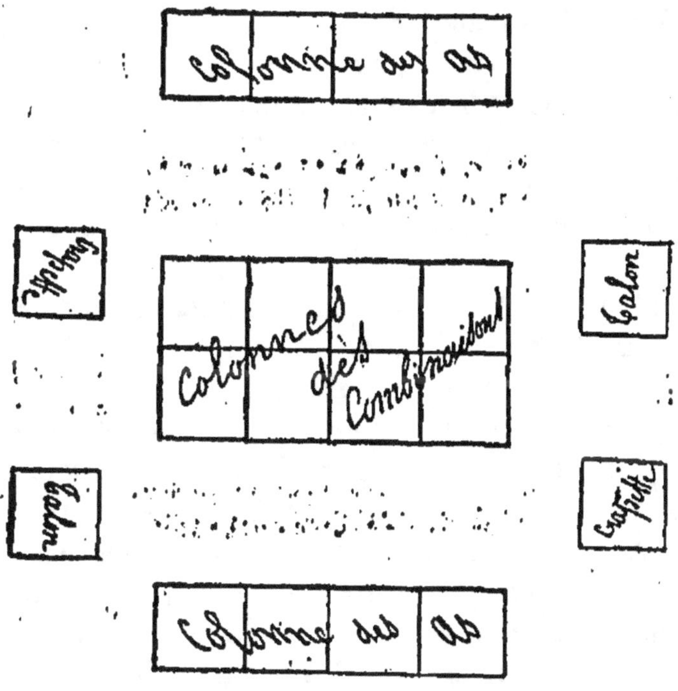

plet de cinquante-deux cartes et, après avoir tiré la main, le premier étale huit de ses cartes devant lui et les met en deux colonnes de quatre cartes ; il fait ensuite un paquet de neuf cartes dont il retourne la dernière. Ce paquet s'appelle **la crapette.**

S'il trouve dans ces cartes un as, il le met de côté; il formera la tête d'une colonne à venir, laquelle sera parallèle à la première.

Il remplit aussitôt la place vide par la première carte de la crapette puis il retourne la seconde carte de la crapette si elle peut se placer soit sur la colonne des as, soit sur une des deux colonnes d'une façon descendante, il la place et retourne la troisième; si non, il la laisse et retourne alors une carte du jeu qu'il a dans la main, et il regarde à nouveau si l'une des quatre cartes des deux colonnes ne peutpas se placer en ordre ascendant sur la colonne des as.

Il est bon de dire dès maintenant que le but qu'il se propose est d'arriver à constituer des hiérarchies ascendantes depuis l'as jusqu'au roi.

Si la dernière carte sortie ne peut pas être *montée*, il faut encore examiner si elle ne peut pas être placée en ordre descendant sur les deux colonnes, dites colonnes des combinaisons, cas auquel elle y serait mise, et il tirerait une nouvelle carte après avoir fait encore tout ce qui vient d'être dit.

Lorsqu'il a constitué ses colonnes de quatre cartes, sorti les as, comblé les vides, monté les cartes qui ont pu être montées, fait les combinaisons, etc., il tire encore une carte du jeu qui est dans ses mains, jusqu'à ce qu'il ne puisse plus faire aucune des manœuvres ci-dessus indiquées.

Arrivé à ce point, la dernière carte sortie sera placée devant lui, au bas de ces colonnes, et constituera son talon.

La main passera alors au deuxième joueur, qui fera exactement ce que le premier vient de faire. Mais il devra, en outre, examiner si l'une des cartes qu'il a sorties de son jeu, ne va pas, *en ordre ascendant ou descendant*, sur le talon de son adversaire; cas auquel il s'empresserait de l'y mettre.

Le premier joueur reprendra la main à son tour lorsque son adversaire ne pourra plus ni monter une carte ni faire une combinaison. C'est toujours de sa crapette qu'il cherchera à monter une carte ou à faire une combinaison sur la colonne à ce destinée.

On continue ainsi le jeu, chacun jouant à son tour. L'intérêt de chaque joueur est de gonfler le plus qu'il peut le talon de son adversaire.

Celui des deux joueurs qui parvient à se débarrasser le premier de ses cinquante-deux cartes a gagné la partie.

Lorsqu'on n'a plus de cartes en main, on prend sa crapette comme talon et l'on procède comme la première fois, chaque joueur jouant à son tour, et ne pouvant prendre en main sa crapette tant qu'il lui reste d'autres cartes.

Mais il arrive le plus souvent que la crapette est épuisée avant le talon.

CHAPITRE SEPTIÈME

PETITE CARTOMANCIE D'AMATEUR

Consultation par les douze cartes. — Les seize cartes. — La méthode italienne. — La méthode de Cagliostro.

Un écrivain, remarquable par son esprit et sa bonne humeur, a fait imprimer, vers la fin du XVIe siècle, à Amsterdam, un petit livre intitulé : « *L'art de deviner l'avenir par les cartes.* »

On n'a rien inventé depuis lui, et les modernes cartomanciens ne sont, presque tous, que des plagiaires d'*Etteilla*, c'est-à-dire de l'auteur inconnu qui se cache sous ce pseudonyme (peut-être un anagramme). Il n'y a qu'une chose qu'ils n'ont pu lui prendre, c'est sa manière plaisante, son ton demi-sérieux de pince-sans-rire et son air parfois majestueux de pontife convaincu.

Quoi qu'il en soit, et sans chercher à savoir s'il s'est moqué de ses contemporains, nous dirons avec lui que les cartes — pour qui sait les consulter — sont parfois bien amusantes.

Consultation par les douze cartes d'après Eittella

Prenez un jeu de trente-deux cartes, dans lequel les figures ne soient pas doubles. (Aujourd'hui, on ne fabrique plus guère que des cartes à deux têtes, ce qui est un inconvénient pour les cartomanciens, mais il y a un moyen de sortir d'embarras : il consiste à biffer avec un crayon ou avec une plume l'une des têtes des peintures; le côté biffé sera les jambes, par convention mentale.)

Voici d'abord ce que signifie chacune de ces cartes :

LES HUIT CŒURS

(D. *veut dire : la carte est droite*; R. *la carte est renversée.*)

Le Roi. — D. Est un homme qui cherche à vous faire du bien.

R. Il sera arrêté dans ses bonnes intentions.

La Dame. — D. Est une femme honnête, bienfaisante, de laquelle on peut attendre des services.

R. C'est un présage de retard dans vos espérances.

Le Valet. — D. Est un militaire qui doit entrer dans votre famille. C'est aussi un personnage qui cherche à vous être utile.

R. Il en sera empêché.

L'As représente un festin, ou un repas d'amis, lorsqu'il

est entouré de figures. Il annonce parfois l'amour, mais tout dépend de la manière dont il est placé.

Le Dix présage une surprise qui fera grand plaisir.

Le Neuf promet une réconciliation ; il resserre les liens d'amitié et d'amour entre des personnes qu'on voudrait brouiller.

Le Huit indique beaucoup de satisfaction de la part des enfants. C'est un indice de succès pour les célibataires. Il veut dire aussi concorde et union.

Le Sept annonce un bon mariage.

LES HUIT CARREAUX

Le Roi. — D. Est un homme assez mal intentionné, duquel il faut prendre garde.

R. Il vous nuira certainement.

La Dame. — D. Est une méchante femme qui fait des potins, qui dit du mal de vous.

R. Elle vous causera bien des ennuis.

Le Valet. — D. Est un militaire, un domestique, un facteur de la poste, qui vous apporte des nouvelles désagréables.

R. Ces nouvelles seront des plus fâcheuses.

L'As annonce une lettre.

Le Dix indique un voyage urgent et imprévu.

Le Neuf, retard d'argent.

Le Huit présage des démarches qui vous surprendront et qui seront faites par un jeune homme.

Le Sept promet des succès au jeu, à la loterie, et même dans le commerce. S'il se trouve avec l'as de carreau, vous aurez des nouvelles très agréables.

LES HUIT PIQUES

Le Roi. — D. Représente un commissaire ou un homme de robe avec qui vous aurez quelques disgrâces.

R. Vous perdrez un procès, vous échouerez dans une entreprise.

La Dame. — D. Est une veuve qui cherche à vous nuire ou à vous tromper.

R. Elle vous trompera ou elle vous trahira sûrement.

Le Valet. — D. Est un jeune homme qui vous causera des désagréments.

R. Il vous les causera certainement.

L'As annonce de grands ennuis. Quelquefois il présage ce que les Sibylles appellent la *bagatelle*, ou, en d'autres termes, les jeux de l'amour.

Le Dix, emprisonnement, démêlés avec la justice.

Le Neuf, retard dans les affaires.

Le Huit, mauvaise nouvelle. S'il est suivi du sept de carreau, chagrins et disputes.

Le Sept annonce querelles et discordes, à moins qu'il ne soit suivi de quelques cœurs.

LES HUIT TRÈFLES

Le Roi. — D. Est un homme juste, qui pourrait vous rendre de grands services.

R. Ses bonnes intentions à votre égard seront inefficaces, ou, tout au moins, il y aura du retard dans l'affaire où il cherche à vous être utile.

La Dame. — D. Est une femme qui vous aime.

R. Elle est jalouse.

Le Valet. — D. Présage un mariage.

R. Il y aura des empêchements, des retards dans la réalisation de vos projets matrimoniaux.

L'As annonce gains et profits, argent à recevoir. chance au jeu.

Le Dix. Succès dans les affaires; s'il est suivi d'un neuf de carreau, il annonce un retard d'argent; il présage une perte, s'il se trouve à côté du neuf de pique.

Le Neuf. Réussite en amour.

Le Huit. Grandes espérances.

Le Sept. Amour médiocre; s'il est suivi du neuf, héritage.

RENCONTRE DE CARTES DE MÊME VALEUR

Quatre rois de suite annoncent des honneurs; trois rois de suite, des succès dans les affaires; deux rois de suite, de bons conseils.

Quatre dames de suite, grands caquets; trois dames de suite, tromperie de femme; deux dames de suite, amitié.

Quatre valets de suite annoncent une maladie contagieuse; trois valets de suite, paresse; deux valets de suite, discorde.

Quatre as de suite, mort; trois as de suite, libertinage; deux as de suite, inimitié.

Quatre dix de suite, événements désagréables; trois dix de suite, changement de situation; deux dix de suite, pertes.

Quatre neuf de suite, bonnes actions; trois neuf de suite, imprudence; deux neuf de suite, argent.

Quatre huit de suite, revers; trois huit de suite, ma-[illegible]; deux huit de suite, ennuis,

Quatre sept de suite, intrigues; trois sept de suite, joies et plaisirs; deux sept de suite, amourettes et petites nouvelles.

COMMENT SE FAIT LA CONSULTATION

Pour faire la consultation par les douze cartes, faites couper le jeu par le consultant, de la main gauche, puis comptez les cartes de sept en sept, mettant de côté la septième de chaque paquet. En répétant trois fois cette opération, on aura douze cartes mises à part.

Etendez ces douzes cartes sur la table, les unes à côté des autres, et selon l'ordre dans lequel elles sont venues; cherchez ensuite la signification de chacune d'après sa valeur, telle qu'elle vient d'être expliquée ci-dessus.

Il ne faut pas oublier, avant de lire les cartes, de voir si la personne pour laquelle on fait le jeu est *sortie*, c'est-à-dire si elle est représentée par l'une des douze cartes que l'on vient d'étaler sur la table. Si vous consultez le sort pour un homme blond marié, c'est ordinairement le roi de carreau qui le représente; si c'est un homme brun et marié, ce sera le roi de trèfle qui le représentera. La dame de cœur est, dans le jeu, la représentante de la dame ou de la demoiselle blonde qui interroge le Destin; la dame de trèfle est destinée à figurer les dames ou demoiselles brunes. Le valet de cœur figure au jeu pour un jeune homme blond, le valet de trèfle pour un jeune homme brun. Si la carte qui doit représenter la personne pour qui on opère ne se trouve pas dans les douze cartes, on recommence l'opération jusqu'à ce qu'elle sorte.

Opérons, si vous le voulez bien pour une demoiselle brune : la dame de trèfle la représentera.

Faites couper le jeu à la consultante; de la main gauche

prenez la sixième carte qui suit celle de dessus, c'est-à-dire la septième en comptant cette carte. Remettez les six cartes que vous avez enlevées en dessous du jeu ; et continuez ainsi à enlever toujours la septième carte, jusqu'à ce que vous ayez complété le nombre douze. Il est sorti, je suppose : 1° dame de cœur, 2° huit de trèfle, 3° dame de carreau, 4° roi de cœur, 5° dame de pique renversée, 6° as de trèfle, 7° dix de pique, 8° DAME DE TRÈFLE, 9° sept de cœur, 10° as de pique, 11° valet de trèfle renversé, 12° huit de cœur.

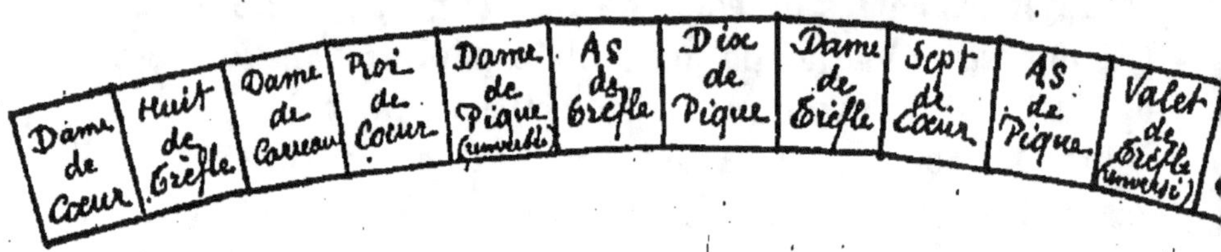

Les voici alignées, vous n'avez plus qu'à lire le tableau.

1° Une femme honnête cherche à vous rendre des services.

2° Vous avez de grandes espérances, elles seront réalisées.

3° Il y a cependant une méchante femme qui fait des potins et qui dit du mal de vous.

4° Mais voici un homme qui cherche à vous faire du bien, un ami qui vous rendra de grands services.

5° Prenez garde, cherchez à cultiver ses bons sentiments à votre égard, car je vois près de lui une méchante femme, une veuve je crois, qui vous en veut, et qui trompe votre ami sur votre compte.

6° Vous recevrez de l'argent.

7° Vous éprouverez cependant du retard, vous aurez des contrariétés, des ennuis, probablement à cause de cette vilaine femme.

8° (*C'est la consultante.*)

9° Vous ferez un bon mariage.

10° Pendant lequel vous aurez cependant des ennuis ; votre mari semble devoir être coureur.

11° Votre mariage est très certain, je le vois. Les cartes insistent beaucoup sur ce point.

12° La dernière carte vous promet des enfants qui vous donneront de grandes satisfactions.

Toute personne, même la plus étrangère à la cartomancie, aurait pu lire le jeu aussi bien qu'une Sibylle de profession; elle n'aurait eu qu'à se reporter à l'explication qui précède, et à appliquer à chaque carte sortie ce qui est dit dans cette explication. L'auteur de ces lignes n'est jamais monté sur le Trépied; il est aussi ignorant que qui que ce soit dans l'art de déchiffrer les oracles. Il a pris un jeu de cartes; celles qui sont alignées ici sont sorties au hasard; alors, il s'est reporté à la *valeur des cartes* exposée ci-dessus, et il n'a fait que lier les phrases au moyen de *soudures* et *d'intercalation*, comme cela se fait dans toutes les langues des peuples supérieurs.

Confirmation du pronostic par les quatre paquets.

Mêlez bien les douze cartes qui viennent de prononcer le sort de cette demoiselle brune, faites-lui couper ces cartes (toujours de la main gauche), et divisez-les ensuite en quatre paquets de trois cartes chacune; le premier de ces paquets sera pour *la personne*, le second pour *sa maison*, le troisième pour *ce qui arrivera*, et le quatrième sera la *surprise*.

Après avoir relevé les trois premières cartes, vous trouverez, je suppose, dans le premier paquet, pour la personne:

Dame de pique renversée	As de trèfle	Roi de cœur.

Vous direz:

1° Cette mauvaise femme brune s'acharne contre vous; 2° vous aurez néanmoins un succès d'argent; 3° l'homme blond qui vous veut du bien ne vous a pas retiré ses sympathies. Tout présage que vous échapperez aux intrigues de la femme noire.

Voici le deuxième paquet, pour la *maison* :

Huit de cœur	Huit de carreau	Dame de carreau.

Vous le lisez ainsi : 1° Concorde dans votre maison ; 2° un jeune homme fait des démarches en votre faveur ; 3° mais une méchante femme blonde cherche à contrecarrer vos projets. Elle fait des potins contre vous.

Voici le troisième paquet *pour ce qui arrivera* :

Sept de cœur	Valet de trèfle renversé	Dame de cœur

Vous dites : 1° Un bon mariage vous est réservé ; 2° ce mariage est certain, je crois même que ce sera avec ce jeune homme brun ; 3° la dame blonde honnête et qui est si obligeante vous aidera beaucoup.

Le quatrième paquet, celui de la *surprise*, est ainsi composé :

Dix de pique	As de pique	Dame de trèfle

Vous le lisez forcément de la manière suivante : 1° Quelqu'un à qui vous portez de l'intérêt aura des désagréments, des procès, des démêlés avec la justice 2° vous en éprouverez de grands ennuis ; 3° mais vous serez consolée, car je vois un grand succès pour vous dans l'avenir. C'est tout ce que je puis vous annoncer pour le moment.

Il est complètement inutile d'avoir recours à des procédés ou à des formules magiques. Il convient surtout de ne pas prêter ses intentions aux cartes, ou l'esprit que l'on croit avoir !

De la consultation par les seize cartes.

Mêlez bien le jeu ; faites-le couper, toujours de la main gauche, par le consultant ; divisez-le en deux parties de seize cartes chacune ; priez ensuite la personne pour laquelle vous opérez, de vouloir bien choisir l'un de ces deux paquets. Quand elle a fait son choix, vous prenez ces seize cartes à la main, vous en ôtez les quatre premières, que vous mettez de côté pour la *surprise*, de manière qu'à la fin, il se trouvera : 1° Quatre cartes *pour la personne*, 2° quatre cartes *pour la maison*, 3° quatre cartes *pour ce qui arrivera*, 4° quatre cartes pour la surprise.

On laisse au consultant la liberté de choisir dans les trois premiers tas celui qu'il veut pour lui et celui qu'il veut pour sa maison ; le troisième restant seul ne souffre plus de choix et annonce ce qui doit arriver. Quant au tas de la surprise, il reste immuable.

Supposons que nous ayons les quatre tas de cartes constitués ainsi que cela est indiqué aux pages 326 et 327. Reportez-vous aux explications qui ont été données à ce qui a été dit relativement à la valeur des cartes et lisez :

Pour le premier tas qui concerne la personne.

1° Vous éprouverez du retard dans vos affaires.

2° Un jeune homme fera des démarches pour vous ; elles vous surprendront.

3° Voici un homme juste qui pourra vous rendre d grands services.

4° Quelqu'un cherche à vous brouiller avec vos parents vos amis, votre femme ou votre maîtresse, mais l'homm juste lèvera toutes les embûches qu'on cherche à tendr contre vous.

neuf de Pique	huit de Carreau	Roi de Trèfle	neuf de Cœur

1er tas (pour la personne).

Sept de Pique	Dix de Pique	Valet de Pique	Sept de Trèfle

3e tas (pour ce qui arrivera).

Pour le deuxième tas qui concerne la maison.

1° On éprouvera chez vous de grands ennuis.

2° On recevra, je ne sais à propos de quoi, une bien mauvaise nouvelle.

3° Cependant, vous devez avoir de grandes espérances.

4° Car, je vois pour vous de grands profits à réaliser je crois même qu'il y a de l'argent à recevoir; si vous êtes joueur, vous aurez prochainement une belle veine

Pour le troisième tas relatif à ce qui arrivera.

1° Voici maintenant des querelles et des discordes.

2° Des démêlés avec la justice, que dis-je, un emprisonnement, pour vous peut-être, ou pour quelqu'un des vôtres.

3° Quel est donc ce jeune homme qui vous causera du désagrément ?

4° Vous ne serez pas très aimé.

Pour le quatrième tas qui est celui de la surprise.

1° Vous ferez un voyage imprévu, il me semble indispensable.

as de Pique	huit de Pique	huit de Trèfle	as de Trèfle

2e tas (pour la maison).

Dix de Carreau	Roi de Pique	Dame de Pique	Roi de Carreau

4e tas (pour la surprise).

2° Vous aurez à supporter des disgrâces de la part d'un homme de robe ou d'un commissaire.

3° Il y a une veuve, une femme noire, qui cherche à vous tromper.

4° Prenez garde, il y a un homme mal intentionné à votre égard.

Consultation par la méthode italienne.

Prenez un jeu de trente-deux cartes; après l'avoir bien mêlé, faites couper par le consultant, de la main gauche.

Après cela, retournez les cartes trois par trois, et vous prendrez dans chacun de ces paquets de trois cartes celle qui sera le plus à votre gauche.

Lorsque vous aurez épuisé tout le jeu, en triant de la sorte, vous mêlerez à nouveau les cartes qui resteront; et, après les avoir fait couper de la main gauche par le consultant, vous continuerez comme ci-dessus jusqu'à ce que vous ayez réuni treize cartes au moins et dix-neuf au plus.

Cela fait vous expliquerez votre tableau de la manière suivante :

Vous commencez par la carte qui représente la personne, vous verrez ce qui l'entoure; vous partirez ensuite de là, en comptant vers la droite, une *deux*, *trois*, *quatre*, *cinq*; vous ferez ainsi le tour du jeu au moins trois fois; et dès que, en comptant, toujours comme il vient d'être dit, vous tombez sur la carte qui représente la personne, vous devez vous arrêter.

Ramassez ensuite les cartes opérantes; mêlez-les, et posez-en cinq sur la table : la 1re pour la personne, la 2e pour la maison, la 3e pour ce qu'elle attend, la 4e pour ce qu'elle n'attend pas, la 5e pour la consolation.

De la valeur des cartes dans la méthode italienne. — S'il se trouve beaucoup de figures dans le jeu, cela présage réunions et festins; quatre rois : grande réussite; trois rois : bon avis; deux rois : amitié; quatre dames : assemblées de femmes; trois dames : caquets et méchancetés; deux dames : commérages; quatre valets : réunion de jeunes gens : trois valets : disputes; deux valets : mauvaise société; quatre as : succès; à la suite les uns des autres : mort imprévue; trois as : nouvelle; deux as : espérance.

Voici maintenant quelle est, dans cette méthode, la valeur de chaque carte en particulier :

1° *Les Cœurs.*

Le *Roi* est un ami blond;

La *Dame*, une bonne femme blonde;

Le *Valet*, un jeune homme blond qui vous veut du bien;

L'*As* annonce joie, festin, cadeau;

Le *dix* est la maison de la personne pour qui on opère;

Le *neuf*, surprise agréable ;

Le *huit*, jalousie d'hommes;

Le *sept*, jalousie de femmes.

2° *Les Trèfles.*

Le *Roi* est un homme brun, un ami;

La *Dame*, une dame brune, une amie;

Le *Valet*, un amant;

L'*As*, victoire ;

Le *dix*, promenade, partie de plaisir;

Le *neuf*, voyage;

Le *huit*, démarches d'un ami;

Le *sept*, petit cadeau.

3° *Les Piques.*

Le *Roi* est un homme brun mal intentionné;

La *Dame*, une mégère, une veuve chagrine;

Le *Valet*, un jeune homme brun, triste, parfois méchant ;

L'*As*, désagrément; ou *bagatelle* (amour);

Le *dix*, obscurité, secret, événement nocturne;

Le *neuf*, retard ;

Le *huit*, pleurs ;

Le *sept*, inquiétude.

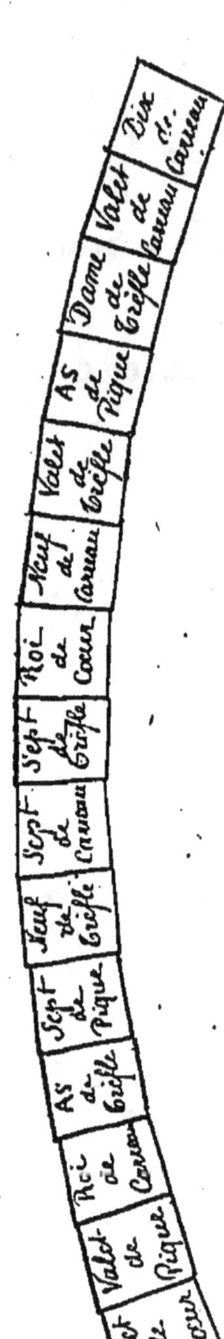

4° *Les Carreaux.*

Le *Roi* est un méchant homme blond;
La *Dame*, une coquine blonde ;
Le *Valet*, un militaire blond, et assez malveillant;
L'*As*, une lettre;
Le *dix*, un marché, une affaire;
Le *neuf*, succès d'un projet;
Le *huit*, argent;
Le *sept*, petite somme d'argent.

Supposons qu'après avoir fait le tirage comme cela vient d'être indiqué, vous ayez les quinze cartes que voici alignées en marge.

La dame de trèfle représente la consultante, vous direz d'abord :

Je ne vois pas beaucoup de cartes habillées dans votre jeu, ce n'est pas un présage de réunions ou de festins.

Mais je remarque deux rois, c'est un indice d'amitié de la part de quelqu'un à votre égard.

Voici trois valets : vous vous disputerez, ou l'on se disputera à cause de vous.

Le jeune homme qui s'occupe de vous (Il l'entoure avec l'as de pique) vous parlera d'amour, mais défiez-vous il n'est pas animé des intentions les plus avouables.

Partant de cette dame de trèfle (la consultante), en comptant cinq cartes vous arrivez au roi de carreau et vous dites : Il y a aussi un méchant homme blond, dont il faut prendre garde.

Partant de là, vous comptez à nouveau jusqu'à cinq, et vous tombez sur le sept de carreau,vous devez dire(si vous comprenez ce qui a été dit plus haut) : vous recevrez une somme petite d'argent.

Puis vous continuerez ainsi pendant trois tours.

Après cela vous remêlerez les *cartes opérantes*, c'est-à-dire les quinze cartes dont vous venez de vous servir et, après avoir fait couper, vous en tirez une qui est *pour la personne*; supposons que ce soit le neuf de trèfle, vous dites alors : « Vous ferez un voyage. »

Vous faites couper à nouveau, après avoir rebattu les cartes, et vous en tirez une seconde qui est *pour la maison.* Supposons que ce soit le roi de carreau. Vous dites : « Il y a chez vous un homme bien méchant. »

La troisième carte, sortie de la même manière, est *pour ce que l'on attend* ; elle est, je suppose, le sept de trèfle ; vous dites : « Vous remporterez une victoire. »

La quatrième carte est *pour ce que l'on n'attend pas*, supposons que ce soit le sept de pique; vous dites : « Vous aurez des inquiétudes. »

La cinquième carte est *pour la consolation*, si c'est le dix de carreau, par exemple, vous dites : « Vous aurez une affaire dont je ne puis vous déterminer la nature, etc. ».

Consultation par la méthode de Cagliostro.

Joseph Balsamo, comte de Cagliostro, est considéré par certaines personnes comme un inspiré, un voyant, un saint, un faiseur de miracles, un *thaumaturge*, diraient les ganaches qui parlent grec, même en français; d'autres prétendent que ce n'était qu'un vil charlatan, doublé d'un escroc. Quoi qu'il en soit, on lui a parfois attribué la méthode suivante de tirer les cartes, et nous lui en maintenons la paternité, faute d'en connaître une autre.

Pour faire les cartes, d'après cette méthode, on emploie vingt cartes, tirées au hasard, ou par l'un des procédés ci-dessus indiqués; on les dispose par cinq comme cela est indiqué ci-bas. Les chiffres indiquent la place où il faudra mettre la carte qui sortira la 1re, 2e, 3e, 4e, etc.

	2			8			13			18	
3	1	5	6	7	10	11	12	15	16	17	20
	4			9			14			19	

Les cartes doivent être placées, à mesure que le hasard les désigne, dans l'ordre des numéros; l'une se trouve donc au milieu, l'autre au dessus, une au dessous et une de chaque côté, ce qui fait une croix. Quand on a placé les vingt-quatre cartes de l'opération, on obtient donc quatre croix de cinq cartes chacune, que l'on explique d'après les principes suivants.

LES PIQUES

Les piques sont des cartes de mauvais augure; le roi et la dame sont des ennemis; et, s'ils sont touchés, de côté, dessus ou dessous par le sept de carreau, c'est signe qu'ils ont l'intention de faire du mal à la personne pour qui on opère et qu'ils lui en feront certainement. Le valet est un ennemi des plus dangereux, surtout s'il est touché de son neuf, de son sept, ou du sept de carreau. L'as signifie quelquefois désir ou impuissance de se livrer aux plaisirs de l'amour sensuel; ou bien qu'on en jouit ou qu'on en jouira. Supposons que la dame de cœur soit touchée au dessus par cet as de pique, c'est signe qu'lle sera tourmentée par l'amour sensuel; au dessous, elle en a joui; à droite, elle a envie d'en jouir; à gauche, elle ne peut pas s'y livrer.

La réunion d'une dame, du huit et de l'as de pique signifie grossesse. Si l'as se trouve en haut : la personne est grosse; s'il est à droite, elle a envie de l'être ; s'il est placé au dessous, elle l'a été, mais s'il est placé à gauche, c'est un signe manifeste qu'elle désire être enceinte et qu'elle s'en occupe.

Le dix de pique signifie deuil, quand il est devant son neuf ou après son sept. Il signifie chagrin pour la personne qui consulte, s'il n'est touché par aucune figure. S'il touche au dessus, par le haut ou par le bas, une figure en trèfle ou en cœur, quoi qu'il ait à ses côtés une figure en pique ou en carreau, cela indiquera des peines qui se changeront en plaisirs; si ce même dix de pique se trouve entre deux figures qui se tournent le dos, il signifiera séparation, divorce (1).

Le neuf de pique signifie mort; le huit signifie dispute, quand il se trouve entre deux figures du même sexe qui se regardent, et si les deux figures se tournent le dos, signifie procès.

1. Les cartes de la Régie française sont à deux têtes, il convient, pour la cartomancie, de faire usage des cartes suisses, qu'il est facile de se procurer et qui n'ont pas l'inconvénient de ne pouvoir se trouver en situations variées. Quand on n'a que des cartes à deux têtes, on peut biffer une de ces têtes à la plume ou au crayon, et alors, par convention mentale, la partie biffée représente les jambes.

Si le huit et l'as de pique touchent à une dame, cela signifie que la dame n'est pas grosse, mais qu'elle pourra le devenir. Si ce même huit de pique est touché du neuf de cœur cela signifie heureux accouchement; si c'est pour un homme que l'on opère, il signifie heureuse naissance.

Le sept de pique signifie maladie, ou fille voleuse; s'il est touché de son huit, en quelqu'endroit du jeu que ce puisse être, il signifie, *pour la personne*, maladie causée par l'amour.

LES CARREAUX

Le roi et le valet de cette couleur sont des jaloux, des flatteurs, ou des ingrats; s'ils sont touchés de leur sept, ils feront certainement du mal à la personne qui consulte; si le sept de carreau touche des figures de cœur ou de trèfle, encore qu'il touche en même temps aux figures de pique ou de carreau, il signifie peines qui se changeront en joies. L'as de carreau signifie lettre arrivée, ou à recevoir; les quatre cartes qui l'environnent en annoncent le contenu. Le dix de carreau signifie mer, ou voyage par mer; il sera heureux si cette carte est touchée par le neuf de cœur; pénible si elle est touché par le dix de pique ; fortuné si elle est touché par le dix ou le neuf de trèfle. Ce même dix de carreau signifie maladie s'il est touché par le sept de pique; la maladie sera mortelle, s'il est touché par le neuf de pique.

Le neuf de carreau présage une nouvelle; les cartes qui l'environnent en annonceront l'objet.

Le huit de carreau signifie voyage par terre; pour en connaître la bonne ou la mauvaise fortune, il n'y a qu'à appliquer les pronostics relatifs au dix de carreau.

Le sept de carreau présage une mauvaise réussite pour la chose sur laquelle on fonde de l'espérance; s'il se trouve en même temps avec l'as de cœur et qu'il soit plus près de la treizième carte que le dit as, il signifie famille fâchée contre la personne qui consulte; il signifie ivrognerie quand il est touché en même temps par le huit de cœur et par une figure; il signifie mort violente quand il est touché par une figure en pique; il signifie fille flatteuse, espionne de la personne, quand il est joint aux figures de carreau; il signifie bataille quand il se trouve entre le consultant et une figure, les trois cartes étant de front et en ligne horizontale.

LES CŒURS

On devra considérer le roi, la dame et le valet comme des personnes généreuses et bienfaisantes.

L'as de cœur signifie la maison de la personne pour qui on opère; les quatres cartes qui sont autour de cette maison annoncent le bien ou le mal qui peut y arriver; il ne faudra donc pas négliger d'observer l'avenir de cette maison dans chaque jeu de 20 cartes que l'on tirera.

Le dix de cœur signifie naissance; le neuf de cœur signifie victoire pour les figures qui le touchent.

Le huit de cœur signifie satisfactions, joies et libations; quand il est près d'un personnage, ou entre deux figures, il signifie bonne amitié; s'il se trouve placé entre quatre figures, il signifie bal et grand festin.

Le sept de cœur représente une fille de sincère amitié.

LES TRÈFLES

Tous les trèfles, en général, présagent le succès, la joie et le bonheur.

Le roi et la dame sont des amis sincères et dévoués.

Le valet est un bon camarade pour les hommes; un ami ou un amant sincère pour les dames et les demoiselles; il annonce un riche mariage.

L'as de trèfle signifie argent quand il n'est point touché par un pique; s'il n'est touché que d'un seul pique, il signifie succession; mais s'il est touché de plusieurs piques, il signifie autant de successions pour la personne Quand il est touché par le huit de carreau, il signifie héritage dans un pays éloigné. L'as de trèfle touché en même temps par un pique et le sept de trèfle, signifie que la succession dont il s'agit viendra promptement et ne donnera lieu à aucune difficulté.

Le dix de trèfle signifie argent reçu ou à recevoir; s'il touche aux figures de carreau, il signifie rivalités de maîtresses pour les hommes, et rivalités d'amants pour les dames ou pour les demoiselles.

Le neuf de trèfle, lorsqu'il touche à des figures, signifie rivalité de places.

Le huit signifie ouvrage à venir pour une personne qui vit de son travail, lorsqu'il est touché par un cœur. Si on tire les cartes pour une personne fortunée, il signifie accroissement de bien-être inattendu.

Le sept de trèfle signifie sincérité dans l'amitié.

Répétons encore, avant de terminer, que la disposition des cartes par cinq est très importante; celle d'en haut signifie ce qui doit arriver bientôt; la carte de droite ce qui arrivera dans un temps plus éloigné; la carte du bas est pour le passé.

APPENDICE

Le Bridge.

Les règles de ce jeu auraient dû être exposées immédiatement après celles du whist. Cet appendice est destiné à réparer un oubli.

Le bridge nous vient d'Angleterre. Voici tantôt cinq ou six ans qu'il a été adopté par les Parisiens.

« On ne le connaissait pas, dit M. Adrien Marx dans le *Figaro* du 26 novembre 1893, quand, un soir, chez Meilhac, Ludovic Halévy en expliqua le fonctionnement et les surprises. Les vieux whisteurs, cristallisés dans leurs habitudes ne voulurent point en entendre parler, mais aujourd'hui le bridge possède en eux ses plus chauds partisans. »

Celui qui a importé chez nous ce nouveau jeu n'a pas eu à faire de grands frais d'imagination, et les joueurs qui sont initiés au whist et au boston reconnaîtront bien vite que c'est une sorte de métis issu du croisement de ces deux jeux.

Il se joue à trois avec un mort. La pose de l'atout le

différencie du whist, en ce sens que cette mission est dévolue à l'un des deux partenaires accouplés.

Si celui qui donne les cartes ne voit pas, dans son jeu, les éléments d'une couleur triomphante, *il passe parole*, et son partenaire annonce, suivant les cartes qu'il a en mains, que le coup roulera sur les piques, les trèfles, les carreaux ou les cœurs.

Le règlement attribue des valeurs diverses aux levées, suivant que telle ou telle couleur a été choisie. C'est ainsi que la levée de pique vaut 2 points, celle de trèfle 4, celle de carreau 6, et celle de cœur 8.

Où le bridge diffère surtout du whist, c'est lorsque le joueur qui a la parole — directement ou non — se trouve avoir un beau jeu à toutes les couleurs : il proclame alors le *sans-atout*

Dans ce cas, la levée est comptée 12, et trois levées, en plus des six levées nécessaires pour constituer le *devoir*, suffisent pour gagner la manche, puisque les points de chaque manche sont fixés à 30.

En dehors de ces stipulations, la marche du bridge est identiquement celle du « mort » ordinaire.

Aux whisteurs subtils, ce simple exposé suffira pour comprendre les finesses et les conventions essentielles du bridge.

La pose de l'atout, le « passe-parole » et le « sans-atout » sont autant d'occasions de faire montre de flair et d'habileté.

Les termes du bridge sont les mêmes que ceux du whist primitif. Tandis qu'un joueur fait le « mort », l'un des adversaires demande à son partenaire, associé avec lui par jouer le « flanc », combien il leur faut de levées pour gagner la manche, et il agit alors selon la réponse qui lui est faite.

Les gagnants ajoutent toujours cent points de « queue » à leur total. Si vos adversaires comptent sortir vainqueurs d'un coup engagé contre eux, ils peuvent demander un *contre*, qui doublera la valeur numérique des points. Lorsque, de votre côté, vous estimez que vos cartes auront raison de leurs prétentions, il vous est permis d'imposer le *surcontre*, et la valeur des points est alors multipliée par 4.

Les *honneurs* viennent compliquer la comptabilité du bridge. Il y a 5 honneurs : ce sont les 5 cartes de la quinte majeure de toutes les couleurs. Les honneurs épousent la valeur respective de chacune des couleurs à laquelle ils appartiennent, mais ils ne sont pris en considération que s'ils sont au moins trois dans une seule ou dans deux mains. Dans ce cas, ils sont évalués deux fois la valeur de la levée. Ainsi le roi, l'as et le dix de cœur augmentent de 16 points le gain des associés. Quatre honneurs doublent le chiffre ci-dessus, cinq honneurs se comptent cinq fois le taux de la levée. Quand quatre honneurs se trouvent dans un seul jeu, on double le total de quatre levées. Cinq honneurs *dans une seule main* doublent le total de 5 levées à la couleur, cela va sans dire. Exemple : cinq honneurs à trèfle dont la levée vaut 4 compteront pour 40 points. Le total des honneurs est l'objet d'un compte à part et s'ajoute au total des manches.

L'exposé des règles complètes d'un jeu aussi compliqué que le bridge demanderait un assez grand nombre de pages ; d'ailleurs ces règles ne sont pas encore établies d'une manière bien fixe, elles varient d'un cercle à un autre. Ce court appendice suffira néanmoins pour donner aux joueurs de whist une idée des modifications ou améliorations dont ce jeu est susceptible. A eux d'aviser à la promulgation d'un Code uniforme, dont l'autorité s'imposera à tous.

Si l'on se reporte à la page 107 de cet ouvrage, on y trouvera tout au long les règles du whist de Gand, et l'on pourra se demander si le Bridge, nouveau jeu des Parisiens, n'est pas le vieux jeu des Flamands.

TABLE DES MATIÈRES

CHAPITRE PREMIER

Le jeu et les joueurs.

CHAPITRE DEUXIÈME

Jeux de combinaisons.

CHAPITRE TROISIÈME

Jeux de ruse ou de diplomatie.

CHAPITRE QUATRIÈME

Jeux de hasard.

CHAPITRE CINQUIÈME

CHAPITRE SIXIÈME

Patiences ou réussites.

CHAPITRE SEPTIÈME

Petite cartomancie d'amateur.

APPENDICE

IMP. NOIZETTE, 8, RUE CAMPAGNE-PREMIÈRE, PARIS

BIBLIOTHÈQUE DES CONNAISSANCES PRATIQUES

Collection in-18 jésus à 3 fr. 50

SAPIENS (Dr)

L'Hygiène dans la Famille . . . . 1 vol.

COUSINE JEANNE

Manuel de Travaux de Dames, nombreuses illustrations. Reliure toile anglaise. . . . . 1 vol.

Conseils pratiques. Toilette des femmes et des enfants, Ameublement, Ménage, etc., etc. Reliure toile anglaise. 1 vol.

BIBLIOTHÈQUE SCIENTIFIQUE UNIVERSELLE

Collection in-18 jésus à 3 fr. 50

ARUSS (ARSÈNE)

La Graphologie simplifiée théorique et pratique. . 1 vol.

MANTEGAZZA (P.)

L'Amour dans l'Humanité . . . . 1 vol.

Physiologie de l'Amour . . . . 1 vol.

Hygiène de l'Amour . . . . 1 vol.

Physiologie de la Douleur . . . . 1 vol.

MARRIN (Dr P.)

L'Hypnotisme théorique et pratique, avec les Procédés d'Hypnotisation [illegible] . . . . 1 vol.

Le Mariage thé[illegible] pratique. — Son hygiène. — Ses avantages. — [illegible] — Ses misères. . . . 1 vol.

La Beauté chez [illegible]me et chez la Femme. — Les moyens de l'acquérir, de la conserver et de l'augmenter. 1 vol.

Les Maladies de l'Amour. — Préservation. — Hygiène. — Traitement . . . . 1 vol.

IMP. NOIZETTE, 8, RUE CAMPAGNE-PREMIER, PARIS

www.ingramcontent.com/pod-product-compliance
Lightning Source LLC
Chambersburg PA
CBHW071617220526
45469CB00002B/381

9782012659230